U0749128

新一代信息技术（人工智能）系列丛书

金融智能

主　　编◎张晓燕
副主编◎吴辉航　李志勇　张欣然

清华大学出版社
北京

内 容 简 介

　　本书是一本旨在系统阐述人工智能技术与金融学深度融合的专业教材。在全球数字经济浪潮和国家政策的推动下，金融行业正经历一场由人工智能、大数据、区块链等技术驱动的深刻变革。本书正是为了弥合当前金融理论与人工智能实践之间的鸿沟，为读者构建一个兼具理论深度与实操价值的跨学科知识体系。本书聚焦于金融学与人工智能的交叉领域，旨在帮助读者理解智能技术如何赋能金融数据处理、风险定价、服务创新等核心环节，并解决将算法模型适配金融场景、应对金融数据特殊性、平衡模型复杂性与业务可解释性等现实挑战。

　　本书的目标读者定位为金融学、金融工程及相关专业本科生，兼顾计算机科学与应用数学专业选修金融科技课程的学生群体。教材内容设计严格遵循认知科学规律，强调从基础理论到工程实践的渐进式知识建构。

版权所有，侵权必究。举报：010-62782989，beiqinquan@tup.tsinghua.edu.cn。

图书在版编目 (CIP) 数据

金融智能 / 张晓燕主编 . -- 北京：清华大学出版社，2025.8.
（新一代信息技术（人工智能）系列丛书）. -- ISBN 978-7-302-69734-3
　　Ⅰ . F830.49
中国国家版本馆 CIP 数据核字第 2025U5L966 号

责任编辑：赵　凯
封面设计：杨玉兰
责任校对：韩天竹
责任印制：曹婉颖

出版发行：清华大学出版社
　　　　　网　　　址：https://www.tup.com.cn，https://www.wqxuetang.com
　　　　　地　　　址：北京清华大学学研大厦 A 座　　　　　邮　　编：100084
　　　　　社 总 机：010-83470000　　　　　　　　　　邮　　购：010-62786544
　　　　　投稿与读者服务：010-62776969，c-service@tup.tsinghua.edu.cn
　　　　　质 量 反 馈：010-62772015，zhiliang@tup.tsinghua.edu.cn
　　　　　课 件 下 载：https://www.tup.com.cn，010-83470236
印 装 者：三河市铭诚印务有限公司
经　　销：全国新华书店
开　　本：210mm×260mm　　　印　　张：17.75　　　字　　数：382 千字
版　　次：2025 年 8 月第 1 版　　　印　　次：2025 年 8 月第 1 次印刷
印　　数：1 ～ 1500
定　　价：69.00

产品编号：107272-01

金 融 智 能

张晓燕　主　编

吴辉航　李志勇　张欣然　副主编

为了助力教学，本书精心制作了立体化的一系列配套资源，旨在为教师和学生提供更加便捷、高效的教学与学习体验。通过这些资源的结合运用，能够更好地帮助学生理解课程内容，提升学习效果，同时也为教师的教学工作提供有力的支持和辅助。

本书提供的配套资源有教学课件、知识图谱、随堂视频、实验实践等。

配套资源使用指南

- 请扫描本书封底的文泉云盘专属防盗码进行验证；
- 验证通过后，再扫描书中对应的二维码，即可获得相应的配套资源。

知识图谱　　　教学课件

随堂视频

随堂视频 1　　随堂视频 2　　随堂视频 3　　随堂视频 4　　随堂视频 5

实验实践

编委会
EDITORIAL COMMITTEE

顾　问

李衍达　清华大学

吴　澄　清华大学

陈　杰　哈尔滨工业大学、自主智能无人系
统全国重点实验室

戴琼海　清华大学

管晓宏　西安交通大学 / 清华大学

主　任

张　涛　清华大学

副主任（按拼音排序）

耿　华　清华大学

古　槿　清华大学

鲁继文　清华大学

卢先和　清华大学出版社

委　员（按拼音排序）

卜东波　中国科学院

陈　峰　清华大学

陈　磊　清华大学

陈盛泉　南开大学

陈　欣　清华大学

程晓喜　清华大学

段岳圻　清华大学

方　浩　北京理工大学

郝井华　北京三快在线科技有限公司

何仁清　北京三快在线科技有限公司

侯　琳　清华大学

黄　高　清华大学

贾瑾萌　清华大学

贾庆山　清华大学

江　瑞　清华大学

姜文斌　北京师范大学

李志勇　北京外国语大学

刘奋荣　清华大学

闫海荣　清华大学

裴　欣　清华大学

沈　抖　清华大学

孙致钊　北京三快在线科技有限公司

唐彦嵩　清华大学深圳国际研究生院

陶建华　清华大学

汪小我　清华大学

王　扬　清华大学

王　颖　厦门大学

王志春　北京师范大学

魏　磊　清华大学

魏少军　清华大学

吴辉航　清华大学

谢　震　清华大学

杨庆凯　北京理工大学

杨　旸　新加坡管理大学

易江燕　清华大学

尹首一　清华大学

于　恒　北京师范大学

曾宪琳　北京理工大学

张　利　清华大学

张　鹏　清华大学

张晓燕　清华大学

张　昕　清华大学

张欣然　中央财经大学

张旭东　清华大学

张学工　清华大学

张长水　清华大学

张　佐　清华大学

赵明国　清华大学

郑相涵　福州大学

朱　丹　清华大学

朱　岩　清华大学

序言
FOREWORD

习近平总书记指出："人工智能是引领这一轮科技革命和产业变革的战略性技术，具有溢出带动性很强的'头雁'效应。"人工智能的发展掀开了智能时代的帷幕，并通过赋能技术革命性突破、带动生产要素创新性配置、促进产业深度转型升级，催生新质生产力，是我国实现高水平科技自立自强、推动经济高质量发展、增强国家竞争力的重要战略抓手。

当今世界的竞争说到底是人才竞争，人工智能未来竞争的关键是人才的培养。与传统学科不同，人工智能具有很强的交叉属性，其诞生之初就是神经科学、计算机科学、数学等领域的交叉，当前日新月异的深度学习、大模型等技术也与各行各业紧密交织，这为人工智能人才的培养提出了更高的要求，迫切需要理学思维与工科实践的深度融合，加快推动交叉领域中创新人才的全面培养。我国人工智能领域的人才培养仍处在发展阶段，人才缺口客观存在。因此，一套理论体系健全、前沿知识集聚、实践案例丰富、发展方向明确的教材，将为我国人工智能教育教学工作开展和人才培养打下基础，也将为更高水平、更可持续的新质生产力发展埋下种子。

在教育部"十四五"高等教育教材体系建设工作部署下，新一代信息技术（人工智能）教材体系的建设工作正全面展开。作为最早开展人工智能教学及科研工作的单位之一，清华大学自动化系在该领域的课程建设和人才培养方面积累了深厚的经验、取得了显著的成果。作为领域的排头兵，清华大学自动化系以牵引人工智能核心课程建设、提升领域人才自主培养质量为己任，发掘校内相关院系和国内其他高校的优秀科研、师资力量，联合组建了编写团队，以清晰的理论框架为依据，以前沿的科研知识为核心，以先进的实践案例为示范，以国家的发展政策为导向，编写了本套人工智能教材。

本套教材在编写过程中，以培养有交叉、懂理论、会实践、负责任的人工智能人才为目标，注重基础与前沿相结合、理论与实践相结合、技术与社会相结合。首先，本套教材涵盖了人工智能的经典基础理论、算法和模型，同时也并入和吸纳了大量国内外最新研究成果；其次，本套教材在理论知识学习的同时，也设计了与课程配套的实验和项目，提升解决实际问题的综合能力，并围绕产品设计、数字经济、生命健康、金融系统等多个领域，对人工智能的应用实践进行多维阐述和分析。最后，本套教材不仅关注了人工智能的技术发展，也兼顾了人工智能的安全与伦理问题，对于人工智能的内生风险、数据安全、人机关系、权责归属等方面进行了探讨。

我相信，这套人工智能系列教材的出版，将为广大读者特别是高校学生打开人工智能的大门，带领大家在人工智能的无限可能中尽情探索。我也期待广大读者能够充分利用这套教材，不断提升自己的专业素养和创新能力，成为具备"独辟蹊径"能力的创新拔尖人才、具备"领军开拓"能力的战略领军人才、具备"攻坚克难"能力的大国工匠人才，为我国人工智能事业的繁荣发展贡献智慧和力量。

最后，我要感谢所有参与教材编写和审稿工作的专家学者，感谢他们的辛勤付出和无私奉献，为保证本套教材的科学性、严谨性、前瞻性做出了重要贡献。同时，我也要感谢广大读者的信任和支持，希望这套教材能够成为您学习人工智能技术的良师益友，共同推动人工智能事业的发展。

中国人工智能学会理事长

中国工程院院士

戴琼海

2024 年 10 月

金融与人工智能的交叉融合正在重塑现代金融体系的运行范式。随着机器学习、自然语言处理、区块链等技术的快速发展，金融行业的数据处理能力、风险定价效率及服务创新水平均面临系统性升级。这一变革趋势受到各国政策层面的高度关注：在2024年中国人民银行等七部门联合印发《推动数字金融高质量发展行动方案》中提到，数字金融坚持金融服务实体经济的根本宗旨和以人民为中心的发展思想，以数据要素和数字技术为关键驱动，加快推进金融机构数字化转型，夯实数字金融发展基础，完善数字金融治理体系，支持金融机构以数字技术赋能提升金融"五篇大文章"服务质效，推动我国数字经济高质量发展。

然而，当前学术界与产业界普遍存在理论方法与技术实践的结构性割裂——传统金融学教材多停留于计量经济学分析框架，而关于机器学习的教材多聚焦于算法原理，二者鲜少深度融合。许多从业者在学习算法后仍困惑于"如何将模型适配金融场景""如何应对金融数据的特殊性""如何平衡模型复杂性与业务可解释性"等现实问题。本书旨在构建一个系统化的跨学科知识体系，为金融学与人工智能的深度融合提供理论支撑与实践指南。

本书共分为17章，内容涵盖三大模块：

第一部分（第1、2章）为理论基础。第1章剖析金融智能的核心内涵，阐释其相较于传统金融分析范式的革新性，并梳理金融场景中智能技术的适用边界与伦理挑战；第2章系统回顾金融学基础原理，包括市场有效性、资产定价模型与风险管理框架，为后续技术应用奠定理论根基。

第二部分（第3~15章）为技术核心。本模块以"由浅入深"为脉络，逐层展开金融智能技术体系：从线性模型（第3章）、带惩罚项的回归方法（第4章）、降维与聚类技术（第5、6章）等传统机器学习方法，到树模型（第7章）、神经网络（第8章）、自编码器（第9章）、CNN与RNN（第10、11章）、GAN（第12章）等深度学习技术，再延伸至自然语言处理（第13章）、强化学习（第14章）及区块链技术（第15章）。每章均以"金融问题驱动"，结合信贷评分、股价预测、舆情分析等案例，解析算法原理、数据适配性与实现细节。

第三部分（第 16、17 章）为应用与监管。第 16 章聚焦行业实践，探讨智能投顾、程序化交易、保险科技等领域的落地案例与技术瓶颈；第 17 章则立足监管科技（RegTech），分析算法透明度、数据隐私保护与跨境监管协作等前沿议题，为金融智能的合规发展提供路径参考。

需特别说明的是，本书的编写有两大特点：

其一，实用性优先。尽管近年来图神经网络、Kolmogorov-Arnold 神经网络等新兴算法层出不穷，但考虑本书的定位为教学性质，本书选择聚焦于金融场景中已验证有效的主流技术，并配套 Python 代码示例与数据预处理指南，确保读者"学即能用"。

其二，学科交叉性。金融智能并非技术的简单堆砌，而是需深刻理解金融业务的特殊约束——例如高频数据中的非平稳性、金融决策中的博弈特性、监管规则对模型可解释性的刚性要求等。因此，本书在每章均配有不同人工智能模型在金融场景中的具体案例，探讨如何针对业务痛点调整算法设计。

本书的完成得益于金融学术界众多学者的奠基性工作，特别是在案例选取方面，我们团队精心挑选了在国内外金融学术顶级期刊上发表的具有影响力的论文。挑选这些论文的优点在于其研究结果的可靠性已经得到了同行评议的肯定，作为教学案例是比较合适的。本书得到了清华大学财富管理研究中心的大力支持与帮助，清华大学五道口金融学院博士生谭琳对本书的第 7~10 章的编写亦有重要贡献。

特别需要说明的是，尽管我们力求严谨，但金融市场的复杂性与技术的快速迭代，注定书中部分内容将随时间推移显露出局限性。特别是人工智能领域技术的进步日新月异，例如大模型的技术成熟使得自然语言处理的研究范式正在面临巨大的变化。因此站在当下的门槛上眺望，未来金融智能的终极形态或许远超当下想象。当因果推断揭示金融市场的深层规律，当量子计算重新定义风险模型的复杂度边界，人类与算法的关系未来可能步入新的纪元。但无论人工智能技术如何演进，金融学中需要解决的重要问题依然不会改变，技术只是提升我们解决金融问题的效率。本书愿作一枚火把，照亮金融智能道路上的技术沟壑，为同学们学习金融智能提供参考。

编者

2025 年 6 月

目录
CONTENTS

第1章
金融智能的基本原理

章前导读

本章回顾人工智能发展的历史，并讨论金融智能中的常见场景以及背后使用的关键技术。结合国内外金融智能的发展现状，进一步探讨金融智能的发展方向以及遇到的关键挑战，介绍 Python 的基础知识和机器学习模型评估中的问题。

本章学习目标

首先，读者需要了解人工智能的概念，并理解人工智能发展过程遇到的挑战；其次，聚焦金融智能的方法与场景，鼓励读者思考金融智能应用和其他人工智能场景的区别和联系；然后为读者指出金融智能未来发展的方向；最后，读者需要了解 Python 的基础知识及如何进行机器学习模型评估。

1.1 人工智能概述与历史

1.1.1 人工智能概述

1. 概念与定义

随着互联网时代的到来，大量的数据得以记录，人类积累的数据井喷式增长。摩尔定律指出，集成电路上的晶体管数量每两年大约会增加一倍，这通常意味着计算能力也会呈指数级增长。数据和算力的持续积累，也为以深度学习为代表的智能算法在各个领域发挥作用提供了支撑。在计算机视觉领域，图片识别精确度的提升促进了大批成功的商业应用诞生，包括智能安防和智能驾驶。在信息流推荐领域，相较于传统媒体，智能算法改变了信息分发的方式，通过理解用户的偏好推送更精确的内容。2022 年以来，以 ChatGPT 为代表的大语言模型，更是拉开了通用人工智能时代的大幕。

人工智能（artificial intelligence，AI）是计算机科学的一个分支，它是致力于创造能够执行通常需要人类智能才能完成的任务的智能机器或软件。人工智能作为一种使机器能够模仿、延伸并扩展人类的认知功能的工程，包括了学习、推理、自适应、感知和交互等多种能力。人工智能拓宽了人类的能力边界，极大地提升了生产效率。因此，理解人工智能的原理，有助于我们进一步拓宽人工智能应用的范围，从而更好地服务社会生活的需要。

2. 机器学习与深度学习

机器学习（machine learning，ML）最初来源于统计学方法。以线性模型中的最小二乘法举例，我们可以通过 X 来解释 Y 的变化。然而当 X 的观测值数量小于 X 的维度时，又会遭遇"维度的诅咒"，模型在数值上没办法求解。在这个时候，我们需要借助于以 LASSO 为代表的线性机器学习方法，加入正则化的惩罚项，从而实现模型的求解。然而很多时候数据之间也存在着非线性特征和交互效应，因此我们可以进一步借助包括随机森林、梯度提升树等方法进一步改进模型的预测效果。

神经网络算法是机器学习模型的代表性算法，它能够更好地从数据中学习到复杂模式，在样本外也表现出较好的泛化能力。然而传统的神经网络算法随着网络层数的增加，可能会出现梯度消失的情况，从而限制了模型的预测效果。以深度学习（deep learning，DL）为代表的机器学习算法，通过采用特定的方法增加网络层数，可以更好地使用多层神经网络来模拟人类大脑处理和解析数据。

常见的深度学习算法包括卷积神经网络（convolutional neural networks，CNNs）和循环神经网络（recurrent neural networks，RNNs）。其中卷积神经网络被广泛应用于计算机视觉中，以斯坦福大学李飞飞教授举办的 ImageNet 竞赛为例，表现最好的深度学习算法识别物体的准确率已经超过了人眼识别的准确率。循环神经网络也被广泛应用于文本生成、机器翻译等领域。同时近些年来，以 Transformer 为主要架构的大语言模型进一步拓展了深度学习算法的应用。深度学习算法在工程上的成功应用，深刻改变了相关行业，带来的潜在影响和冲击也广泛引起社会公众、产业界和政府部门的讨论。

3. 算法、算力和数据

算法、算力和数据是人工智能发展的三个关键因素。在人工智能发展的过程中，提升关键要素的投入对于推动该领域的创新和进步具有重要价值。这三个因素相互依赖，共同驱动了人工智能的发展。强大的算力支持更复杂的算法，而算法的改进又能更有效地利用数据。算法、算力和数据构成了一个相互促进的框架，共同推动了技术的不断进步和应用的不断拓展。

算法是人工智能的基础，包括从基础的统计方法到复杂的神经网络和优化技术。人工智能发展的历史也见证了算法的不断创新，特别是一系列深度学习算法的出现将人工智能应用的发展带上了一个新的高度。随着算法变得更加复杂，尤其是深度学习的兴起，对计算资源的需求显著增加。图形处理器（graphics processing unit，GPU）的发展、云计算的普及以及专用硬件（如 TPU）的出现极大地推动了人工智能的计算能力。数据是训练和优化人工智能模型的关键。有效地收集、清洗和处理数据是实现有效人工智能应用的基础。

1.1.2 人工智能发展历史

人工智能（AI）的发展经历了多个历史阶段，每个阶段都具有其独特的特点和技术突破。AI 的概念可以追溯到 20 世纪，最初与研究如何使机器模仿人类的思维过程有关。在早期探索阶段（1950s—1970s），随着计算机科学的诞生，AI 作为一个学术领域开始形成，主要研究集中在问题解决和逻辑推理等理论方法上。1956 年的达特茅斯会议首次使用了"人工智能"这一术语。然而，AI 随后进入了第一次低谷期（AI winters，1970s—1980s），由于技术和算力的限制，导致对 AI 过高的期望难以实现，于是投入资金减少，公众和研究社区的兴趣下降。

而 1980 年代见证了专家系统的兴起，AI 在金融、医疗和工程等领域找到了实际应用，由此 AI 进入了复兴和专家系统阶段（1980s—1990s）。随着 1990 年代的到来，互联网的普及带来了大量数据，为机器学习提供了有力支撑。同时，以支持向量机和随机森林为代表的算法的发展也推动了机器学习的进步。2010 年以来，AI 进入深度学习和大数据融合发展的阶段。GPU 硬件的进步极大地提高了深度学习模型的训练效率，同时以卷积神经网络为代表的深度学习算法在图像识别等领域大放光彩。

总体来看，每个阶段的 AI 发展都受到当时科技水平、经济状况和社会需求的影响，尽管关于 AI 的相关研究几经起落，但算法、算力和数据等关键要素的突破共同推动了 AI 的发展。

1.2 金融智能概述与场景

1.2.1 金融智能概述

1. 概念与定义

金融智能是融合金融专业知识和以人工智能为代表的先进技术的综合智能系统。它的核心在于通过分析大量的金融数据来提供深入的洞察、支持决策，并优化金融服务。金融智能的主要目标是提高金融行业的效率，提升客户体验，同时进行有效的风险控制。

金融智能的实践中广泛地使用了一系列关键技术，包括人工智能、区块链技术、云计算和高性能计算、大数据分析等。这些技术共同作用，使得金融智能能够有效处理和分析金融市场的海量数据，并支持复杂的数据处理和模型训练。基于金融智能的应用，一方面可以更好地提升传统金融场景的效率，例如在传统的投资策略中引入机器学习算法，可以更好地提炼预测特征的信息，形成更加有效的投资策略；另一方面也可以基于客户的数据定制个性化的金融服务，典型的产品应用包括智能投顾、智慧银行等应用。金融智能的发展受到市场需求和技术进步的双重驱动。金融市场的复杂性和动态性要求更高效和精准的决策支持系统，而人工智能和大数据技术的快速发展则为金融智能提供了坚实的技术基础。

2. 金融智能的特殊性

金融智能作为人工智能在金融领域的应用，相较于其他领域，具有一系列显著不同的特点。金融智能需要更多地依赖金融专业知识，才能更好地发挥技术的优势。

首先，金融市场的高度复杂性和动态性是一个关键特点。金融市场受到诸如经济指标、市场情绪、政治事件等多种因素的影响，使得预测和决策变得极其复杂。此外，金融市场的不断变化要求金融智能系统能够实时适应新的市场条件。金融市场还具有自适应性的特征。以机器学习算法选股策略举例，如果某个策略可以获得超额收益，那么市场上的其他参与者也会追加资金模仿该策略，从而让市场变得更加难以预测，这个策略本身也会失效。

其次，数据的多样性和大量性也是金融智能的显著特征。金融数据既包括结构化数据（如价格、交易量），也包括非结构化数据（如新闻、社交媒体信息），这对计算能力和数据处理技术提出了更高的要求。著名的金融信息处理终端 Bloomberg 就基于金融领域的专有数据集，推出了名为 BloombergGPT 的金融大语言模型，可用于更好地处理金融相关的任务。

最后，金融智能的发展还必须考虑高风险和合规性要求。由于金融决策通常涉及巨大的经济利益，错误的决策可能导致重大损失；然而以神经网络为代表的智能算法的可解释性较差，难以有效地对输出结果进行归因。因此金融智能系统需要对风险高度敏感，审慎对待模型黑箱。此外，金融行业受到严格的法规和政策约束，确保金融智能符合相关合规要求也至关重要。

技术融合和创新驱动也是金融智能的关键特征，金融智能结合了人工智能、大数据、云计算等多种技术，不断推动金融产品和服务的创新。因此，金融智能的开发者和使用者在设计和实施解决方案时必须全面考虑到市场复杂性、数据多样性、风险和合规性等因素，以确保技术的有效性和安全性。

1.2.2　金融智能的常见场景

1. 投资交易

投资交易领域是金融智能一个关键应用场景。投资者使用人工智能（AI）技术来优化和自动化交易决策过程。投资交易通常指买卖金融资产（如股票、债券、期货等）的行为，其中专业投资者依靠金融智能分析大量数据，进而识别交易机会。这一过程的目的在于使用 AI 技术提高交易的效率和效益，减少人为错误，并快速响应市场的动态变化。近年来，以智能投顾为代表的产品开始为个人投资者提供低门槛的个性化理财服务，通过一系列算法进行资产配置和投资组合管理，自动调整投资组合以优化收益与风险的平衡。

在投资交易中应用的技术主要包括机器学习、深度学习和自然语言处理（NLP）。传统的机器学习算法利用历史数据和实时市场数据训练模型，预测市场走势和识别交易机会。深度学习则借助卷积神经网络（CNN）和循环神经网络（RNN）等算法处理复杂的市场数据，识别模式和趋势。NLP 用于分析财经新闻、报告和社交媒体，以测度市场情绪，并分析潜在影响因素。上述技术手段的使用，进一步提升了投资交易策略的有效性和可靠性，也可以提高市场价格发现和资产定价的效率。

在投资交易领域，金融智能面临的挑战也十分明显。美国知名对冲基金 AQR 在名为"Can machine learn finance"的研究报告中总结了以机器学习为代表的智能算法在金融领域应用面临的挑战。首先是数据规模和质量问题，金融市场的核心任务——收益预测，通常是一个小数据问题。尽管有许多潜在的预测变量，但真正独立的观察数据（如每日或每月的收益数据）非常有限，这使得模型的训练数据不足。金融数据的信噪比通常较低。市场上的大量噪声和随机性事件，使得提取有效的信号变得困难。市场中的预测信号（如风险溢价）往往微弱且难以捕捉。其次，金融市场具备动态和自适应的特征。金融市场是动态变化的，投资者的行为和市场条件会随着时间改变。这意味着某个时期有效的模型或信号，可能在另一时期失效。市场中的竞争使得任何有效的预测信息很快被市场参与者利用，导致市场价格迅速调整，减少了预测信号的有效性。此外，金融领域的数据不仅包括结构化的数据，还包括大量的非结构化数据，如新闻文本、社交媒体内容和图像数据。这些数据的处理和分析需要新的技术和方法。许多新兴的非结构化数据源，如社交媒体数据，其历史记录相对较短，难以进行长期的回溯测试和策略验证。最后，许多机器学习模型（如深度神经网络）被视为黑箱模型，难以解释其内部工作机制。在投资交易领域，理解模型的决策逻辑对于风险管理和合规至关重要，因此需要平衡模型的预测能力和可解释性。

尽管机器学习在投资交易中面临诸多挑战，但通过结合经济理论和人类专业知识，可以逐步克服这些困难，实现更加精准和有效的金融预测和决策。未来发展趋势可能包括融合多源数据、运用增强学习在模拟环境中训练交易策略，以及提高算法的透明度和可解释性以增加投资者的信任。

2. 金融风险管理

金融智能在风险管理领域的应用是其最重要的功能之一，主要涉及使用先进技术来识别、评估、监控和缓解金融风险。风险管理的核心在于识别和分析潜在的金融风险，并采取措施来减轻或控制这些风险。这一过程的目的是在保持收益的同时，降低金融活动中潜在的损失。金融智能在此领域的应用包括使用数据分析技术对历史数据进行分析以识别风险模式和趋势，建立预测模型来预测市场动态和各类风险，以及利用 NLP 分析非结构化数据以深入了解市场风险。

金融智能在风险管理领域的主要应用包括市场风险管理、操作风险控制等。这些应用涉及监控和评估由市场波动性引起的风险，以及识别和减轻业务流程、系统故障或欺诈行为等内部风险。以传统的市场风险预测为例，机器学习模型可以用于预测市场的波动性。例如，GARCH 模型和 LSTM（长短期记忆网络）可以用来预测金融市场的波动率，这对风险管理至关重要。进一步，机器学习可以帮助改进 VaR 模型的估计，通过对历史数据和市场条件的深度学习，更准确地预测潜在损失的概率分布。

3. 信用评估

信用评估领域是金融智能一个重要的应用场景，主要涉及使用人工智能技术来评估借款人或投资者的信用风险。信用评估的过程包括分析个人或企业的财务状况、历史行为和其他相关因素，以预测他们未来偿还债务的能力和可能性。这一过程的目的是为金融机构提供关于贷款、信用卡发放和其他信用相关产品的决策支持。应用技术主要包括机器学习和数据挖掘、NLP，以及深度学习，这些技术共同助力构建模型以分析历史交易数据、支付记录、用户行为等，从而预测信用风险，并分析非结构化数据如贷款申请者的社交媒体和消费行为。

金融智能在信用评估领域的主要应用包括个人信用评分、企业信用分析和欺诈检测。网络借贷企业通常借助上述应用，评估个人和企业的信用状况，决定贷款额度和利率，同时也用于识别可能的欺诈行为，减少信用风险。然而，信用评估领域也面临着数据隐私和安全的挑战，需要确保模型的精确性和无偏见，并适应经济和市场条件的变化。未来发展趋势可能包括结合传统信用评估和替代数据源进行全面风险评估、进一步自动化决策流程，以及使用模拟环境测试和优化信用评估模型。总体来说，金融智能在信用评估领域的应用为金融机构提供了更有效、更准确的工具，有助于降低信用风险，同时提升决策的速度和质量。

4. 其他场景

金融智能还在多个领域发挥着重要作用，包括支付结算和互联网保险等应用。在支付结算方面，金融智能可以通过区块链技术提供去中心化的账本，使得跨境支付更加高效和安全。区块链技术能够实时记录和验证交易信息，减少了中间环节，从而降低了交易成本并加快了结算速度。例如，Ripple 的支付网络使用区块链技术，实现了快速、安全的跨境支付，解决了传统支付系统中的延迟和高费用问题。在互联网保险领域，金融智能同样发挥着重要作用。通过大数据分析和机器学习算法，保险公司可以更准确地评估风险、定价和检测欺诈行为。大数据技术可以收集和分析大量的用户行为数据，从而帮助保险公司更好地理解客户需求和风险偏好，提供个性化的保险产品和服务。

1.2.3 金融智能中的常用技术

1. 大数据与人工智能技术

在金融智能领域，大数据和人工智能（AI）技术的结合正在革新传统的金融服务和操作方式。大数据的角色在于数据收集和处理。金融机构利用大数据技术收集和存储海量的交易数据、客户行为数据和市场数据等，有效地处理这些数据以提取有价值的信息和洞察。大数据不仅包括传统的金融数据，还包括来自社交媒体、新闻报道、网络行为等的非结构化数据。而 AI 技术的应用包括机器学习、深度学习和自然语言处理。这些技术用于从大量数据中学习模式和趋势，处理复杂的数据集，以及分析金融报告和新闻文章，提取关键信息和情绪。

大数据与 AI 的融合使得金融机构能够进行数据驱动的决策，并提供实时的市场分析和反应。这种融合在风险管理、客户洞察和市场洞察等应用场景中发挥重要作用。例如，利用大数据分析风险因素，结合 AI 模型进行风险预测和控制，以及通过分析客户数据提供更个性化的金融服务和产品。然而，这种技术融合也带来了数据隐私和安全的挑战，以及整合不同数据来源并应用 AI 技术的技术挑战。因此，金融机构需要不断创新和适应这些技术的发展，以在竞争激烈的市场中保持领先，充分利用大数据和 AI 技术带来的前所未有的机遇。

2. 区块链技术

区块链技术在金融智能领域已经超越了它最初作为加密货币基础技术的用途，成为了一种具有广泛影响力的创新工具。区块链是一种分布式账本技术，以去中心化的方式记录和验证所有交易记录，其主要特点包括数据的不可篡改性、透明性和去中心化。在金融领域，区块链技术被应用于快速、安全且成本较低的跨境支付和资金转移服务，智能合约的自动执行和控制，以及优化供应链融资和管理。

区块链与金融智能的结合增强了金融交易的信任和安全性，减少了欺诈和错误的可能性，同时促进了金融智能创新。这种结合为金融产品创新提供了新的可能性，特别是与 AI 和大数据等技术的融合。然而，这一领域也面临着监管和合规的挑战，以及技术成熟度和可扩展性的需求。未来的发展趋势包括推动去中心化金融（DeFi）的发展和与物联网、云计算等更多技术的跨界融合，为金融领域带来更多创新。总体来说，区块链技术在金融智能领域的应用不断扩展，正在改变传统金融操作的方式，并为金融行业的未来发展开辟了新的道路。

3. 云计算

云计算在金融智能领域扮演着至关重要的角色，它为金融行业提供了强大的计算能力、存储资源和高效的数据处理能力。作为一种基于互联网的计算方式，云计算允许用户通过网络访问、管理和处理共享的计算资源，其主要特点包括可扩展性、按需服务、资源共享和成本效率。在金融智能领域，云计算不仅提供了数据存储和处理能力，更凭借其灵活性与可扩展性，为金融机构的协作模式升级和业务创新生态的构建注入了强大动力。它为金融机构提供了支持复杂金融分析和决策过程的能力，同时根据金融市场的动态变化快速调整资源规模。

云计算与金融智能的融合进一步加速了 AI 计算，并支持了数据集成和高级数据分析。云平台为训练复杂的 AI 模型提供必要的计算资源，并能集成来自不同来源的数据，支持机器学习和其他智能算法。然而，使用云计算也面临着安全性和隐私保护的挑战，特别是在金融领域。此外，合规性问题是金融行业在采用云计算时必须考虑的一个重要方面。未来发展趋势可能包括采用混合云和多云策略，以及开发专门为云环境设计的金融应用和服务。总体来说，云计算为金融智能提供了一个高效、灵活且成本效益高的平台，成为现代金融技术不可或缺的组成部分。

1.3 金融智能实践与方向

1.3.1 金融智能发展现状

1. 国内现状

国内金融智能的发展呈现出快速增长的态势，受到了金融行业以及科技界的广泛关注和投资。科技与金融的深度融合，特别是国内科技巨头如阿里巴巴、腾讯和百度等公司在金融智能领域的积极参与，以及众多金融科技创业公司的崛起，共同推动了金融服务的数字化转型。这一发展得到了政府的支持，政府通过政策引导和资金投入为金融智能的发展提供了良好的环境。同时，市场需求的增长，尤其是消费者对个性化和便捷金融服务需求的日益增加，进一步推动了对金融智能技术的需求。

金融智能技术在移动支付、网络信贷、投资交易和风险管理等领域已经有了广泛应用，提高了交易效率和用户体验。在金融投资方面，资产管理行业涌现出一批依靠模型和数据决策的量化投资基金。截至 2023 年，量化私募基金净规模 8700 亿元。量化私募依靠领先的智能算法来分析市场数据，寻找投资机会，并构建投资组合。以幻方量化为例，该公司在 2016—2021 年搭建了"萤火一号"和"萤火二号"AI 计算集群，一方面服务于内部投资策略的研发，实现了显著的超额收益；另一方面为部分高校 AI 实验室免费提供科研协助和算力支持，赋能 AI 基础科学研究。

近年来，中国金融智能市场格局趋于稳定，行业规范化和高质量发展成为共识。头部金融机构（如国有六大行）的科技投入仍保持增长态势。例如，2022 年国有六大行科技投入同比增长 8.42%，显示出金融科技在提升金融服务质量和效率方面的持续投入。智能算力和大模型技术在金融业的广泛应用，加速了数据智能技术的发展，进一步促进了数据要素价值的释放。例如，农业银行推出了自主金融 AI 大模型 ChatABC，工商银行基于昇腾 AI

发布了金融行业通用大模型，这些技术的应用显著提升了金融业的智能化水平。

2. 全球现状

全球范围内，金融智能正在经历快速发展和广泛应用，极大地推动了金融行业的创新，并改变了传统金融业务的运作方式。从硅谷到伦敦，从新加坡到北京，世界各大金融中心都在积极发展金融科技，众多创业公司和传统金融机构正通过应用 AI、区块链和大数据等金融智能技术，推动金融服务的创新和优化。金融智能的应用场景多样化，涵盖了跨境支付和国际贸易的简化、个性化投资咨询服务的提供等方面。然而，受全球经济增速放缓、经贸摩擦、美联储加息等因素影响，全球金融科技产业结束了快速扩张阶段，进入增速放缓期。根据中国信通院发布的《中国金融科技生态白皮书（2023 年）》显示：2022 年全球金融科技投融资总额为 770 亿美元，较 2021 年下降 45%。全球区域发展也呈现出不均衡的态势。北美和欧洲的金融科技投融资规模和活跃度显著下降，而拉美和非洲等新兴市场表现出较大的增长潜力。例如，2023 年二季度，拉美地区的金融科技投融资规模较一季度增长 150%，非洲地区的金融财务类应用活跃用户规模同比增长 31%。

全球金融科技市场主体不断加快对前沿技术的探索，寻求新的场景突破，同时也高度重视新技术带来的风险。全球 85 家上市金融科技公司中，仅有 45% 的公司处于盈利状态，显示出金融科技企业普遍面临盈利挑战和现金流问题。此外，随着金融智能技术的广泛应用，合规性成为一个重要的挑战，各国政府和监管机构正在加强对金融科技的监管协作，同时数据安全和隐私保护也成为重要考量因素。例如，国际货币基金组织（IMF）正在开发一个全球央行数字货币平台，旨在实现国家之间的数字货币交易，提升不同经济体的互操作性。

1.3.2 金融智能遇到的挑战

金融智能的快速发展伴随着一系列挑战，这些挑战不仅涉及技术层面，还包括数据安全、隐私保护、监管协作等多方面。首先是技术可靠性，确保金融智能系统在高风险金融环境中做出准确、可靠的决策至关重要。技术失误可能导致重大金融损失和声誉损害。同时，防止训练数据偏见在 AI 模型中产生不公平或有歧视的决策也是一大挑战，否则可能引起客户不满，甚至面临法律诉讼。技术可靠性是赢得客户信任的基础，客户信任度低可能影响新技术的采纳率和市场扩张。其次是数据安全，金融机构在处理大量敏感金融数据时必须确保数据的安全性和客户隐私。数据泄露和隐私侵犯事件可能导致信任危机和法律责任。最后是跨境协作与监管挑战。金融科技的国际协作需求日益提升，但在具体实践过程中，部分技术由于应用不当或缺少监管，放大了金融行业的风险。全球范围内，金融科技跨境协作规则和互操作性平台建设的推进面临诸多挑战，各国的监管标准和政策差异给跨境协作带来了复杂性。上述挑战要求金融机构、技术提供商和监管机构共同努力，通过技术创新、政策制定和行业协作来解决。

1.3.3　金融智能发展的方向

金融智能的未来发展方向将聚焦于已有挑战，从技术、安全和公平、监管三个角度，不断提升金融智能的发展水平。

首先，从技术角度，需要确保金融智能系统在高风险环境中做出准确、可靠的决策。增强 AI 模型的可解释性，使得决策过程透明，便于监管和客户理解。行业从业者需要进一步开发和应用更加鲁棒的算法，增加模型训练数据的多样性，减少数据偏见。实施严格的测试和验证程序，确保模型在各种市场条件下的可靠性。此外，为了解决金融场景中的实时数据处理问题，金融智能应用可以利用云计算和边缘计算，并探索量子计算等前沿技术，提升计算速度和效率，确保数据的快速处理和响应。

其次，从安全和公平角度，金融智能需要在数据安全与隐私保护、防止数据偏见等方面进一步加强。加强对金融数据的保护，确保数据在传输、存储和处理过程中的安全性和隐私保护，并防止训练数据中的偏见在 AI 模型中导致不公平或歧视性的决策。制定公平性检测和调整算法，定期审查和更新训练数据，确保其代表性和公正性。建立多样化的数据源和训练集，避免单一数据源的偏见影响。

最后，从监管角度，金融智能系统要主动适应监管要求，保持合规的透明度。增强金融智能系统的透明度和问责机制，确保其在使用过程中的合法性和合规性。金融智能系统需要建立透明的决策记录和审计机制，确保每一步决策都可追溯和审查。制定明确的问责机制，对因技术失误导致的金融损失和违规行为进行追责。此外，在跨境监管方面，未来的发展方向在于推动金融科技跨境协作，建立统一的监管标准和平台，防止跨境监管套利，进而形成系统性风险。

1.4　Python 基础知识

Python 是一种简单易学、对初学者友好、功能强大的编程语言，它有高效率的高层数据结构，可简单而有效地实现面向对象编程。这些优点使得 Python 在许多领域都是一个理想的脚本语言，特别适用于一些需要快速开发的场景。作为较受欢迎的编程语言之一，它在金融投资、机器学习、人工智能、文本分析等领域常年位居编程语言排行榜榜首。

此外，Python 是免费的开源软件，任何人都可以使用它，也可编写自己的第三方库来拓展 Python 的功能，因此在机器学习领域，Python 已经有了很多通用的第三方拓展库，尤其是 Sklearn 等，其功能丰富、应用简单，受到机器学习研究者的喜爱。此外，还有 Numpy、Pandas、Matplotlib 等第三方库也是机器学习的常用库。

本节主要涵盖 Python 安装和 Python 入门，带领读者快速地准备好可用的 Python 环境，并对 Python 在金融智能中的应用有着直观的理解和认识。

1.4.1 Python 安装

在机器学习、金融数据分析等领域的应用中，只安装 Python 并不够，还需要安装功能丰富的第三方库来搭建所需要的环境。针对机器学习，通常会使用 Numpy、Pandas、Matplotlib 等第三方库。Anaconda 实现了对 Python 及常用库的封装，对于数据分析、数据可视化以及机器学习等，使用 Anaconda 提供的封装，可以让环境的配置更加方便。

1. 安装 Anaconda

Anaconda 是一个用于科学计算的开源 Python 版本，用于计算科学（数据分析、机器学习、金融大数据处理和预测分析），支持 Linux、Mac、Windows 系统，提供了软件包管理和环境管理的功能，可以很方便地解决多版本 Python 并存、切换以及各种第三方包的安装问题。它利用 Conda 进行库（package）和环境（environment）的管理，并且已经包含了 Python 和相关的配套工具。本节会介绍 Python 的安装与使用，通常安装 Anaconda 后无须再额外安装 Python。

可以从 Anaconda 官方网站选择适合自己计算机设备的 Anaconda 版本进行下载安装，下载页面如图 1-1 所示。

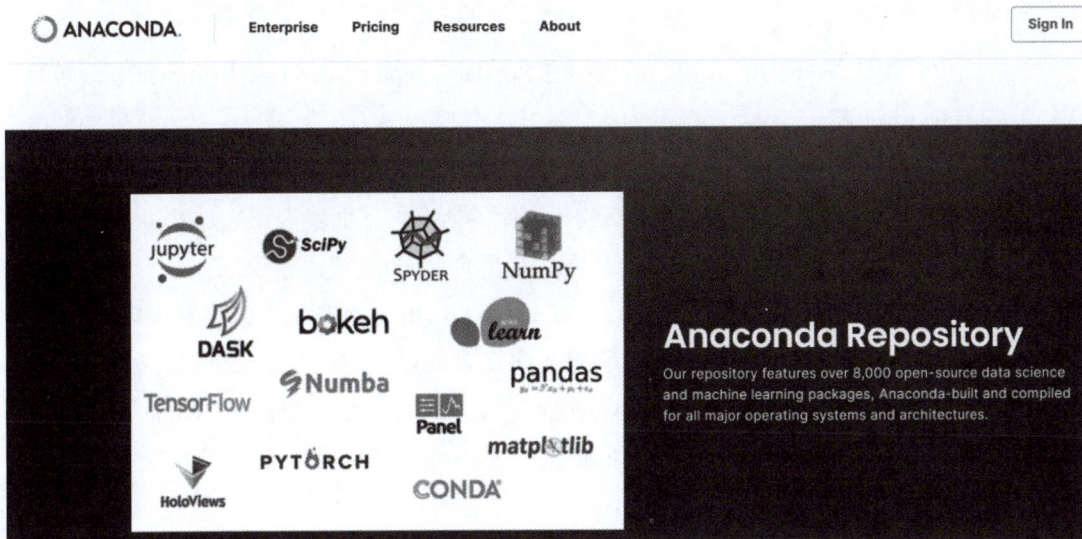

图 1-1　Anaconda 下载页面

针对下载好的 Anaconda，跟随安装向导安装即可，安装后打开 Anaconda Navigator，可以发现如图 1-2 所示的应用界面。

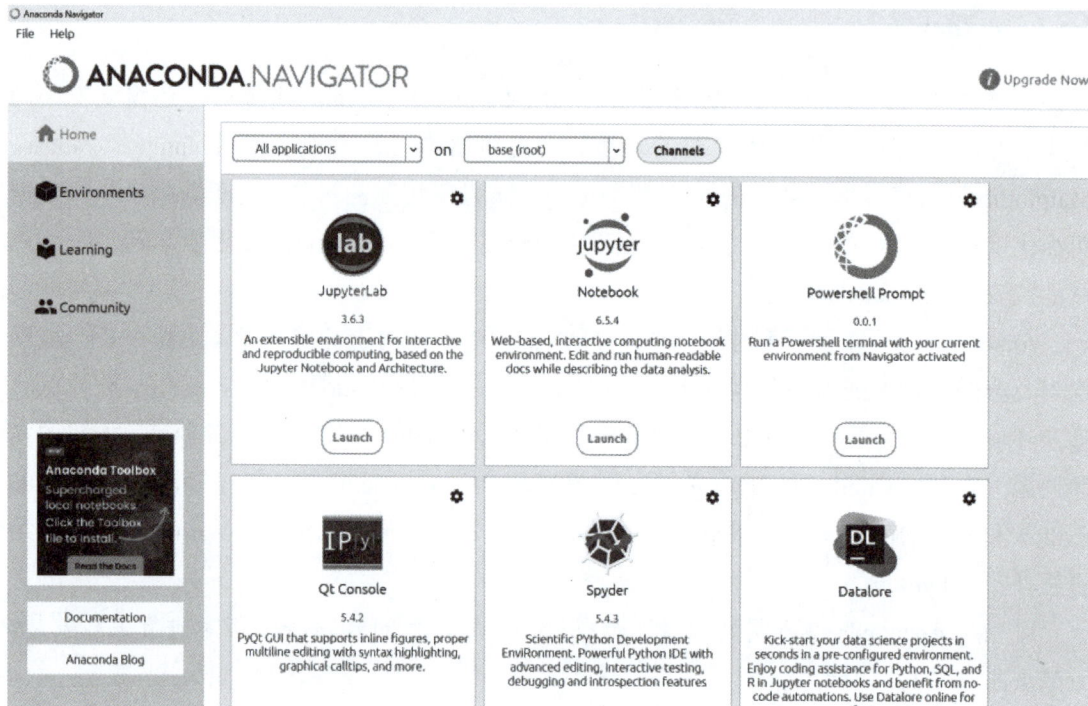

图 1-2　Anaconda 安装后的应用界面

该界面中常用来编写 Python 程序的应用有 Spyder、Jupter Notebook 和 JupyterLab 等。

2. 安装 Python 库

虽然在 Anaconda 中已经提前安装好了常用的 Python 库，但是在使用 Python 进行金融数据分析、机器学习时，还会遇到重新安装其他库的情况，下面就介绍通过 Conda 和 pip 安装 Python 库的方式。其中 Conda 是一个开源、跨平台和与语言无关的软件包管理和环境管理系统，通过 Conda 可安装、升级软件包。Conda 因 Python 而产生，但是它可以打包、分发任意语言编写的软件（例如 R 语言）和包含多语言的项目。Conda 已经包含在 Anaconda 中。pip 是一个以 Python 语言编写的软件库管理系统，它可以安装和管理 Python 库。

通过 Conda 命令安装，通常使用如下命令：

```
Conda install 库的名称
```

通过 pip 命令安装，通常使用如下命令：

```
pip install 库的名称
```

1.4.2　Python 常用数据类型、条件、循环与函数

本节将会介绍 Python 中的基础知识，帮助读者快速入门 Python，主要介绍如何使用 Python 中的列表、元组、字典与集合等数据结构，Python 中的条件判断、循环语句以及函数等内容。

1. 列表

列表（list）是 Python 中最基本的数据类型之一，是一种有序的集合，列表中的每个元素都会有一个数字作为它的索引，第一个索引是 0，第二个索引是 1，以此类推。列表可以通过索引获取列表中的元素。

Python 生成一个列表可以通过 list()函数或者中括号 [] 来完成。例如：生成包含 5 个元素的列表 A 的程序如下所示，同时列表的长度可以使用 len()函数进行计算，生成的列表 A 长度为 5。

```
...
Ln[1]: ## 生成一个列表
    A = [1,2,3,4,5]
    A
Out[1]: [1,2,3,4,5]
Ln[2]: ## 计算列表中元素的数量
    len(A)
Out[2]: 5
...
```

生成一个列表后，可以通过索引获取列表中的元素，从前往后的索引是从 0 开始的，而从后往前的索引是从 –1 开始。此外，获取列表中的一个范围内的元素，也可以通过切片索引来完成。例如，使用切片"0:2"，表示要获取索引从 0 开始，到达索引为 2 的元素结束，并且不包含索引位置为 2 的元素。例如下面的程序：

```
...
Ln[3]: ## 从前往后时，索引从 0 开始
    A[2]
Out[3]: 3
Ln[4]: ## 从后往前时，索引从 –1 开始
    A[-2]
Out[4]: 4
Ln[5]: ## 获取列表中的一段
    print(A[0:2]) # 输出的结果不包含索引 2 所表示的元素
    print(A[1:-1]) # 输出的结果不包含索引 –1 所表示的元素
Out[5]: [1,2]
[2,3,4]
...
```

针对一个已经生成的列表，可以通过 append()函数在其后面添加新的元素，并且元素的数据形式可以多种多样，数字、字符串，甚至新的列表也可以。此外，在指定位置插入新的内容也可以使用 insert()函数，该函数的第一个参数为内容插入的位置，第二个参数为要插入的内容。删除列表中的末尾元素可以通过列表的 pop()函数，该函数会每次删除列表中的最后一个元素。此外，还可以通过 del 删除列表中指定位置的元素。

2. 元组

元组（tuple）和列表非常类似，也是 Python 中最常使用的序列，但是元组一旦初始化

就不能修改。建立元组可以使用小括号 () 或者 tuple() 函数。在使用小括号时，只有 1 个元素的元组在定义时必须在第一个元素后面加一个逗号。针对生成的元组同时可以使用 len() 函数进行计算。表示元组的程序如下。

```
...
Ln[6]## 初始化一个元组
    B = (1,2,3,4,5)
    print(B)
    ## 输出元组中元素的个数
    print(len(B))
Out[6]: (1,2,3,4,5)
5
...
```

和列表一样，针对元组中的元素，同样可以使用索引获取元素，也可以通过加号 "+" 将多个元组进行拼接。

3. 字典

字典也是 Python 最重要的数据类型之一，其中字典的每个元素的键值（key: value）对用冒号 ":" 分割，键值对之间用逗号 "," 分割，整个字典包括在大括号 {} 中，计算字典中键值对的数量可以使用 len() 函数。例如：初始化字典 A 可以使用下面的方式。

```
...
Ln[7]  ## 初始化一个字典
    A = {"A":0, "B":1, "C":2, "D":3}
    print("A",A)
## 计算字典中元素的数量
    print(len(A))
Out[7]: A: {'A':0, 'B':1, 'C':2, 'D':3}
4
...
```

字典 A 中，可以通过 keys() 函数查看字典的键，通过 values() 函数查看字典的值，并且可以通过字典的键获取对应的值。字典的 pop() 函数可以利用字典中的键，删除对应的键值对。

4. 集合

集合（set）是一个无序的不重复元素序列。可以使用大括号 {} 或者 set() 函数创建集合。注意创建一个空集合必须用 set() 函数而不是 {}，因为 {} 是用来创建一个空字典的。程序如下。

```
...
Ln[8]  ## 创建一个集合
    A = {"A", "B", "C",1,2,3}
    print(A)
## 集合元素的数量
print(len(A))
```

```
Out[8]: {'A','B','C',1,2,3}
    6
    ...
```

集合之间也可以相互运算，例如：集合的差集可以使用"-"或者 difference()函数；集合的并集可以使用"|"或者 union()函数；集合的交集可以使用"&"或者 intersection()函数；集合的并集减去交集可以使用"^"或者 symmetric_difference()函数。

5. 字符串

字符串也是 Python 中最常用的数据类型。可以使用引号来创建字符串。字符串的基础使用方式和列表很相似，例如：可以通过索引进行字符串内容的提取，通过 len()函数计算字符串的长度，通过"+"号拼接字符串。程序如下。

```
...
Ln[9]: ## 创建一个字符串变量 A
    A = "人工智能在金融领域应用"
    print(A)
Out[9]: 人工智能在金融领域应用
    11
    ...
```

除了上述的字符串基本操作之外，还可以通过 find()函数查找字符串中的子串；通过 join()函数拼接字符串；通过 split()函数拆分字符串；通过 replace()函数将指定内容进行替换。

6. 条件判断语句

条件判断语句是通过一条或者多条语句的执行结果是否为真（True 或者 False）来决定执行的代码块，是 Python 中的基础内容之一。常用的判断语句是 if 语句。

针对 if else 语句，其常用的结构为

```
If 判断条件：
    执行语句 1…
else：
    执行语句 2…
```

即如果满足判断条件，则执行语句 1，否则执行语句 2。程序如下。

```
...
Ln[10]: ## if else 语句
    A = 21
    If A % 2 ==0:
        print("A 是偶数")
    else:
        print("A 是奇数")
Out[10]: A 是奇数
    ...
```

7. 循环语句

循环语句也是 Python 最常用的语法之一，其中 for 循环是要重复执行语句，while 循环则是在给定的判断条件为真时执行循环，否则退出循环。例如使用 for 循环计算 0 ~ 100 的累加和，可以使用下面的程序，在程序中会依次从 0 ~ 100 中取出一个数进行相加。

```
...
# 初始化累加和变量
sum = 0
# 使用 for 循环遍历 0 到 100（包括 100）
for i in range (101):
    sum += i
# 打印累加和
print ("0 到 100 的累加和是:", sum)
...
```

8. 函数

函数是已经组织好的、可重复使用的、实现单一功能的代码段。函数能提高应用程序的模块性，增强代码的重复利用率。Python 提供了许多内建函数，例如 print()、len() 等。

Python 也可以定义自己新的函数，其中定义函数的程序结构如下：

```
...
def functionname (parameters):
function_suite # 函数的内容
return expression # 函数的输出
...
```

其中，functionname 表示函数的名称，parameters 可以指定函数需要传入的参数。

Python 中的 lambda 函数也叫匿名函数，即没有具体名称的函数，它可以快速定义单行函数，完成一些简单的计算功能。lambda 函数（表达式）中，冒号左边是参数，可以有多个，需要用逗号分隔；冒号右边是函数的计算主体，会返回其计算结果。可以使用下面的方式定义 lambda 函数。

```
...
Ln[]## lambda 函数，一个参数
f = lambda x: x**2 + 1
f(2)
Out[]: 5
Ln[]: ##lambda 函数，多个参数
f = lambda x,y,z: (x+y)*z+x*y*z
f(1,2,3)
Out: 15
...
```

1.5 机器学习模型评估

1.5.1 过拟合与欠拟合

在构建机器学习模型时，核心目标是从有限的训练数据中揭示数据特性与预测目标之间的真实联系，从而使模型能在未知的测试数据上展现良好的预测能力。实现这一目标的关键是使模型掌握样本数据中的普遍规律，而非仅仅记忆训练集中的具体细节。若模型在学习过程中过度适应训练集，记住过多细节并展现出色，可能会导致模型在新数据集上预测性能不佳。

图 1-3 展示了欠拟合、好的拟合和过拟合的情形。设我们的目标是找到 x 与 y 之间的最佳函数关系。在图 1-3（a）中，简单线性关系被用以描述 x 与 y 的联系，但显然这种关系过于简化，导致欠拟合现象。图 1-3（b）使用二次抛物线关系来描述这两者之间的联系，虽不完美，但较好地描绘了 x 与 y 之间的关系。图 1-3（c）中，使用高次函数曲线关系描述 x 与 y 的关系，虽然看似完美，但这种过于复杂的模型可能导致对新样本的预测失效。这与奥卡姆剃刀（Occam's Razor）定律的观点相呼应，即在不必要的情况下不增加额外的复杂度，遵循"简约有效"原则。

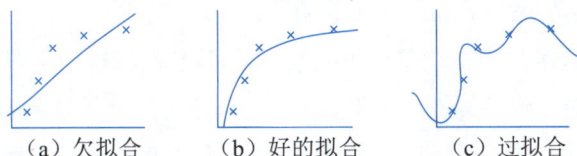

（a）欠拟合　　　（b）好的拟合　　　（c）过拟合
图 1-3　回归问题中三种拟合状态

过拟合问题发生时，模型会错误地将训练数据中的噪声视为重要信息，导致在非训练数据上的预测性能下降。这种情况下，模型在训练集上的表现可能很好，但在测试集上表现不佳。过拟合问题通常伴随着选择更灵活或复杂的模型时出现，如决策树和神经网络等。相比之下，欠拟合是指模型对训练数据和新数据都无法进行有效拟合的情况。

解决过拟合问题的常用方法如下。

（1）增加更多数据：更多的数据可以帮助模型更好地逼近真实数据分布，改善预测结果。

（2）降低模型复杂度：通过正则化、剪枝等技术降低模型复杂度。

（3）集成算法：通过结合多个模型来提高整体预测性能。

（4）主动丢失信息：如在神经网络中使用丢弃（dropout）技术，或在随机森林中随机选择特征。

（5）使用交叉验证：确保模型在不同数据子集上的有效性和泛化能力。

相对于过拟合，欠拟合问题更容易解决，通常只需增加模型复杂度。但如果在使用复杂模型时仍出现欠拟合问题，可能需要检查数据的特征工程是否合理，或考虑引入新的、具有解释能力的特征变量。

1.5.2 偏差和方差的权衡

为了更深入地理解过拟合问题，可以通过对训练集误差进行偏差（bias）和方差（variance）的分解来分析。假设存在一个真实的函数 $f(.)$ 描述了 y 与 x 之间的关系，即 $y = f(x)$。在机器学习中，目的是根据现有的训练集数据 $\mathcal{T}$，找到一个最优的模型 $\hat{f}_{\mathcal{T}}(.)$，使其尽可能接近真实的函数 $f(.)$。通常，这个模型 $\hat{f}_{\mathcal{T}}(.)$ 与真实函数 $f(.)$ 之间存在偏离，这种偏离可以分解为三部分：偏差、方差和不可避免的误差。

（1）偏差：由于模型选择引起的误差。例如，如果选择使用线性模型来拟合数据，那么就不可能获得最优模型，因为 x 和 y 之间的真正关系并非线性。

（2）方差：由于随机选择训练集数据引起的偏差。不同的训练集可能会导致学习到的模型有所不同，这种变化反映了模型的方差。

（3）不可避免的误差（inherent error, 内在误差）：由于训练集与总体样本之间存在的差异造成的。在机器学习中，不可能获取所有样本，因此基于有偏的训练集训练出来的模型，即使是最优模型，也无法完全等同于真实的函数。

简单来说，偏差通常与模型的复杂度负相关，而方差与模型的复杂度正相关。选择一个过于简单的模型可能导致高偏差（欠拟合），而选择一个过于复杂的模型可能导致高方差（过拟合）。理想的模型是在偏差和方差之间找到一个平衡点，以实现最佳的泛化性能。为了更严谨地理解这三种误差，可以从数学的角度对上述问题进行定义和证明。

1. 模型训练误差

在回归问题中，一般使用均方误差（Mean Squared Error，MSE）来定义模型的好坏。它定义了训练好的模型 $\hat{f}_{\mathcal{T}}(.)$ 预测结果与真实函数 $f(.)$ 之间的欧氏距离。即训练集的 MSE 由以下公式决定：

$$\text{MSE}(x) = \mathbb{E}_{\mathcal{T}}\left[\left(\hat{f}_{\mathcal{T}}(x) - f(x)\right)^2\right] \tag{1.1}$$

式中，$\mathbb{E}_{\mathcal{T}}$ 表示来自不同训练集的平均值（期望值）。定义不同训练集预测结果的平均值为 $\mu(x)$，即 $\mu(x) = \mathbb{E}_{\mathcal{T}}\left[\hat{f}_{\mathcal{T}}(x)\right]$。

（1）偏差的定义。

偏差是人为选取模型带来的误差，它描述了训练集拟合出来的模型的预测结果的平均值与样本真实结果平均值的距离，数学上等于使用模型在训练集上预测结果的平均值减去真实样本的平均值：

$$Bias(x) = \mathbb{E}_T \left[\hat{f}_T(x) - f(x) \right] = \mu(x) - f(x) \qquad (1.2)$$

（2）方差的定义。

方差是随机不同的训练集带来的偏离误差，它可以用统计学中方差的概念进行度量，即方差等于平均训练集预测结果与训练集预测结果的平均值之差的平方，用公式可以表示为

$$
\begin{aligned}
Var(x) &= \mathbb{E}_T \left[\left(\hat{f}_T(x) - \mu(x) \right)^2 \right] \\
&= \mathbb{E}_T \left[\left(\hat{f}_T(x)^2 - 2\hat{f}_T(x)\mu(x) + \mu(x)^2 \right) \right] \\
&= \mathbb{E}_T \left[\hat{f}_T(x)^2 \right] - \mathbb{E}_T \left[2\hat{f}_T(x)\mu(x) \right] + \mathbb{E}_T \left[\mu(x)^2 \right] \\
&= \mathbb{E}_T \left[\hat{f}_T(x)^2 \right] - \mu(x)^2
\end{aligned}
\qquad (1.3)
$$

（3）训练误差的拆解证明。

定义好偏差和方差之后，可以很容易地将训练误差进行拆解，证明过程如下：

$$
\begin{aligned}
MSE(x) &= \mathbb{E}_T \left[\left(\hat{f}_T(x) - f(x) \right)^2 \right] \\
&= \mathbb{E}_T \left[\left(\hat{f}_T(x)^2 - 2\hat{f}_T(x)f(x) + f(x)^2 \right) \right] \\
&= \mathbb{E}_T \left[\hat{f}_T(x)^2 \right] - 2\mu(x)f(x) + f(x)^2 \\
&= \mathbb{E}_T \left[\hat{f}_T(x)^2 \right] - \mu(x)^2 + \mu(x)^2 - 2\mu(x)f(x) + f(x)^2 \\
&= \mathbb{E}_T \left[\hat{f}_T(x)^2 \right] - \mu(x)^2 + \left(\mu(x) - f(x) \right)^2 \\
&= Var(x) + Bias(x)^2
\end{aligned}
\qquad (1.4)
$$

2. 偏差与方差权衡说明

从上述分析可知，在机器学习中，任何训练模型的误差都可以被拆分为偏差和方差。我们将使用射击的比喻来说明训练模型的目标（参见图1-4）。

高偏差和高方差（图1-4（d））：这种情况类似于一个射击能力很差的运动员，既无法打中靶心，又没有稳定性。在机器学习中，这对应于一个在各种样本上都表现差劲，且结果差异很大的模型。这通常意味着模型与数据集不匹配，可能需要更换模型或加强特征工程。

高方差和低偏差（图1-4（c））：这种情况相当于射击能力尚可的运动员，偶尔能打中靶心，但通常偏差很大。在机器学习中，这对应于一个在某些样本上表现良好，但在其他样本上表现糟糕的模型。这通常是过拟合的表现，可能因为模型过于复杂。

低方差和高偏差（图1-4（b））：这像是射击能力一般但成绩稳定的运动员，虽然不能打中靶心，却很一致。在机器学习中，这对应于一个在所有样本上表现一般，但预测结果

相对稳定的模型。这是欠拟合的特征，通常是因为模型过于简单。

低偏差和低方差（图1-4（a））：这是理想的状态，类似于射击技巧高超的运动员，不仅每次都能打中靶心，而且非常稳定。在机器学习中，这是我们追求的目标：一个在各种样本上都表现出色且稳定的模型。

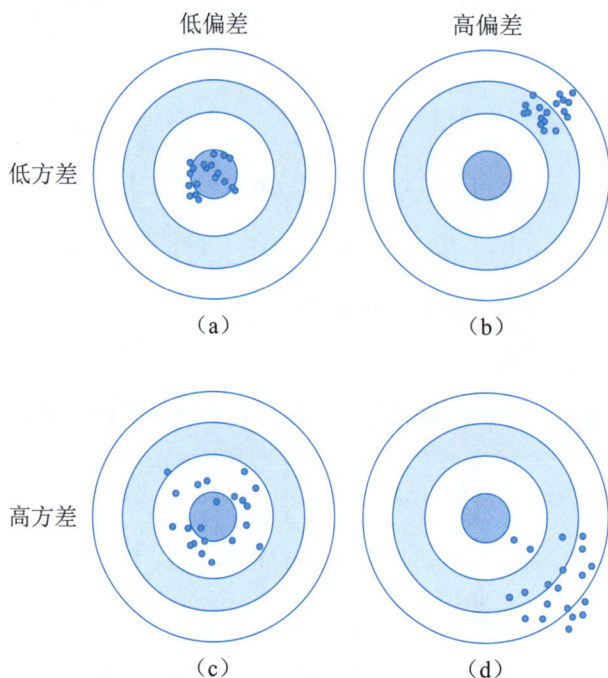

图1-4　训练模型的目标

总体来说，机器学习的目标是找到一个既能准确预测（低偏差）又具有泛化能力（低方差）的模型。这就像找到一个既能准确瞄准靶心又能保持一致性的射击运动员一样。

3. 模型复杂度与方差和偏差

模型的复杂度对其误差也有重要影响，图1-5展示了模型复杂度与训练模型的总误差、偏差和方差之间的关系。

总误差：在使用的模型越复杂时，总误差通常会先下降然后上升。这是因为初始的复杂度增加有助于更好地拟合数据，但超过某个点后，复杂度的增加会导致模型对训练数据的过度拟合，从而增加在测试数据上的误差。

偏差：随着模型复杂度的增加，偏差会持续下降。简单模型（如线性模型）可能无法捕获数据的所有真实特征，从而导致较高的偏差。随着模型变得更复杂（如灵活的神经网络），它们能更好地逼近真实数据结构，因此偏差会降低。

方差：与偏差相反，随着模型复杂度的增加，方差会上升。复杂模型更容易对训练数据中的随机波动（噪声）做出反应，从而导致在不同的数据集上预测结果出现较大波动，即方差增大。

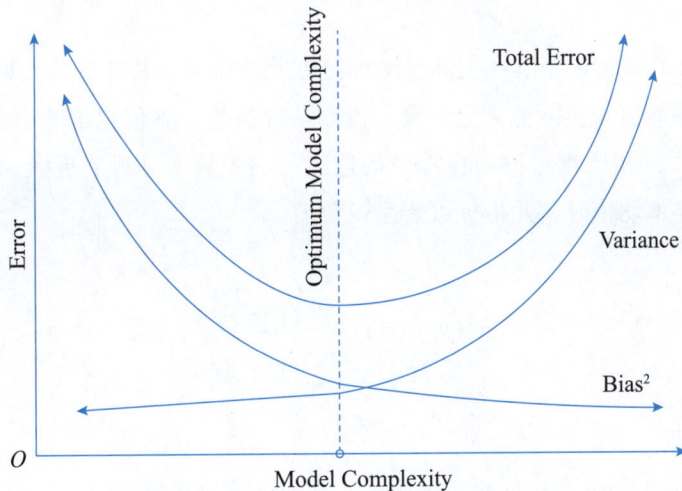

图 1-5　模型复杂度与总误差、偏差和方差的关系

最优模型的选择并非仅仅追求最小的偏差或最小的方差，而是两者的最佳平衡点。在这个平衡点上，模型的总误差最小，模型能够有效地泛化到新数据上。这就意味着，理想的模型既不会过于简单（以避免高偏差），也不会过于复杂（以避免高方差）。这种平衡在机器学习中被称为"偏差 - 方差权衡"（bias-variance tradeoff）。

1.5.3　回归问题机器学习模型的评价指标

我们已详细讨论了基于模型训练误差选择模型的方法。然而，在模型选择过程中，除了考虑训练误差，我们还常使用其他多种指标来评估模型的性能。在处理回归问题时，我们通常关注连续变量的预测。评价回归模型性能的常用指标包括均方误差（MSE）、平均绝对误差（MAE）和决定系数。假设回归问题中的实际标签值为 y，模型的预测值为 $\hat{y}$，样本数量为 n，标签真实值的平均值为 $\bar{y}$。以下是不同回归模型评价指标的详细说明。

1. MSE

MSE 是评估回归模型中最常用的指标，它通过平方项来量化预测值与实际值之间的差异，也被称为 L2 损失函数。其计算公式如下：

$$\text{MSE}(y, \hat{y}) = \frac{1}{n}\sum_{i=0}^{n-1}(y_i - \hat{y}_i)^2 \tag{1.5}$$

2. MAE

MAE 通过绝对值来量化预测值与实际值之间的差异，这也是 L1 损失函数的一种形式。其计算公式如下：

$$\text{MAE}(y, \hat{y}) = \frac{1}{n}\sum_{i=0}^{n-1}\left|y_i - \hat{y}_i\right| \tag{1.6}$$

21

3. 决定系数

决定系数（R^2）表示模型解释实际预测标签方差的比例。其计算公式见式（1.7）。当 R^2 值为 1 时，表示预测值与实际值完全一致。值得注意的是，R^2 值也可能小于 0，这表明模型的预测误差（分子）相比预测值与样本平均值之间的差异（分母）更大。当预测模型结果极差，甚至不如样本均值时，此指标可能呈现负值。

$$R^2(y, \hat{y}) = 1 - \frac{\sum_{i=1}^{n}(y_i - \hat{y}_i)^2}{\sum_{i=1}^{n}(y_i - \overline{y})^2} \tag{1.7}$$

4. Python 实现

可以直接调用 Sklearn 库中的以下函数来实现以上评价指标的计算。

```python
...python
sklearn.metrics.mean_squared_error（y_true, y_pred）
sklearn.metrics.mean_absolute_error（y_true, y_pred）
sklearn.metrics.r2_score（y_true, y_pred）
...
```

参数解析如下。

y_true：数据集标签的真实值；

y_pred：数据集标签的预测值。

1.5.4 机器学习的超参数调校

在机器学习模型构建过程中，通常将现有数据样本分为三部分（图 1-6）：训练集、验证集和测试集。训练集用于初步拟合数据和构建模型；验证集相当于一个模拟测试集，主要用于调节模型的超参数（hyperparameters）；测试集用于最终评价各模型在未见样本上的表现。

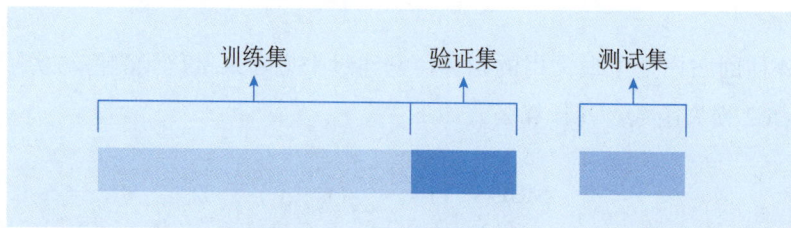

图 1-6　数据样本划分

想象你是一位音乐学校的钢琴老师，目前你需要在所有学生中挑选一位代表学校参加全国钢琴大赛，争取荣誉。你有过去 20 年全国钢琴大赛的曲目和评审标准。首先，你会让所有学生学习这 20 年中的前 10 年部分的比赛曲目，然后观察学生们对这些曲目的掌握程度。你会特别关注那些课堂表现出色，对这 10 年曲目反应敏捷的学生。接着，在这些学生中进行额外的 5 次测试，使用之前没教过的另外 10 年的曲目。你不仅会评估学生对新曲目的掌握情况，还会对这些曲目进行讲解，以促进学生的进步，同时也可以筛选出那些只会死记硬背，不能灵活运用知识的学生。最后，基于最后 10 年的曲目，举办 5 场模拟比赛，从中选出在这些模拟比赛中平均成绩最好的学生，代表学校参加全国钢琴大赛。

这个过程与挑选正确的机器学习模型非常相似。为了增强模型对新样本的表现，提高其泛化能力，降低泛化误差，可以将所有数据分为三部分：1/2 作为训练集用于训练和拟合模型（类似前 10 年的钢琴曲目）；1/4 作为验证集用于调整超参数（类似额外的 5 次测试）；1/4 作为测试集，用于比较不同模型的泛化误差（类似基于最后 10 年曲目的模拟比赛）。通常，训练集、验证集和测试集应互不相交，即每个集合的样本都是独立的。这就像假设全国钢琴大赛不会重复以前的曲目一样，希望学生们在模拟比赛中也不会遇到之前教学中使用的曲目。

根据样本特点的不同，验证集的设置方法一般有三种：固定交叉验证、k 折交叉验证、时间序列交叉验证等。

1. 固定交叉验证

固定交叉验证（holdout cross-validation）是一种在机器学习中常用的验证方法。这种方法涉及将数据集分为两部分：训练集和验证集。训练集用于模型的训练，而验证集用于评估模型性能。这种方法的一个关键特点是验证集在整个训练过程中保持不变。

在固定交叉验证中，重要的是要确保训练集和验证集的样本代表性，避免出现样本分布不均匀的情况。例如，如果训练集包含的都是容易预测的样本，而验证集包含的都是难以预测的样本，这可能会导致对模型性能的不准确评估。

Python 代码如下。

```python
...
python
sklearn.model_selection.train_test_split(*arrays, test_size=None, train_size=None, random_state=None, shuffle=True, stratify=None)
...
```

在实现固定交叉验证时，可以使用 Python 的 sklearn 库中的 train_test_split() 函数。这个函数允许用户指定训练集和测试集的比例，并提供参数来控制数据切分的方式。

参数解析如下。

arrays: 待切割的数据集，可以是列表、NumPy 数组、Pandas 数据框等格式。

train_size: 训练集的比例或样本数量。

test_size: 测试集的比例或样本数量。

random_state: 随机数种子，用于确保实验的可重复性。

shuffle: 是否对数据进行随机打乱。

stratify: 是否按类别进行分层抽样。该参数在处理不平衡数据集时特别有用，可以确保训练集和测试集在类别分布上保持一致。

使用 train_test_split() 函数可以有效地进行数据切分，但需要注意的是，由于这种函数只进行一次划分，其结果可能具有一定的偶然性。因此，在某些情况下，可能需要考虑使用其他方法，如 k 折交叉验证（k-fold cross-validation），来获取更稳健的模型性能评估。

2. k 折交叉验证

k 折交叉验证（图1-7）是一种在机器学习中广泛使用的模型验证方法，用于评估模型的泛化能力。这种方法特别有效，因为它能够克服单次划分（如固定交叉验证）可能带来的样本选择偏差。

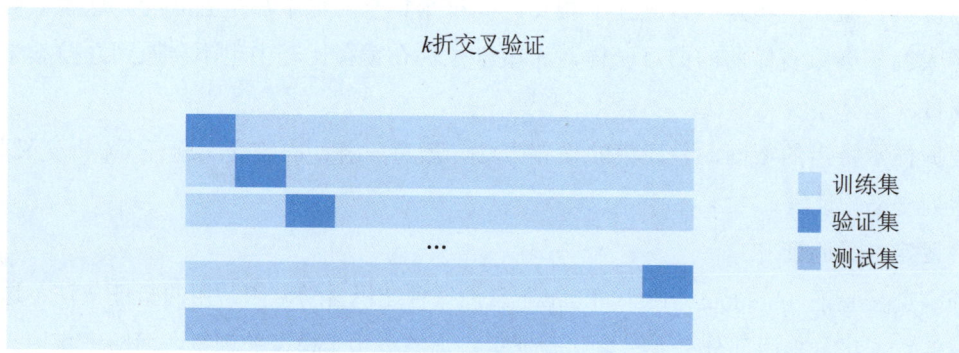

图1-7　k 折交叉验证

以 5 折交叉验证为例，整个过程包括以下步骤。

（1）数据划分：将整个训练数据集等分为 5 个互斥的子集（即"折"）。

（2）循环训练与测试：对于每一组超参数设置，进行 5 次训练和测试。在每一次中，选择其中 1 折作为测试集，剩余的 4 折作为训练集。这个过程会循环 5 次，每次都选择不同的 1 折作为测试集。

（3）评估平均得分：完成所有 5 次训练和测试后，计算这 5 次测试的结果（通常是模型预测的得分或误差）的平均值。这个平均值被用来评估模型的性能。

k 折交叉验证的优势在于它允许每个样本点都有机会作为测试集的一部分，从而确保了所有样本在模型训练和评估中的使用。这种方法减少了对特定训练集和测试集划分的依赖，提高了评估结果的稳定性和可靠性。

此外，通过改变 k 的值，可以在训练集大小和验证次数之间找到平衡。较小的 k 值意味着更大的训练集和较少的验证循环，可能导致评估结果的方差增大；而较大的 k 值意味着更小的训练集和更多的验证循环，可能导致模型训练时间增长。常见的选择是 k=5 或 k=10，但最佳选择取决于具体的数据集和问题。

Python 代码如下。

```
...
python
sklearn.model_selection.cross_val_score(estimator, X, y=None, *,
```

```
groups=None, scoring=None, cv=None, n_jobs=None, verbose=0, fit_params=None,
pre_dispatch='2*n_jobs', error_score=nan )
...
```

在 Python 的 Sklearn 库中，cross_val_score() 函数是实现 k 折交叉验证的核心工具。它主要用于评估给定机器学习模型的性能。以下是该函数的一些核心参数及其解释。

estimator: 用于训练的机器学习模型。可以是任何符合 Sklearn 规范的模型，比如线性回归、决策树、支持向量机等。

X: 特征数据集。这是模型用来进行预测的数据，通常是一个二维数组或类似结构的数据。

y: 目标变量或预测标签。这是模型尝试预测的变量，通常是一个一维数组。

scoring: 评估模型性能的指标。例如，可以使用 MSE、R^2 等。这个参数定义了如何衡量模型的好坏。

cv: 指定进行 k 折交叉验证的次数。例如，cv=5 表示采用 5 折交叉验证。

n_jobs: 指定并行运行的作业数。例如，n_jobs=–1 表示会使用所有可用的 CPU 核心。

verbose: 控制输出的详细程度。verbose=0 意味着不输出任何训练过程的信息，值越高表示输出的信息越详细。

fit_params: 传递给估计器的其他参数。是在训练模型时使用的额外参数。

pre_dispatch: 控制并行执行的任务数量。在 n_jobs 参数大于 1 的情况下，这个参数可以防止因大量并行任务而导致的内存溢出。例如，pre_dispatch='2*n_jobs' 表示最多允许有 2n_jobs 个任务同时运行。

error_score: 如果模型拟合过程中发生错误，该参数指定返回的错误分数。默认情况下，它设置为 NaN。

通过调整这些参数，可以灵活地使用 cross_val_score() 函数来评估不同模型的性能，从而找到最适合特定数据集的模型。这对于确保模型具有良好的泛化能力至关重要。

3. 超参数的选取：网格搜索与随机搜索

超参数的选择对于机器学习模型的性能至关重要，有时甚至比选择正确的算法更加关键。超参数调整应考虑模型原理、数据量和模型训练程度等因素。在机器学习中，超参数调整通常采用两种主要方法：网格搜索（Grid Search）和随机搜索（Random Search）。

1）网格搜索

（1）网格搜索通过列举所有可能的超参数组合来形成一个"网格"。

（2）它对这个网格中的每一组超参数进行测试，通常结合交叉验证来评估每组超参数的性能。这种方法虽然全面，但也可能非常耗时，尤其是当超参数的数量较多或者每个超参数的可能取值较多时。

（3）最终，从测试中选择表现最优的超参数组合。

2）随机搜索

（1）随机搜索不是测试超参数空间中的所有可能组合，而是从设定的超参数范围中随机选择组合。

（2）这种方法通常比网格搜索更快，尤其是在超参数空间很大的情况下。

（3）它通过随机采样超参数组合，可以在更大的范围内探索可能的超参数值。

（4）虽然随机搜索可能错过某些优秀的超参数组合，但它通常能在合理的时间内找到一个不错的解决方案。

网格搜索因其全面性而在小型到中型数据集上非常有效，而随机搜索在处理大型数据集或者超参数空间非常广泛时更为高效。实际应用中，可以根据数据集的大小和复杂度、可用的计算资源以及对模型性能的要求来选择合适的方法。在某些情况下，甚至可以结合这两种方法，先用随机搜索快速缩小搜索范围，然后用网格搜索细化搜索。

网格搜索 Python 代码如下。

```python
...python
sklearn.model_selection.GridSearchCV(estimator, param_grid, *,
scoring=None, n_jobs=None, refit=True, cv=None, verbose=0, pre_dispatch='2*n_
jobs', error_score=nan, return_train_score=False
...
```

在机器学习中，GridSearchCV() 函数是一个强大的工具，用于自动化地搜索最佳的超参数组合。以下是该函数的核心参数及其解释。

estimator: 想要优化的机器学习模型。例如，可以是一个线性回归模型、随机森林模型等。

param_grid: 一个字典或字典列表，其中包含了想要尝试的超参数及其可能的取值。GridSearchCV() 函数会尝试所有这些超参数组合，以找到最佳组合。

scoring: 评估模型性能的指标。例如，可以使用 MSE、R^2 等来评估回归模型，或者用准确率（accuracy）、AUC 等来评估分类模型。

n_jobs: 指定并行运行的作业数。如果设置为 –1，则表示使用所有可用的 CPU 核心。

refit: 通常设置为 True，表示一旦找到最佳的超参数组合，使用这些参数重新拟合整个数据集。

cv: 指定进行 k 折交叉验证的次数。例如，cv=5 意味着使用 5 折交叉验证。

verbose: 控制输出的详细程度。当设置为 0 时，表示不会输出任何训练过程的信息。

pre_dispatch: 控制并行执行的任务数量。有助于避免在计算资源有限的情况下发生内存溢出。

return_train_score: 如果设置为 True，将返回每一组参数在训练集上的评分。这有助于识别模型是否出现了过拟合或欠拟合。

GridSearchCV() 函数尤其适用于超参数数量较少的情况，因为随着超参数数量的增加，需要尝试的组合数量会呈指数级增长。在超参数数量较多或其中一些超参数取值为连续变量时，RandomizedSearchCV() 函数通常是一个更好的选择。RandomizedSearchCV() 函数通过在超参数的分布范围内随机选择参数组合，而不是尝试每个可能的组合，这样可以在更短的时间内探索更广泛的参数空间。然而，随机性意味着可能无法找到绝对最佳的参数组合，特别是当尝试的次数较少时。

随机搜索 Python 代码如下。

```
...
sklearn.model_selection.RandomizedSearchCV(estimator, param_
distributions, *, n_iter=10, scoring=None, n_jobs=None, refit=True, cv=None,
verbose=0, pre_dispatch='2*n_jobs', random_state=None, error_score=nan,
return_train_score=False)
...
```

RandomizedSearchCV() 函数是 Sklearn 库中另一个用于超参数调优的工具，它通过在指定的参数空间内随机采样来寻找最佳的超参数组合。以下是该函数的核心参数及其解释。

estimator: 用于训练的机器学习模型，例如线性回归、支持向量机等。

param_distributions: 定义超参数取值范围的字典。与 GridSearchCV() 函数不同，这里不是列出所有可能的组合，而是定义每个超参数的概率分布。

n_iter: 随机搜索的迭代次数，即随机抽取超参数组合的次数。

scoring: 评估模型性能的指标。如 MSE、R^2 等。

cv: 指定进行 k 折交叉验证的次数。例如 5 折或 10 折交叉验证。

n_jobs: 指定并行运行的作业数。−1 表示使用所有可用的 CPU 核心。

refit: 默认为 True。表示找到最佳超参数后，用这些参数重新训练整个数据集。

verbose: 控制输出的详细程度。设置为 0 表示不输出任何训练过程信息。

pre_dispatch: 控制并行执行的任务数量。用于防止内存溢出。

return_train_score: 是否返回训练分数。有助于判断模型是否出现过拟合或欠拟合。

random_state: 随机数种子。用于保证实验可重复。

RandomizedSearchCV() 函数的主要优势在于它的高效性，特别是当超参数空间很大时。通过随机采样，它能够快速探索广泛的参数空间，而不需要像 GridSearchCV() 函数那样尝试每一种可能的组合。这使得 RandomizedSearchCV() 函数在有限的时间内更有可能找到一个不错的解决方案。然而，由于其随机性，可能需要较多的迭代次数才能接近最佳参数组合，尤其是在超参数空间极为庞大的情况下。

1.6　本章小结

人工智能技术被广泛应用于投资交易、风险管理、信用评估、互联网保险等金融场景中，提升了金融行业的效率，也引发了一系列挑战，包括模型失效、算法歧视等问题。金融智能的未来发展，需要市场需求和技术演进的共同推动。

关键名词

人工智能、深度学习、机器学习、金融智能

复习思考题

（1）随着人工智能进入大语言模型时代，金融智能将面临哪些变化和挑战。

（2）搜集国内金融智能领域的头部公司，并思考人工智能在它们的商业模式中扮演了什么样的角色。

第 2 章
金融学基本原理

章前导读

在本章中，将探讨金融市场的概念、功能及其分类，并深入分析实证资产定价的核心问题和方法。通过学习这些内容，读者将能够更全面地理解金融市场的运作机制，掌握资产定价的基本原理及其在实际应用中的操作方法。

本章学习目标

首先读者需要了解金融市场的基本概念和主要功能，并进一步理解金融市场的分类方法及其具体内容；其次，聚焦实证资产定价的核心问题，鼓励读者思考股票预期收益率的计算和估计以及投资组合分析的方法在资产定价中的应用；最后，引出因子投资的基本原理及其在中国市场中的具体应用，为读者指出金融智能的未来发展方向。

2.1 金融市场

2.1.1 金融市场的概念与功能

在现代经济系统中，存在三类核心市场：要素市场、产品市场和金融市场。要素市场专注于各类生产要素，包括土地、劳动力和资本等；产品市场是商品与服务进行交易的市场；而金融市场则在经济系统中扮演着引导资金的流向、促进资金由盈余部门向短缺部门转移的重要角色。金融市场中，交易的对象是金融资产，而市场本身则表现为以交易对象为基础所形成的供求关系及其相关机制的总和。

从经济运行的全局视角来看，金融市场主要承载着以下四大核心功能。

首先是集聚功能。金融市场能引导众多分散的小额资金集聚，以满足社会再生产的资金需求。同时，金融市场是资金"蓄水池"：在多部门经济框架中，协调各部门之间或内部的资金收入和支出的时间非对称性，为资金盈余和短缺的部门或经济单位提供沟通的桥梁。

其次是配置功能。主要体现在资源配置、财富再分配以及风险再分配三方面。金融市场通过将资源从低效率部门转移到高效率部门，实现稀缺资源的合理配置和有效利用。同时，通过金融资产价格的波动，实现社会财富的再分配。此外，金融市场通过各类金融工具实现金融风险在不同投资群体中的转移，从而实现风险的再分配。

再次是调节功能。金融市场对宏观经济具有直接和间接的调节作用。在直接调节功能层面，投资者为了财富增值，会谨慎选择投资对象，这促使资本形成合理配置，从而影响微观经济部门并最终影响宏观经济活动。在间接调节功能层面，金融市场的发展为政府实施宏观调控创造了条件，尤其是货币政策，其实施是以金融市场为基础，并通过金融市场调节货币供应量、传递政策信息，以达到调节整个宏观经济运行的目的。

最后是反映功能。金融市场被称为国民经济的晴雨表，是重要的国民经济信号系统。它在企业层面和政策层面都发挥着反映作用。在企业层面，证券价格的涨跌反映了企业的经营管理状况及未来发展前景。在政策层面，金融市场中的交易直接或间接地反映了国家货币政策的变动。此外，金融市场快速发展而衍生的网络效应进一步加强了现有金融市场对信息的反映能力。

2.1.2　金融市场分类

1. 按照投资标的物划分

按照金融市场的投资标的物分类，金融市场可以分为货币市场（money market）与资本市场（capital market）。

货币市场是指以期限在一年以下的金融资产为交易标的物的短期金融市场。它的核心功能是保持金融资产的流动性：既满足了借款者的短期资金需求，也为暂时闲置的资金提供了投资渠道。货币市场通常涵盖短期国库券、大额存单、商业票据、银行承兑汇票、欧洲美元、回购协议等短期信用工具。在这个市场中，资金借贷型工具期限一般为 3 ～ 6 个月，而债券工具期限则以 6 ～ 9 个月为多。由于该类市场信用工具随时可以在发达的二级市场上出售变现，具有很强的变现性和流动性，功能近似于货币，故称货币市场。此外，由于该市场主要经营短期资金的借贷，所以也被称为短期资金市场。

资本市场是指期限在一年以上的金融资产为交易标的物的金融市场。一般来说，资本市场由两大部分构成：一是银行中长期存贷款市场；二是有价证券市场。在现代投资学的研究中，有价证券通常是主要的研究对象。资本市场中有价证券的种类比货币市场丰富，可以将资本市场细分为四个主要部分：长期债券市场、权益市场、期权衍生工具市场、期货衍生工具市场。

2. 按中介特征划分

根据在资金融通中的中介特征，金融市场可以划分为直接金融市场和间接金融市场。直接金融市场是指资金需求者直接从资金所有者那里融通资金的市场，通常是通过发行债券和股票等金融工具在金融市场上筹集资金。相比之下，间接金融市场则是通过银行等信用中介机构作为媒介来进行资金融通的市场。在间接金融市场上，资金所有者将手中的资金贷放给银行等信用中介机构，然后这些机构再将资金转贷给资金需求者。在此过程中，无论资金最终由谁使用，资金所有者都仅对信用中介机构的债券享有权利，而对最终使用者不享有任何权利。

3. 按金融资产的发行和流通特征划分

按照金融资产的发行和流通特征，金融市场可以划分为一级市场、二级市场、三级市场与四级市场。其中，资金需求者将金融资产首次出售给公众时所形成的交易市场称为初级市场、发行市场或一级市场，例如股票的首次公开发行（IPO）。金融资产的发行方式主要有两种：一是私募发行，即将金融资产销售给特定的机构投资者；二是公募发行，即将金融资产广泛地发售给社会公众。

证券发行后，各种证券在不同的投资者之间买卖流通所形成的市场为二级市场，也被称为流通市场或次级市场。它可以进一步细分为场内交易市场和场外交易市场。场内交易市场以证券交易所为代表，是依照国家有关法律规定，经政府主管机关批准设立的证券集中竞价的有形场所。而场外交易市场，又称柜台交易或店头交易市场，是在证券交易所之外进行证券买卖的市场，以未上市的证券为主。此外，三级市场和四级市场实际上是场外交易市场的一部分。

4. 按成交与定价的方式划分

按照成交与定价的方式划分，金融市场可以划分为公开市场与议价市场。公开市场是指通过众多的买方和卖方公开竞价来确定金融资产价格的市场。在这个市场中，金融资产在到期偿付之前可以自由交易，并且只卖给出价最高的买者。这些交易一般在有组织的证券交易所进行。相比之下，议价市场中的金融资产的定价与成交是通过私下协商或面对面的讨价还价方式进行的。

下面主要介绍在二级股票交易市场中，资产的价格是如何决定的。

2.2 实证资产定价

2.2.1 资产定价的核心问题——股票预期收益率

股票预期收益率是指投资者对未来一定时期内持有股票所能获得收益的预期。这个概念在资本市场中至关重要，因为它不仅反映了市场对股票未来表现的预测，也是投资决策和资产定价的核心依据。

从定义上讲，股票预期收益率通常是基于历史数据、市场趋势、公司基本面分析以及宏观经济因素的综合考量。这个收益率包括股息收益和股价增值两部分。股息收益指的是公司分配给股东的现金回报，而股价增值则是指股票买入价与卖出价之间的差额。预期收益率是一个概率概念，意味着实际收益率可能高于或低于预期值。

股票预期收益率的计算和估计是一个复杂过程，涉及对公司的财务状况、行业前景、市场环境、政治经济情况等多方面因素的分析。此外，投资者的风险偏好、市场情绪和预期也会影响预期收益率的计算。

股票预期收益率的作用在于以下几点。

投资决策：投资者通过比较不同股票或资产类别的预期收益率，可以做出更加合理的资产配置决策。高预期收益率通常意味着更高的风险，而低预期收益率则表示较低风险。投资者需要根据自身的风险承受能力和投资目标来选择合适的股票。

资产定价：股票预期收益率是资本资产定价模型（CAPM）和其他资产定价工具的重要组成部分。这些模型通过预期收益率来确定股票或其他资产的合理价格。

风险评估：通过分析股票的预期收益率，投资者可以对股票的风险水平有更深入的理解。通常，预期收益率较高的股票可能伴随着更高的风险。

市场分析：预期收益率的趋势和变化可以为市场分析师提供重要的市场情绪和趋势指标。例如，如果大量股票的预期收益率下降，这可能表明市场对经济前景的悲观预期。

当我们在探讨资产定价问题时，就需要深入理解投资组合分析、因子投资以及中国因子模型，同时还需考虑异象性因子的检验。每一个环节都对理解和预测股票预期收益率至关重要。

首先，投资组合分析是理解股票预期收益率的基石。它侧重于如何有效地组合不同的资产以达到风险最小化和收益最大化的目标。通过分析不同股票的历史表现和相互关系，投资者可以构建一个多元化的投资组合，以减少特定股票或市场波动对整体投资组合的影响。此外，投资组合理论还强调资产之间的相关性和风险分散，帮助投资者理解如何平衡风险与回报。

其次，因子投资是现代资产定价理论的延伸，它通过识别影响资产收益的共同风险因子，帮助投资者更好地理解市场动态。在因子投资中，常见的因子包括市值、盈利能力、价值、动量、质量和波动性。通过分析这些因子对股票收益的贡献，投资者可以识别哪些因子在当前市场环境下最有效，并据此调整投资组合。

在此之上，针对我们身处的特殊的市场，中国因子模型是因子投资在中国市场的应用。由于中国市场的特殊性，如A股市场的结构、政策环境和投资者行为等，标准的全球因子模型可能无法完全适用于中国市场。因此，开发和测试适合中国市场的因子模型变得尤为重要。这些模型通常会考虑中国市场的独特因素，如国有企业的影响、政策驱动的市场行为以及投资者情绪等。

最后，异象性因子的检验是验证因子投资模型有效性的重要步骤。异象性因子是指那些在传统因子模型中未被充分解释的、独特的风险因子。通过检验这些因子，投资者可以更全面地理解市场动态，并评估现有投资策略是否需要调整。例如，某些行业或市场可能会受到特定政策或技术变革的影响，这些因素在传统模型中可能未被考虑，但对投资回报有重要影响。

综上所述，理解股票预期收益率需要深入分析投资组合构建的原则，掌握因子投资的关键因素，并针对中国市场的特殊性进行因子模型的定制化。同时，考察异象性因子的存在与影响，是完善投资策略和预测市场动态的关键环节。通过这些分析，投资者可以更准确地评估和预测股票的预期收益率，从而做出更明智的投资决策。

2.2.2　投资组合分析

在探讨资产定价时，通常采用由时间和资产构成的二维面板数据结构。以股票市场中的上市公司为例，常见的数据记录了在特定时间点上某公司的各项特征及其收益率。这种以公司和时间为基础的数据结构，被称作面板数据。简而言之，我们可以在任意时刻 t （$t=1,2,3,\cdots,T$）获取 n 家公司的股票数据，同时也能够追踪每家公司随时间变化的情况。

为探究某一变量与股票未来收益率的关系，实证资产定价中常采用的一种方法是横截面投资组合分析。该方法的核心思想是，若在 t 期基于某指标构建的不同投资组合，在 $t+1$ 期展现出显著的收益率差异，并且这种差异在时间序列上具有统计意义，那么该指标很可能与未来收益率存在关联。投资组合分析的基本理念与金融领域的实际投资操作高度相似。业界构建投资组合的步骤通常包括①基于某一指标选取资产，形成投资组合；②持有该组合，承受其价格波动所带来的盈亏；③依据特定指标调整投资组合。资产管理专业人员每日依据各种指标（如技术、基本面、行业、宏观经济指标等）做出投资和资产配置决策。与此同时，学术界也在寻求更加精确的方法来判断哪些指标可以科学地指导投资决策。

当检验某变量与股票未来收益率的相关性时，横截面投资组合分析是一种直接且有效的方法。这种方法不需对变量与未来收益率的关系做出任何先验假设。实际上，它有助于发现变量间的非线性关系，这些关系往往难以通过参数技术发现。然而，该方法的一个主要局限在于，在分析某变量与股票未来收益率的关联时，难以控制其他众多变量。因此，即使发现某变量与未来收益率相关，也无法确定这种关系是由该变量直接引起，还是受其他遗漏变量的影响。

1.单变量资产组合排序分析

1）单变量资产组合排序分析流程

单变量资产组合排序分析（univariate portfolio analysis）是一种仅基于单个变量对资产组合进行构建和分析的方法。此方法以变量 X（例如企业市值、市盈率等）为基准进行分组，

使用三个参数 k、m、n（其中，k 代表构建指标的时间范围，m 代表等待建仓的时间，n 代表持有资产组合的时间）来进行 z 组（比如 10 组）的资产组合排序分析。这一过程分为四个步骤。

（1）计算分组指标：在任意时刻 t，计算该时刻所有股票在 $[t-k, t]$ 时间段内的指标 X 值，并确定指标 X 的 Z（如 10）分位数点。此处 k 是指标 X 的历史时间长度，通常选取 $k=0$（即当天收盘的指标 X），或者使用 $k=1$（即过去 1 期的平均指标 X）。对于长时间窗口依赖或变化敏感的变量，可能会选取更长的时间段（如 1、6、12 个月）来计算该指标。

（2）建立资产组合：依据 t 时刻计算的每只股票指标 X 所属的分位数进行分组。在等待期 m 结束后（通常 m 为 0，即假设立即在 t 时刻建仓），根据每组分位数确定资产的个数和权重来构建投资组合。

（3）持有期收益计算：构建资产组合后，计算它在每一期的收益表现。特别关注从 $[t+m, t+m+n]$ 时间段（建仓到卖出）内不同投资组合实现的收益率差异。

（4）循环分析与统计检验：重复前 3 个步骤，获取全样本时刻不同资产收益率的时间序列，并进行统计检验。由于单一期的样本数据不足以得出可靠的统计推断结论，因此需要将这一流程在全部样本时间区间内循环执行，计算整个样本时间 T 的不同投资组合实现的收益率时间序列。通过对投资组合的收益率进行统计检验，检验其收益率时间序列是否显著异于 0，可以验证这个股票的指标 X 是否能够预测股票未来收益率。

2）单变量资产组合排序分析案例

在 1981 年，Banz 提出了美国股票收益中存在规模效应的证据，即企业规模与股票收益之间存在负相关关系。Liu 等在 2019 年的研究中也发现，这种规模效应同样存在于中国 A 股市场。因此，以中国 A 股市场的公司规模为例，我们采用证券流通市值（即收盘价（未经复权）乘以流通股总数）来分析流通市值这一变量与未来收益率之间的关系，探究它是否可以预测股票未来一期的收益率。我们将使用参数 0\0\1 进行分析，其中，$k=0$ 代表构建指标的信息区间（使用月末流通市值），$m=0$ 表示即时建仓，$n=1$ 表示持有资产组合的时间为 1 个月，并将资产分为 10 组进行排序分析。

（1）计算分组指标 X 的分位数。

以 2021 年 3 月 31 日为例，表 2-1 展示了当时 A 股股票流通市值的分位数统计。在样本中，A 股市值最大的公司为贵州茅台（600519.SH），其市值高达 25237.01 亿元。其他 $0 \sim 10$ 的分位数分别为 24.65、39.54、46.22、54.62、65.67、83.69、112.00、155.07、246.68、471.08、25237.01 亿元。这些数据为我们分析流通市值与未来收益率的关系提供了基础。

表 2-1　2021 年 3 月 31 日 A 股股票市值分位数统计（单位：亿元）

	0	1	2	3	4	5	6	7	8	9	10
市值	24.65	39.54	46.22	54.62	65.67	83.69	112.00	155.07	246.68	471.08	25237.01

注：数据来源为作者基于 WIND 数据整理得到。

（2）根据分位数和等待期建立不同的资产组合。

在这一步骤中，我们根据每只股票的企业市值所属的分位数进行分组，并确定每组分位数的资产个数和权重，以构建投资组合。在此案例中，总股票数量为 3000（剔除了市值最小的 30% 股票），因此按照 10 个分位数构建资产组合，每个组合包含 300 只股票。本案例采用等权重方式构建投资组合。

（3）持有资产组合并计算各个资产组合持有期的投资收益。

在本案例中，持有资产组合的时间设定为 1 个月。因此，需要计算这 10 组资产在 2021 年 4 月的收益率，结果见图 2-1。从图 2-1 中我们可以看到，横坐标 Lo_10、2_Dec、3_Dec、4_Dec、5_Dec、6_Dec、7_Dec、8_Dec、9_Dec、Hi_10 代表按照 2021 年 3 月底企业市值分位数从低到高排序的资产组合，纵坐标代表在 2021 年 4 月的收益率。其中，市值最高的资产组合在 2021 年 4 月实现了最高收益率，月度收益率为 3.58%。相比之下，市值最低的组合和市值分位数在 10 ～ 20 的组合收益率最低，月度收益率分别为 –0.57% 和 –1.01%。这表明，随着上一期的企业市值增大，下一期的股票月度收益率呈现出上升趋势。从图 2-1 的数据来看，似乎企业市值这一变量与未来收益率存在正相关关系。

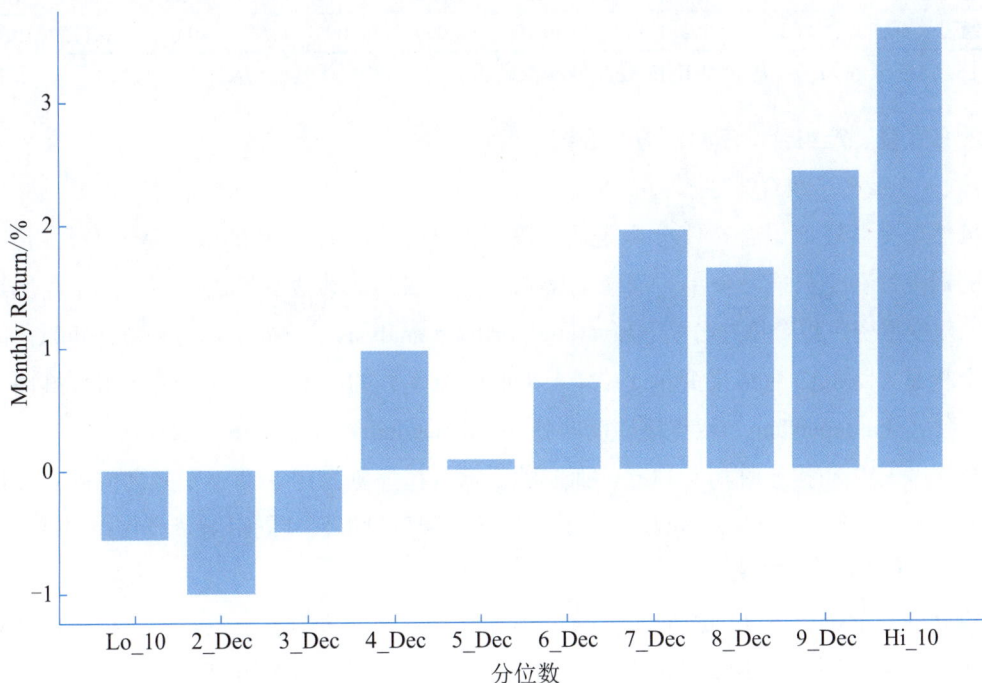

图 2-1　按市值分组的投资组合在 2021 年 4 月的收益率

（4）循环前三步，获得全样本时刻不同资产收益率的时间序列并进行统计检验。

此步骤中，将上述流程在整个样本时间区间（从 2000 年 1 月—2021 年 7 月，共计 259个月）内重复执行，以获取 $T=259$ 期间内不同投资组合实现的收益率时间序列。表 2-2 展示了结果，其中前 10 列分别代表按照月底企业市值分位数从低至高排序的资产组合，L-H 列展示持有市值最低 Lo_10 股票的多头投资组合和卖空市值最高 Hi_10 股票的策略。

表中第 1 行显示了不同资产组合的月度收益率均值，从市值最低的 Lo_10 资产组合到市值最高的 Hi_10 资产组合，月度收益率从 1.5% 递减至 0.9%。这表明平均来看，市值较大的股票未来一个月的收益率较低，而市值较小的股票收益率较高。表中的第 2、3、4 行分别展示了经 Newey-West 调整后的检验统计量，包括标准误、T 值和 P 值。Newey-West 统计量的滞后期数根据公式 $L=[4×（T/100）^{（2/9）}]$ 计算，取 4 期。

以市值最低的投资组合为例，该组合未来一个月的收益率均值为 1.5%，经 Newey-West 调整后，标准差为 0.605，T 值为 2.327，P 值为 0.02。在 0.05 的显著性水平下，这足以拒绝原假设。因此，这一结果表明，基于市值指标构建的资产组合在统计上能够实现显著高于 0 的投资收益，从而验证了市值用于预测未来股票收益率的有效性。

表 2-2　2000 年 1 月—2021 年 7 月股票企业市值分组资产组合收益率统计

	Lo_10	2_Dec	3_Dec	4_Dec	5_Dec	6_Dec	7_Dec	8_Dec	9_Dec	Hi_10	L-H
均值	0.015	0.012	0.012	0.012	0.010	0.010	0.010	0.009	0.010	0.009	0.006
标准误	0.605	0.663	0.668	0.702	0.731	0.737	0.765	0.788	0.839	0.889	0.908
T 值	2.327	1.911	1.941	1.801	1.615	1.650	1.601	1.405	1.683	1.545	1.554
P 值	0.020	0.056	0.052	0.072	0.106	0.099	0.109	0.160	0.092	0.122	0.120

注：数据来源为作者基于 WIND 数据整理得到。

2. 多变量资产组合排序检验方法介绍

1）多变量资产组合排序

虽然单变量资产组合排序分析是研究变量与未来收益率关系的一种基本且常用方法，但它的局限性在于只能考察单一变量的影响，而无法纳入其他变量的作用。为了克服这一限制，双变量资产组合排序分析（bivariate portfolio analysis）被提出，这种方法可以同时考虑两个变量 $X1$ 和 $X2$ 对结果变量 Y（即未来的收益率）的影响。双变量资产组合排序分为两种：独立（independent）双重排序和非独立（dependent）双重排序。独立双重排序是指两个变量 $X1$ 和 $X2$ 在排序时相互独立，而非独立双重排序则考虑了两个变量之间的相互依赖性。通过多变量的分析方法，可以更全面地理解不同变量如何共同影响资产收益率。

2）独立双重排序方法

独立双变量资产组合排序的流程与单变量资产组合排序基本一致，但在构建资产组合的过程中有所不同。假设使用 $X1$ 和 $X2$ 作为分组变量（例如企业市值和市盈率），并进行双变量 Z（5）组资产组合排序分析，该分析的前两个步骤与单变量资产组合排序有所区别，而后续步骤则相同。

计算分组指标 $X1$ 和 $X2$ 的分位数：在任意时刻 t，计算所有股票在 $[t-k, t]$ 时间段内的指标 $X1$ 和 $X2$，并独立地在全部样本中确定所有股票的指标 $X1$ 和 $X2$ 的 Z（5）分位数点。

根据分位数和等待期建立资产组合：在 t 时刻，根据每只股票的指标 X 所属的分位数进行分组，并在等待期 m 结束后（通常 m 为 0，即假设在 t 时刻立即建仓）确定每组分位数的资产个数和权重，构建投资组合。在单变量资产组合排序中，形成的资产组合数量通常与 Z 相同，例如 10 组资产组合排序分析涉及 10 个资产组合的收益率差异。而在双变量 Z 组资产组合排序中，最终形成的资产组合数量一般是 Z 的平方，例如双变量 10 组资产组合排序分析涉及 100 个资产组合的收益率差异。

独立双重排序方法有效地控制了单一因子对投资组合的影响，并被广泛应用于各种因子投资组合的构建。例如，经典的 FF3 因子模型（Fama & French, 1993）中的 SMB（small-minus-big）和 HML（high-minus-low）因子就是基于独立双重排序方法构建的。关于独立双重排序的具体案例，将在 2.2.4 节中国因子模型构建中详细介绍。

3）非独立双重排序方法

非独立双变量资产组合排序的流程与单变量资产组合排序基本相似，但在构建资产组合时略有不同。在独立双变量资产组合排序中，指标 $X1$ 和 $X2$ 的 Z（5）分位数点是在全部样本中独立计算的。相比之下，非独立双变量资产组合排序遵循一定的顺序：首先计算指标 $X1$ 的 Z（5）分位数点，然后在每个 $X1$ 分位数组内计算指标 $X2$ 的 Z（5）分位数点。这种方法能够有效探讨在控制了 $X1$ 后，$X2$ 对结果变量 Y（未来的收益率）的影响是否仍存在，即分析 $X2$ 对 Y 的影响是否与 $X1$ 相关。

表 2-3 展示了 2021 年 3 月 A 股股票按市盈率倒数和企业市值进行非独立双重排序后的资产组合收益率统计结果。表中第 2～6 列（EP_1～EP_5）分别代表按市盈率倒数从低至高的五个分位数资产组合，而第 2～6 行（ME_1～ME_5）代表在各市盈率资产组合内按企业市值从低至高的五个分位数资产组合。例如，第 2 行第 2 列的 –3.50% 表示在市盈率倒数最低的 20% 分位数组合内，企业市值最低的 20% 分位数组合在未来一个月的收益率为 –3.50%。之前的图 2-1 表明，企业市值似乎与未来收益率存在正相关关系。然而，通过非独立双重排序方法的分析发现，这种关系在市盈率倒数较高的组合内似乎并不存在，说明市盈率与企业市值的关联对股票未来收益率的影响有显著差异。

表 2-3 2021 年 3 月非独立双重排序分组资产组合收益率统计

	EP_1	EP_2	EP_3	EP_4	EP_5
ME_1	–3.50%	–0.84%	–0.55%	3.05%	2.71%
ME_2	1.22%	–1.42%	0.23%	1.84%	2.30%
ME_3	0.50%	1.31%	1.59%	1.23%	3.46%
ME_4	–1.83%	–0.21%	0.88%	1.41%	4.39%
ME_5	–0.37%	2.33%	–0.21%	1.41%	2.15%
L-H	–3.12%	–3.17%	–0.34%	1.64%	0.55%

注：数据来源为作者基于 WIND 数据整理得到。

2.2.3 因子投资

1. 因子投资与智能贝塔产品

因子投资是一种策略，旨在根据特定的股票特征，采用特定的权重方法组合一篮子股票，形成基于该因子的投资组合，该组合的收益率即代表该因子的收益率。因子投资基于一组静态规则来选择资产，例如，众所周知的沪深 300 指数就是选取中国沪深两市规模最大的 300 只股票，并按流通市值加权构造而成的资产组合。

智能贝塔（smart beta）产品则将因子投资的理念应用于实际操作，也可称为另类贝塔（alternative beta）。这类产品在全球范围内迅速发展，无论是产品数量、资金规模还是机构投资者的认可度都在逐年提升。截至 2017 年底，全球投资在因子投资产品上的规模已超过 1.9 万亿美元，预计到 2022 年将达到 3.4 万亿美元。智能贝塔产品通常以特定因子为策略指标，是因子投资在市场上的产品形式，它们在提升收益和降低风险方面表现出色。智能贝塔之所以被称为"智能"，是因为它结合了被动投资和主动投资的特点，其中，主动投资的一个显著特征是相对于市场组合买入并持有（buy and hold）的跟踪误差。

2014 年 Andrew Ang 在其书籍 *Asset management: a systematic approach to factor investing* 中就曾提出，解释资产回报的因子有三个：投资者承担的风险、市场的结构性障碍，以及投资者行为的非理性因素。

风险承担：某些因子能够获得额外的回报，是因为它们承受了更多的风险。这种风险可能在某些市场条件下导致较差的表现，反映出投资者为获得更高回报而承受的额外风险。

结构性障碍：有些因子的收益源于市场的结构性障碍。例如，由于投资限制或市场规则，某些投资者可能无法参与某些投资，从而为其他无此限制的投资者创造了机会。这些结构性障碍使得能够自由投资的人可以从中获益。

行为因素：有些因子的收益是因为它们能够捕捉到投资者的行为偏差。普通投资者的行为并非总是完全理性的，这类似于人们有时更喜欢吃薯条而不是沙拉，尽管他们关心自己的健康。这些非理性的行为模式为持有相反观点的投资者提供了投资机会。

2. 因子投资产品举例

在因子投资领域，因子通常基于资产的横截面特征（characteristics）构建，如规模（size）因子、价值（value）因子、动量（momentum）因子和质量（quality）因子。除此之外，因子也可以是基于宏观经济基本面的，比如实际利率（real rates）、通货膨胀（inflation）和经济增长（economic growth）。下面以几个大型资产管理公司或指数公司推出的因子产品为例具体说明。

贝莱德公司将因子分为两大类：经济基本面宏观经济因子（macroeconomic factors，涵盖跨资产类别的风险）和可交易的风格因子（style factors，涉及特定资产类别内部的收益和风险）。宏观经济因子包括经济增长、利率、通胀、信用、新兴市场和流动性。风格因子则涵盖价值、动量、最小波动（minimum volatility）、质量、规模和持有（carry）。这些因子之间的相关性通常较低，使得组合可以实现更好的分散化。

MSCI（Morgan Stanley Capital International，明晟公司）以其全球统一的系统方法编制股票指数而闻名，是全球最大的指数服务提供商之一。全球超过 980 只 ETF 基金跟踪 MSCI 指数，使其在所有指数编制和提供商中排名第一。根据 MSCI 官网给出的分类方式，MSCI 指数体系共划分为七个系列，如图 2-2 所示。

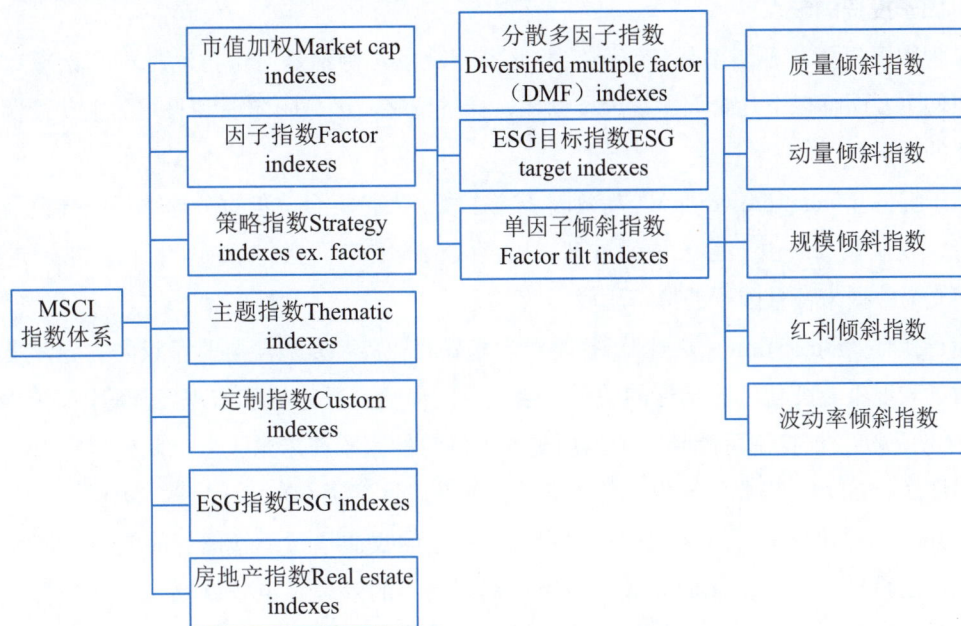

图 2-2　MSCI 指数体系（数据来源：MSCI 官网）

因子指数系列中，包括 DMF 指数、ESG 目标指数以及单因子倾斜指数。基于 MSCI 六大核心因子——规模（size）、质量（quality）、动量（momentum）、价值（value）、红利（dividend）和波动性（volatility），构建了 MSCI 单因子倾斜指数。DMF 指数旨在最大化多因子（包括价值、动量、小市值及质量）的曝光度，同时保持总体风险与市场风险相似。ESG 目标指数融入了因子曝光（factor exposure）与 ESG 曝光（ESG exposure），可采用单因子（如波动性、质量、价值）或多因子策略。

智能贝塔 ETFs 的普及为投资者带来了更多元化的工具，同时也提高了对投资者的要求。使用这些 ETFs 时，投资者首先需确定目标：是为了分散风险还是寻求相对市场的超额回报。目标明确后，理解每个风格因子的内在逻辑及其所代表的风险变得至关重要。这样，投资者才可能从这些产品中获得更优的风险收益比。

3. 因子投资产品的优势

在金融行业中，因子以及因子投资被视为提高投资组合风险和收益水平的关键工具。总体而言，因子投资具有以下三大优势。

规则化操作：这种策略是根据特定规则进行股票挑选、权重调整和仓位调整，这一过程基于指数，而不受基金经理个人偏好的影响。

成本效益高：相较于追求阿尔法收益的主动式投资，因子投资作为一种被动投资方式，其费用相对较低。

高度透明：由于是被动跟踪指数，因此其策略构建的逻辑、股票持仓等信息对投资者而言具有高度透明性。

4. 因子投资的缺点

尽管因子投资具备诸多优势，但它并非没有缺点。特别是对于主动型资产管理专家而言，他们主要面临以下几个问题：因子拥挤、择时策略、区分阿尔法和贝塔的主动投资，以及创新的需求。

因子拥挤（factor crowding）：高效因子往往吸引大量资金，但过分追捧可能导致因子效力下降、收益减少（由于因子估值过高）以及大幅的资产回撤。目前，机构通常通过持仓数据和交易数据来衡量因子的拥挤程度。

因子择时（factor timing）：因子择时在学术界和业界都是一个颇具争议的主题，难度极大。因子表现不断变化，与指标的关系也会随时间而变，受市场和宏观经济等因素的影响；"后见之明"和数据挖掘可能导致依据历史数据确定的因子在未来失效；此外，宏观经济指标的修订（如GDP、失业率）也使得历史数据的准确性存疑（Bender J 等，2018）。

区分阿尔法和贝塔：辨别主动管理所获得的超额收益是源于管理者的能力还是因子本身表现，这是一个极具挑战的任务，对于识别有能力的管理者至关重要。研究表明，主动管理者获得的积极超额收益中有80%可以通过因子暴露来解释，仅20%来源于管理者获取阿尔法能力。但这并不排除这20%的阿尔法能力可能是最关键的因素（Bender 等，2014）。

创新：随着大数据和人工智能技术的日益成熟，处理非传统数据的能力得到了增强，越来越多的数据源被开发利用，数据和技术创新开始应用于因子投资领域。

2.2.4 中国因子模型

因子模型是资产定价的核心，描述了所有资产共同面临的系统性风险，并以因子收益率表示承担这种系统性风险所得的风险溢价（或风险补偿）。不同资产的收益率之所以有差异，是因为它们在各自的因子风险暴露程度上有所不同。为了更直观地理解因子，可以借鉴全球最大资产管理公司之一贝莱德（Blackrock）公司的因子投资策略主管 Andrew Ang 的类比：因子之于资产，犹如营养成分之于食品，它们是资产收益和风险的主要驱动力。多数食品包含多种主要营养成分，如水、碳水化合物、蛋白质、脂肪和纤维等，我们摄取食物是为了获取这些营养成分。同样，重要的是因子而非资产本身，正确的因子投资是透过资产的类别标签，理解其背后的因子构成。

因子模型的定义不同，涵盖的系统性风险也不同。对于现有的多种因子模型（如

CAPM、FF3 因子等），目前学界对哪一种因子模型最为准确仍有较大争议。在中国因子模型方面，Liu 等于 2019 年在《金融经济学杂志》（*Journal of Financial Economics*）发表的文章"Size and Value in China"在学界具有重要影响。该文的主要贡献包括：①由于中国股市长期存在 IPO 发行审核严格、进度缓慢的问题，导致市值最小的 30% 股票隐含了一定的"壳价值"，会对传统资产定价模型产生影响，应予以剔除；②在中国市场，使用市盈率倒数（Earnings-to-Price，EP）作为价值指标，优于账面市值比（book-to-market，BM）；③针对中国股市中散户非理性交易导致的反转和换手率异象，提出了加入换手率因子的改进版 CH4 因子。

接下来将逐步阐述中国 CH4 因子的构建方法，并展示其复现结果。

1. 数据清洗与基础变量准备

关于数据清洗和过滤条件在样本数据介绍部分。构建 CH4 因子需要的基础变量有以下几个。

（1）复权收益率。

复权收益率是经过分红、拆股、配股等实际调整好的收益率。在 WIND 数据库中可以通过日度的复权收盘价（'S_DQ_ADJCLOSE'）计算得到。

（2）企业市值。

企业市值（ME）是企业的 A 股总市值。在 WIND 数据库中可以通过日度的未复权收盘价（'S_DQ_CLOSE'）乘以 A 股总股本（'S_SHARE_TOTALA'）计算得到。

（3）企业价值。

企业的价值用市盈率的倒数来衡量。在 WIND 数据库中分子（企业季度盈利）使用的指标为扣除非经常性损益后的净利润（扣除少数股东损益）（'NET_PROFIT_AFTER_DED_NR_LP'），分母使用日度的未复权收盘价（'S_DQ_CLOSE'）乘以总股本（'TOTAL_SHR'）计算得到。

（4）异常换手率。

企业的异常换手率（abnormal turnover，AT）是用企业过去 20 个交易日的日度换手率均值除以过去 250 个交易日的日度换手率均值来衡量。在 WIND 数据库中使用企业日度交易量（'S_DQ_VOLUME'）作为分子除以总股本（'TOTAL_SHR'）得到。

2. 因子模型的构建

中国 CH4 因子由式（2.1）得到，其中包括市场因子（MKT）、规模因子（small-minus-big，SMB）、价值因子（value-minus-growth，VMG）、流动性因子（pessimistic-minus-optimistic，PMO）。

$$E[R_i] - R_f = \beta_i^{MKT}(MKT_t) + \beta_i^{SMB}(SMB_t) + \beta_i^{VMG}(VMG_t) + \beta_i^{PMO}(PMO_t) + \in_t \quad (2.1)$$

（1）MKT。

T 期 MKT 的收益率，等于全市场股票按照 $T{-}1$ 期 A 股总市值加权形成投资组合的收益率减去一年期定期存款利率。

（2）SMB。

SMB 需要进行中性化处理。在 3 因子和 4 因子的版本中中性化的方式稍微有不同，不同之处在于 3 因子版本的规模因子是由 2×3 的规模 × 价值因子，基于独立双变量资产组合排序构造而成，具体计算见式（2.2）

$$SMB = 1/3(S/V + S/M + S/G) - 1/3(B/V + B/M + B/G) \tag{2.2}$$

其中，S/V 是指小股票高估值的资产组合，S/M 是指小股票中估值的资产组合，S/G 是指小股票低估值的资产组合，B/V 是指大股票高估值的资产组合，B/M 是大股票中估值的资产组合，B/G 是指大股票低估值的资产组合。

在 $T{-}1$ 期构建资产组合的逻辑为①按照 A 股总市值指标的中位数将样本分为两组：大股票（B）和小股票（S）。②按照企业价值（EP）指标，将样本分为三组：最大的前 30% 为高估值股票（V），中间 40% 为中估值股票（M）和最小的后 30% 为低估值股票（G）。将两个指标结合起来就能把所有股票划分成 6 组按照市值和价值组合的资产组合：S/V、S/M、S/G、B/V、B/M 和 B/G。每个资产组合依然使用股票的 A 股总市值进行加权。4 因子版本逻辑与 3 因子版本类似，只是把中性化指标进行了替换，即 2×3 规模 × 价值因子替换成了 2×3 规模 × 异常换手率因子。

（3）VMG。

规模中性化处理过后的 VMG 由 2×2 的规模 × 价值因子，基于独立双变量资产组合排序构造而成，具体计算见式（2.3）

$$VMG = 1/2(S/V + B/V) - 1/2(S/G + B/G) \tag{2.3}$$

（4）PMO。

规模中性化处理过后的 PMO 与 VMG 的构建非常类似。由 2×2 的规模 × 换手率因子，基于独立双变量资产组合排序构造而成，具体计算见式（2.4）

$$PMO = 1/2(S/P + B/P) - 1/2(S/O + B/O) \tag{2.4}$$

在 $T{-}1$ 期构建资产组合的逻辑为①按照 A 股总市值指标的中位数将样本分为两组：大股票（B）和小股票（S）。②按照企业的异常换手率指标，将样本分为三组：最大的前 30% 为高异常换手率股票（O），中间 40% 为中换手率股票（M）和最小的后 30% 为低换手率股票（P）。将两个指标结合起来就能把所有股票划分成 6 组按照市值和价值组合的资产组合：S/O、S/M、S/P、B/O、B/M 和 B/P。每个资产组合依然使用股票的 A 股总市值进行加权。

3. 中国 CH4 因子的描述性统计

表 2-4 呈现了我们基于自有数据，依照前述流程构建的 2000 年 1 月—2020 年 12 月中

国 CH4 因子，并与 CH4 论文作者 Robert F. Stambaugh 在其官网提供的 4 因子相关系数进行的对比结果。

（1）表中的第 1 列列出了 4 个因子的标签，带有"_ours"后缀的为我们复现的因子，没有后缀的则是原论文中的 CH4 因子。

（2）从第 2 列到第 8 列，展示了各个因子收益率在时间序列上的描述性统计数据。例如，第一行展示的市场因子（MKT）的月度收益率，描述如下：平均值为 0.67%，标准差为 0.0759，最低值为 –25.47%，25% 分位数为 –4.36%，中位数为 0.80%，75% 分位数为 4.59%，最高值为 24.58%。

（3）表中的最后一列为复现的因子与原论文因子在时间序列上的相关性。例如，复现的市场因子与原论文的市场因子的相关性高达 0.99，其他因子的相关系数也在 0.96 以上，说明我们自行构建的 CH4 因子与原论文中的非常接近。

（4）从第 2 行到第 8 行可以看出，A 股的 VMG 的风险溢价最高，月度收益率的平均值达到 1.12%；SMB 的风险溢价最低，月度收益率平均值为 0.46%；而 PMO 的风险溢价平均值为 0.77%。

表 2-4　2000 年 1 月—2020 年 12 月复现 CH4 因子与 CH4 因子官网数据对比

因子	mean	sd	min	p25	p50	p75	max	correlation
MKT	0.0067	0.0759	−0.2547	−0.0436	0.0080	0.0459	0.2458	0.9975
MKT_ours	0.0062	0.0766	−0.2546	−0.0428	0.0083	0.0443	0.2441	
VMG	0.0112	0.0371	−0.1028	−0.0091	0.0108	0.0357	0.1517	0.9623
VMG_ours	0.0113	0.0363	−0.0976	−0.0081	0.0109	0.0347	0.1583	
SMB	0.0046	0.0446	−0.1720	−0.0180	0.0020	0.0271	0.1841	0.9885
SMB_ours	0.0047	0.0441	−0.1721	−0.0187	0.0028	0.0274	0.1849	
PMO	0.0077	0.0358	−0.2019	−0.0083	0.0085	0.0260	0.1275	0.9699
PMO_ours	0.0076	0.0352	−0.1970	−0.0074	0.0086	0.0241	0.1510	

注：以上基准中国版的 4 因子数据来源于 Robert F. Stambaugh 官网，由于官网数据只到 2020 年 12 月，因此复现时间截止到该月。

2.3　本章小结

本章首先介绍了金融市场的基本概念及其主要功能，包括集聚功能、配置功能、调节功能和反映功能。随后，探讨了金融市场的不同分类方法，如按投资标的物、中介特征、发行和流通特征以及成交与定价方式等的分类。接着，我们深入讨论了实证资产定价的核心问题——股票预期收益率，并详细介绍了投资组合分析的方法及其在资产定价中的应用，特别是单变量资产组合排序分析。最后，探讨了因子投资及其在中国市场中的具体应用。

关键名词

金融市场、货币市场、资本市场、直接金融市场、间接金融市场、一级市场、二级市场、股票预期收益率、投资组合分析、因子投资

复习思考题

（1）金融市场的集聚功能和配置功能具体表现在哪些方面？请举例说明。

（2）如何根据投资标的物对金融市场进行分类？分别解释货币市场和资本市场的主要特征。

（3）解释直接金融市场和间接金融市场的区别，并举例说明它们各自的运作方式。

（4）什么是股票预期收益率？它在投资决策和资产定价中有什么作用？

（5）详细描述单变量资产组合排序分析的流程，并举例说明其在实证资产定价中的应用。

（6）什么是因子投资？如何应用因子投资策略在中国市场中进行资产配置？

（7）金融市场的反映功能为何被称为国民经济的晴雨表？请结合具体案例进行解释。

第 3 章
金融智能中的线性方法

章前导读

    线性模型是机器学习中最为基础的模型，也是所有初学者学习的起点。在金融智能中，线性模型常常可以用于时间序列回归检测，被视为预测金融时间序列、股价变动和资产组合表现的基础工具之一。逻辑回归是对线性模型的推广，是分类领域中最为基础的模型之一。在金融智能中被广泛应用于风险评估、信用评级和市场趋势预测等任务，其优越的可解释性和灵活性使其成为金融建模中的重要工具。

本章学习目标

    理解线性模型与逻辑回归模型的基本逻辑与算法，并了解不同算法与任务类别的关联。在此基础上，通过案例更加细致地理解模型在金融场景中的应用。

3.1　线性分析方法概述

3.1.1　计量经济学视角下的线性模型

    传统的计量经济学预测方法基于普通最小二乘法（ordinary least square，OLS）模型，它假设被解释变量和解释变量之间是线性关系，并通过最小化误差的平方和寻找数据的最优回归系数。当满足若干条件的情况下，OLS 估计量的样本内估计是具有无偏性和一致性的。以股票市场收益率预测问题为例，传统计量经济学是基于历史经验的股票特征和预期收益率数据，构建不同的算法模型拟合股票特征和预期收益率之间的对应关系，使得通过股票特征得到的收益率预测值与实际预期收益率之间的误差平方和尽可能小。可以用以下线性方程来代表：

$$y_i = \beta_1 x_{i,1} + \beta_2 x_{i,2} + \cdots + \beta_k x_{i,k} + \cdots + \beta_K x_{i,K} + \epsilon_i \tag{3.1}$$

式中，解释变量 $x_{i,k}$ 的第 1 个下标代表第 i（$i = 1, \cdots, I$）个样本（观察样本总数为 I），第 2 个下标代表该样本的第 k（$k = 1, \cdots, K$）个解释变量（样本共计 K 个特征）。如果模型需要有常数项，则可以令第一个解释变量为单位向量，即 $\beta_1 x_{i,1} \equiv 1, \forall i$。$\epsilon_i$ 为模型的随机扰动项。y_i 代表第 i（$i = 1, \cdots, I$）个样本（观察样本总数为 I）的被解释变量。β_1，$\cdots$，β_K 为待估计的参数，计量经济学中称之为回归系数。

回归系数是计量经济学的核心，β_k 的数值代表着第 k 个解释变量对被解释变量的边际影响 $\boldsymbol{\beta}_k = \dfrac{\partial E(y_i)}{\partial x_{i,k}}$，也就是意味着如果 $x_{i,k}$ 增加一个单位，平均而言 $E(y_i)$ 也将变化 β_k 个单位。

如果定义第 i 个样本的 $1 \times k$ 列特征向量为 $\boldsymbol{x}_i$，定义第 i 个样本的拟合误差（即残差）为 $e_i = y_i - \boldsymbol{x}_i \hat{\beta}$，OLS 模型的目标是要寻找能够使得残差平方和（reidual sum of square，RSS）$\sum_{i=1}^{n} e_i^2$ 最小的 $\hat{\beta}$。即，将 OLS 模型的损失函数定义为 $\boldsymbol{L}(\beta) = \sum_{i=1}^{n}(y_i - \boldsymbol{x}_i \beta)^2$（欧氏距离，也称为 L2 范数损失函数）来定义预测值与真实值之间的距离，通过寻找最优的 $\hat{\beta}$，使得其误差最小：

$$\begin{aligned} \arg\min_{\hat{\beta}} \boldsymbol{L}(\hat{\beta}) &= \arg\min_{\hat{\beta}} \sum_{i=1}^{I}(y_i - f(x_i))^2 \\ &= \arg\min_{\hat{\beta}} \sum_{i=1}^{I}(y_i - \boldsymbol{x}_i \hat{\beta})^2 \end{aligned} \tag{3.2}$$

为了获得 $\hat{\beta}$ 直接可以使用 Sklearn 写好的封装函数。

核心实现代码如下。

```python
...
python
sklearn.linear_model.LinearRegression(fit_intercept=True, normalize=False,
copy_X=True, n_jobs=1)
...
```

参数解析如下。

fit_intercept：默认 True，表示是否计算模型的常数项。为 False 时，表示使用无常数项模型。

normalize：默认 False，表示是否对数据进行标准化处理。

copy_X：默认 True，表示复制一份数据。选 False 会导致原始数据被覆盖。

n_jobs：默认为 1，表示使用 CPU 的个数。当为 −1 时，表示使用全部 CPU。

3.1.2　矩阵视角下的线性模型

接下来把上面的数据用矩阵表示：

$$\begin{bmatrix} y_1 \\ y_2 \\ \cdots \\ y_I \end{bmatrix} = \begin{bmatrix} x_{11} & x_{12} & x_{13} & \cdots & x_{1K} \\ x_{21} & x_{22} & x_{23} & \cdots & x_{2K} \\ & & \vdots & & \\ x_{I1} & x_{I2} & x_{I3} & \cdots & x_{IK} \end{bmatrix} \times \begin{bmatrix} \beta_1 \\ \beta_2 \\ \cdots \\ \beta_K \end{bmatrix} + \begin{bmatrix} \epsilon_1 \\ \epsilon_2 \\ \cdots \\ \epsilon_I \end{bmatrix} \tag{3.3}$$

把上述大矩阵简化写成以下矩阵方程式：$\boldsymbol{y} = \boldsymbol{X\beta} + \boldsymbol{\varepsilon}$，为了找到向量参数 $\boldsymbol{\beta}$，我们需要找到最佳的 $\hat{\boldsymbol{\beta}}$，使得基于 $\hat{\boldsymbol{\beta}}$ 获得的预测结果 $\hat{\boldsymbol{y}} = \boldsymbol{X}\hat{\boldsymbol{\beta}}$ 尽可能地与 y 接近。如果我们用欧氏距离来正式定义两者的差距，我们希望能够有

$$\min_{\boldsymbol{\beta}} \| \boldsymbol{y} - \hat{\boldsymbol{y}} \|_2^2$$

即我们可以将 OLS 模型用以下矩阵方程来表示：

$$\min_{\boldsymbol{\beta}} \| \boldsymbol{y} - \boldsymbol{X\beta} \|_2^2$$

根据矩阵推导运算，可以获得 $\boldsymbol{\beta}$ 的解析解为 $\boldsymbol{\beta} = \left(\boldsymbol{X}^{\mathrm{T}} \boldsymbol{X} \right)^{-1} \boldsymbol{X}^{\mathrm{T}} \boldsymbol{y}$。

核心实现代码如下。

通过 Numpy 库可以很容易地实现对以上矩阵的计算，代码结果会与 Sklearn 的结果一致。

```python
def get_ols_beta(x,y):
    '''
    Docstring:
    基于矩阵解析获得 OLS 估计系数 / β 的函数 β̂ = (XᵀX)⁻¹Xᵀy
    Parameters
    ----------
    x : I*K array, I行K列的样本特征矩阵
    y : I*1 array, I 行样本标签矩阵
    Returns
    -------
    beta: OLS 的估计系数
    '''
    m = np.linalg.inv(np.dot(np.transpose(x), x))
    beta = np.dot(np.dot(m, np.transpose(x)), y)
    return beta
...
```

3.1.3 损失函数

由于金融学的股票收益率和预测变量经常呈现厚尾分布的特征,式(3.2)引入了平方项(欧氏距离)来定义损失函数,会导致样本的异常值大大影响 OLS 估计的稳健性。因此我们考虑引入 Huber 损失函数来替代传统的 L2 损失函数,Huber 损失函数的定义如式(3.4)所示(Huber, 1992):

$$L(\beta) = \sum_{i=1}^{n} H((y_i - \boldsymbol{x}_i \beta), \gamma) \tag{3.4}$$

其中,

$$H(x,\gamma) = \begin{cases} x^2, & |x| \leqslant \gamma \\ 2\gamma|x| - \gamma^2, & |x| > \gamma \end{cases}$$

Huber 损失函数通过引入超参数 γ 来调节损失函数的拟合情况,当模型为常规值时,模型依然使用 L2 损失函数;而当模型拟合异常值时,改为使用更加稳健的 L1 损失函数。通过这种方法来解决异常值过多导致 OLS 模型估计结果不稳定的问题。

3.2 逻辑回归的算法

3.2.1 分类问题

截至目前,我们已经介绍的线性模型主要解决的都是回归问题。回归问题就是指预测的结果是一个具体的数值,例如股票价格、企业资产价格等。但是在现实生活中,回归问题并不能覆盖全部的预测场景。比如我们想要判断一只猫是什么品种,或者判断一辆车属于什么品牌,这些问题就很难用回归的方法解决。在机器学习中,我们将这一类问题称为分类问题。

分类问题和回归问题一样,本质上都是根据输入进行预测。两者的差别就在于对输出的要求上。从形象一点的角度理解,分类问题输出的是物体对应的类别,而回归问题输出的是物体对应的数值。例如,同样是预测天气,分类任务可能给出的预测结果是阴天、晴天或雨天,而回归问题给出的预测结果可能是当天的降水量或气温。从抽象一点的角度理解,分类问题的输出通常是离散值,而回归问题的输出通常是连续值。同样以天气预测为例,阴天或晴天的预测结果是在有限个类别中进行选择,而气温理论上可以是一定温度范围内的任意值。

根据具体需求的不同,分类问题又可以进一步分为二分类(binary classification)、多分类(multiclass classification)问题。二分类问题指最终的输出只有两个类别,通常用 0,1 或者 −1,1 表示。而多分类问题的输出则有多种类别。例如,客户是否会逾期还贷就是一个金融领域的二分类问题，而信用评级就可以理解为一个多分类问题。

3.2.2 逻辑回归

在机器学习领域，逻辑回归是一类非常经典的算法。尽管名称中包含"回归"，但是逻辑回归其实是一个分类模型，并且常常被用于二分类任务之中。逻辑回归的本质是假设数据服从这个分布，使用极大似然估计进行参数的估计。逻辑回归的函数表达式可以写为

$$y = f(z) = \frac{1}{1+e^{-z}}$$

$$z = w^{\mathrm{T}}x + w_O$$

式中，x 是输入数据的特征向量；w 是需要训练的参数向量；w_O 是偏置量。这个函数就表示在二分类的条件下输出结果为 1 的概率。

在逻辑回归中，如果仍然使用均方差损失，则损失函数不是凸函数，训练过程中容易陷入局部最小值。对于逻辑回归这类分类问题，我们最常用的损失函数是交叉熵函数：

$$L(\theta) = -\frac{1}{m}\sum_{i=1}^{m}[y^{(i)}\log h_\theta(x) + (1-y^{(i)})\log(1-h_\theta(x))]$$

式中，m 是训练样本的个数；$h_\theta(x)$ 是根据参数和特征数据的预测值；y 是真实值。

我们可以先用单样本的交叉熵函数来帮助理解：

$$L = -[y\log\hat{y} + (1-y)\log(1-\hat{y})]$$

当 $y=1$ 时，$L = -\log(\hat{y})$；当 $y=-1$ 时，$L = -\log(1-\hat{y})$。由此可以看出，无论真实样本标签 y 是 0 还是 1，L 都表示了预测输出与 y 的差距。

核心实现代码如下。

```
...
## 导入逻辑回归模型函数
from sklearn.linear_model import LogisticRegression
# 导入数值计算的基础库
import numpy as np
# 利用 Numpy 存储训练数据
x_fearures = ...
y_label = ...
# 例如:
x_fearures = np.array([[-1, -2], [-2, -1], [-3, -2], [1, 3], [2, 1], [3, 2]])
y_label = np.array([0, 0, 0, 1, 1, 1])

# 调用逻辑回归模型
lr_model = LogisticRegression()
# 用逻辑回归模型拟合构造的数据集
lr_model = lr_model.fit(x_fearures, y_label)
```

```
# 测试集
x_fearures_pre = ...
# 利用在训练集上训练好的模型进行预测
y_label_predict = lr_model.predict(x_fearures_pre)
...
```

3.3 异象性因子的检验

3.3.1 异象性因子

异象性因子是指通过对某个股票特征排序构建的资产组合。如果该组合的收益率无法被现有因子模型解释，则称这一特征形成的投资组合为异象性因子，而该特征则被视为异象性特征。研究这类因子的重要性在于，如果能在市场上识别出异象性因子，就意味着可以构建一个获得超额收益且无法被风险因子模型所解释的投资组合。这不仅对市场有效性理论构成挑战，对于现实世界中的投资者也具有实际价值。

在表 2-2 中，展示了持有市值最小的企业组成的投资组合，在未来一个月的平均收益率为 1.5%。经过 Newey-West 调整后，其标准差为 0.605，T 值为 2.327，P 值为 0.02。在 0.05 的显著性水平下，这些数据充分拒绝了原假设，表明基于市值构建的资产组合在统计上能够获得显著高于零的投资收益。然而，这还不足以证明企业市值是异象性因子。要确认它为异象性因子，还需进行因子模型的统计检验。这是因为，如果这部分超额收益可以被因子模型所解释，则表明投资组合获得的超过零的收益实际上来源于对风险因子的额外暴露，即承担系统性风险所带来的收益，也就是风险溢价。

3.3.2 异象性因子的时序回归统计检验

1. 时序回归统计检验

时序回归统计检验是检验异象性因子的一种常用方法。设想 R_t 代表由异象性特征构建的投资组合在时刻 t 的收益率时间序列，其中 t 代表时间序列（$t=1,2,\cdots,T$）。同时，λ_t（$t=1,2,\cdots,T$）表示时刻 t 的 K 维因子收益率向量，例如 CH4 因子模型中包含 4 个因子，因此 $K=4$。进行异象性检验时，使用 λ_t 作为解释变量，而 R_t 作为被解释变量，通过时序回归统计进行检验，该回归的基本形式如式（3.5）所示。

$$R_t = \hat{\alpha} + \hat{\beta}'\lambda_t + \hat{\epsilon}_t \tag{3.5}$$

在这种回归模型中，我们的目标是检验 R_t（投资组合的收益率）是否可以完全由 λ_t（因子收益率向量）解释。如果回归分析表明 R_t 中存在显著的、无法被 λ_t 解释的部分，那么就表明存在异象性因子。此时，R_t 中的这一部分代表了除了已知因子风险之外的超额收益，从而证实了异象性特征的存在。

在判断一个投资组合是否属于异象性因子时，统计模型的原假设是该投资组合的收益率中不存在因子模型无法解释的部分，即横截项 $\hat{\alpha}=0$。如果异象性因子的收益率无法仅由因子收益率的线性组合完全解释，那么横截项的估计系数 $\hat{\alpha}$ 将在统计上显著地不为零。在式（3.5）中，$\hat{\beta}'$ 代表 K 维因子收益率的风险暴露的估计值，其经济学意义在于说明方程左侧的投资组合在不同因子上的风险暴露程度。而 $\hat{\epsilon}_t$ 是随机扰动项。

通过这种方法，我们可以检验投资组合的收益率是否包含了因子模型无法解释的异象性成分。如果 $\hat{\alpha}$ 显著不为零，则表明投资组合的收益率超出了因子暴露所能解释的范围，从而证明了异象性因子的存在。这不仅对于评估市场的效率和识别潜在的投资机会具有重要意义，同时也对理解市场行为提供了新的视角。

2. Newey-West 调整

进行正确的统计推断，需要依靠精确计算的统计量。值得特别注意的是，在进行 OLS 估计时，必须假设随机扰动项为白噪声。如果随机扰动项存在自相关或异方差问题，OLS 估计得到的标准误将是有偏的。这种偏差会导致计算出的 t 统计量也存在偏差，从而无法得到正确的统计推断结果。在实际的因子收益率数据分析中，OLS 的这一假设往往不被满足，因此，必须对统计量进行适当的修正。Newey-West 调整就是为了应对这类问题而提出的一个标准误调整方法。由 Newey 和 West 于 1987 年提出的这一方法，是目前实证资产定价领域中最为常用的调整方法之一，在谷歌学术中的引用量超过 2 万次。

Python 代码如下。

```
...
python
statsmodels.api.OLS ( y, X ).fit ( cov_type='HAC', cov_kwds={'maxlags':4} )
...
```

使用 statsmodels 库中的 OLS() 函数进行线性回归分析，并通过 Newey-West 调整来计算标准误。以下对代码中的参数进行解释。

y：被解释变量。在回归分析中，这是试图预测或解释的变量，通常表示为因变量。

X：解释变量和控制变量。用来预测或解释被解释变量 y。如果 X 中没有包含常数项（即截距项），则需要手动添加。在线性回归模型中，常数项用于捕捉数据中的固定效应。

cov_type='HAC'：指定用于计算标准误的类型。HAC 代表异方差和自相关（heteroskedasticity and autocorrelation consistent）估计，它用于 Newey-West 调整。

cov_kwds={'maxlags':4}：表示一个字典，用于指定 Newey-West 调整中的滞后期数。滞后期数可以根据 Newey 和 West 提出的公式 $L=[4\times(T/100)^{2/9}]$ 计算得出，其中 T 是样本大小。在上述代码示例中，滞后期数设定为 4。

3. 时序回归统计检验举例

利用表 2-2 的案例，我们使用 CH4 因子模型作为基准风险模型，对"小市值减去大市值（L-H）"的资产组合进行时序异象性检验。将原式（3.5）重写为式（3.6），形式如下：

$$R_t = \hat{\alpha} + \hat{\beta}^{\mathrm{MKT}}(\mathrm{MKT}_t) + \hat{\beta}^{\mathrm{SMB}}(\mathrm{SMB}_t) + \hat{\beta}^{\mathrm{VMG}}(\mathrm{VMG}_t) + \hat{\beta}^{\mathrm{PMO}}(\mathrm{PMO}_t) + \hat{\epsilon}_t \quad (3.6)$$

模型的实际估计结果见表 3-1。表中的每一列分别代表式（3.6）中的常数项、市场因子、规模因子、价值因子和换手率因子的估计值，即 $\hat{\alpha}$、$\hat{\beta}^{\mathrm{MKT}}$、$\hat{\beta}^{\mathrm{SMB}}$、$\hat{\beta}^{\mathrm{VMG}}$、$\hat{\beta}^{\mathrm{PMO}}$。表中的第 2～5 行分别展示了式（3.6）的估计系数、标准误、T 值和 P 值（这些统计量均已经过 Newey-West 调整）。

从表中第 2 列的数据可以看出，常数项的系数为 0.001，标准误为 0.002，T 值为 0.768，P 值为 0.443。这表明所研究的异象性因子的收益率能够被因子收益率的线性组合所解释，横截项 $\hat{\alpha}$ 在统计上不为零的假设并不显著。此外，从表中的第 3～6 列结果来看，小市值减去大市值（L-H）的资产组合在市场因子上的暴露并不显著，而在规模因子、价值因子和换手率因子上的暴露在统计上则是显著的。

这些结果表明，虽然该资产组合在某些因子上有显著的风险暴露，但其整体收益率并不能证明存在显著的异象性因子。这是对市场有效性假设的一个重要观察，也为未来的研究提供了有价值的参考。

表 3-1　企业市值异象时序回归统计检验结果

	常数	MKTRF	SMB	VMG	PMO
系数	0.001	−0.012	1.306	−0.191	0.140
标准误	0.002	0.019	0.062	0.057	0.071
T 值	0.768	−0.617	21.127	−3.360	1.972
P 值	0.443	0.538	0.000	0.001	0.049

注：以上统计量均为经过 Newey-West 调整后的统计量。

3.3.3　股票特征与未来收益率的检验：Fama-MacBeth 截面回归

1. Fama-MacBeth 截面回归流程

Fama-MacBeth 截面回归是一种用于检验股票特征与未来收益率关系的统计方法，由 Fama 和 MacBeth 于 1973 年提出。该方法的优势在于，它能有效控制其他协变量对于未来收益率的影响。

具体操作流程如下。

第一步：在每个时间点 t（$t=1,2,\cdots,T$），利用横截面样本进行回归分析。假设被解释变量 Y 代表未来一段时间的收益率（例如未来一个月的收益率），核心解释变量 X 表示某个股票特征（例如企业流通市值），同时还需控制其他协变量，如 $X1$、$X2$ 等（例如企业价值和换手率）。在每个时间点 t 进行回归分析，并记录下每一期的回归系数、样本量和调整后的 R^2。

第二步：Fama-MacBeth 的最终回归系数、样本量和调整后的 R^2 是通过对 T 期的平均值计算得出。对于这些系数的统计检验，则是通过对 T 期的回归系数进行时间序列分析，以检验各回归系数的时间序列是否显著不为 0。在进行这一步骤时，同样需要采用 Newey-West 调整方法来计算统计检验量。

Fama-MacBeth 截面回归的重要性在于，它通过两步回归的方法，不仅能够捕捉到核心解释变量与被解释变量之间的关系，同时还能控制其他协变量的影响。这种方法在金融实证研究中被广泛应用，尤其是在探究股票特征与未来收益率之间的关系时。通过这种方法，研究者能够更准确地理解和解释股票市场的行为和动态。

2. Fama-MacBeth 截面回归举例

在前面案例的基础上，继续探究 2000 年 1 月—2021 年 6 月（共 258 个月）期间的中国股票市场样本中，在控制企业价值和换手率的条件下，利用企业总市值是否能预测未来一个月的收益率。整体的回归设置如式（3.7）所示：

$$R_{i,t+1} = \hat{\alpha} + \hat{\beta}^{\text{ME}}\left(X\_\text{ME}_{i,t}\right) + \hat{\beta}^{\text{EP}}\left(X\_\text{EP}_{i,t}\right) + \hat{\beta}^{\text{AT}}\left(X\_\text{AT}_{i,t}\right) + \hat{\epsilon}_{i,t} \tag{3.7}$$

式中，$R_{i,t+1}$ 是被解释变量，代表第 i 只股票在第 t+1 个月的月度收益率；$X\_\text{ME}_{i,t}$ 为核心解释变量，表示第 i 只股票在第 t 个月月底的 A 股总市值；$X\_\text{EP}_{i,t}$ 和 $X\_\text{AT}_{i,t}$ 作为控制变量，分别代表第 i 只股票在第 t 个月月底的市盈率倒数和异常换手率；$\hat{\epsilon}_{i,t}$ 是随机扰动项。

式（3.7）中的 $\hat{\beta}^{\text{ME}}$、$\hat{\beta}^{\text{EP}}$、$\hat{\beta}^{\text{AT}}$ 分别代表企业 A 股总市值、市盈率倒数、异常换手率对未来一个月月度收益率的偏效应；$\hat{\alpha}$ 是常数项。在 Fama-MacBeth 截面回归中，最为关键的系数是 $\hat{\beta}^{\text{ME}}$ 的大小和显著性水平，这个系数反映了企业总市值的变动对企业未来一个月收益率的影响程度。

进行此类回归分析时，为了减少异常值对回归系数的影响，通常对解释变量进行缩尾处理，但被解释变量通常不进行此处理。此外，由于股票市场横截面市值变量的分布通常呈现长尾特性，这种非标准正态分布可能对估计系数产生显著影响。因此，一般会对变量进行对数转换，即使用 $\log(X\_\text{ME}_{i,t})$ 来处理总市值变量。通过这种方法，可以更准确地评估企业总市值对未来收益率的影响，为股票市场分析提供更深入的见解。

在对式（3.7）进行估计时，为了全面评估模型的准确性和稳健性，一般会采用不同的方程设定，并给出多个设定下的模型估计结果。这些不同的设定包括以下几种。

（1）单变量模型：只将企业总市值（$X\_\text{ME}_{i,t}$）作为解释变量，回归在未来一个月的收益率 $R_{i,t+1}$ 上，不包括任何控制变量。这个设定旨在测试企业总市值对收益率的单独影响。

（2）加入市盈率倒数：在第一个设定的基础上，增加市盈率倒数（$X\_\text{EP}_{i,t}$）作为控制变量。通过这种方式，可以评估在控制企业价值之后，企业总市值对收益率的影响。

（3）加入异常换手率：在单变量模型的基础上，只加入异常换手率（$X\_\text{AT}_{i,t}$）作为控制变量。这种设定用于探究在控制了换手率这一因素后，企业总市值与收益率之间的关系。

（4）完整模型（式 3.7）：按照式（3.7）的设定，同时考虑企业总市值、市盈率倒数和异常换手率作为解释变量和控制变量。这是最为全面的模型，可以提供对企业总市值影响力最完整的评估。

通过这些不同的模型设定，可以更深入地分析企业总市值与未来收益率之间的关系。这种方法不仅有助于理解企业总市值对股票收益率的影响，还可以揭示其他变量如何调节或改变这种关系。此外，通过比较不同模型的结果，可以更好地理解模型设定对结论的影响，增强结果的可信度和解释力。

3. 使用 Fama-MacBeth 截面回归分析的具体流程

（1）对 $t=1$（2000 年 1 月）到 $t=T$（2021 年 6 月），每一个月横截面样本用式（3.7）设定进行估计，共计估计 258 次，记录每一个月横截面回归的回归系数、样本数、调整 R^2。以 $t=T$（2021 年 6 月）为例，估计结果如表 3-2 所示。

表 3-2　2021 年 6 月横截面估计结果

	常数	ME	EP	AT
回归系数	0.219	−0.008	−0.187	−0.0172
标准误	0.055	0.002	0.186	0.005
T 值	4.000	−3.180	−1.006	−3.281
P 值	0.000	0.001	0.314	0.001
调整 R^2	0.010			
样本数	2839			

注：以上统计量均为经过 Newey-West 调整后的统计量。

（2）Fama-MacBeth 截面回归最后的回归系数、样本数、调整 R^2 为 T 期的结果取平均，回归系数的标准误、T 值、P 值计算方式为，对回归系数 T 期（258 期）数据的时间序列进行 T 检验，检验各项回归系数的时间序列是否显著异于 0。

4. 使用 Fama-MacBeth 截面回归分析的含义解读

表 3-3 展示了具体的 Fama-MacBeth 截面回归分析结果。

（1）表中第 2 列为常数项，第 3～5 列分别代表企业 A 股总市值、市盈率倒数、异常换手率对未来 1 个月月度收益率影响偏效应的估计值，即对应式（3.7）的 $\hat{\beta}^{ME}$、$\hat{\beta}^{EP}$、$\hat{\beta}^{AT}$。

（2）表中的第 2～5 行分别代表着式（3.7）的回归系数、标准误、T 值和 P 值（以上统计量均为经过 Newey-West 调整后的统计量）。

（3）统计含义的解释。表中最应该关注的应该是第 3 列 $\hat{\beta}^{ME}$ 的估计系数，值为 −0.003，标准误为 0.001，T 值为 2.519，P 值为 0.012，说明企业总市值与未来一个月收益率存在显著负相关关系。同样可得，第 4 列 $\hat{\beta}^{EP}$ 的估计系数值为 0.398，标准误为 0.062，T 值为 6.448，P 值为 0.000，这说明企业市盈率倒数与未来一个月收益率存在显著正相关关系。第 5 列 $\hat{\beta}^{AT}$ 的估计系数值为 −0.007，标准误为 0.001，T 值为 −6.063，P 值为 0.000，这说明企业异常换手率与未来一个月收益率存在显著负相关关系。模型平均的调整 R^2 值为 0.05，这说明这 4 个变量对于未来预期收益率变动能够解释的部分约为 5%。模型 Fama-MacBeth 截面回归每一期的平均样本数约为 1372 家公司。

（4）经济学含义解释。第 3 列 $\hat{\beta}^{ME}$ 的估计系数值为 −0.003，由于回归中使用的为企业总市值的对数，因此该估计系数的经济学含义可以解释为，每当企业总市值上升（下降）1%，企业未来一个月的收益率下降（上升）−0.3%。第 3 列 $\hat{\beta}^{EP}$ 的估计系数值为 0.398，这意味着每当企业的市盈率倒数上升（下降）一个单位，企业未来一个月的收益率上升（下降）0.398，由于企业的市盈率倒数的标准差值为 0.029，因此随着企业的市盈率倒数上升（下降）一个标准差（0.029），企业未来一个月的收益率上升（下降）1.115%（0.029×0.398）。类似地，第 4 列 $\hat{\beta}^{AT}$ 的估计系数值为 −0.007，这意味着每当企业的异常换手率上升（下降）一个单位，企业未来一个月的收益率下降（上升）−0.7%，由于企业的异常换手率的标准差值为 0.731，因此随着企业的异常换手率上升（下降）一个标准差（0.731），企业未来一个月的收益率下降（上升）0.512%（0.731×（−0.7%））。

表 3-3　Fama-MacBeth 截面回归分析结果

	常数	ME	EP	AT
回归系数	0.080	−0.003	0.398	−0.007
标准误	0.032	0.001	0.062	0.001
T 值	2.519	−2.202	6.448	−6.063
P 值	0.012	0.028	0.000	0.000
调整 R^2	0.050			
样本数	1372			

注：以上统计量均为经过 Newey-West 调整后的统计量。

5. Fama-MacBeth 截面回归总结

虽然 Fama-MacBeth 截面回归分析是一种强大的工具，用于评估变量对未来收益率的影响，但它也有其局限性。一个主要的局限是，它假设变量对未来收益率的影响是线性的。这意味着 Fama-MacBeth 截面回归只能检验变量间是否存在线性关系，而无法捕捉非线性关系或更复杂的动态。因此，当研究的关系可能呈现非线性特征时，这种方法可能不足以揭示全部的信息。

除了上述手动实施的方法外，Python 中的 linearmodels 库提供了一个更为直接和便捷的方式来实现 Fama-MacBeth 截面回归分析。Linearmodels 库是一个专门为高级回归分析（包括面板数据、资产定价模型等）设计的库，它允许用户通过简洁的代码直接获得 Fama-MacBeth 截面回归的估计结果。使用这个库可以省去大量的数据处理和回归设定工作，使得实施 Fama-MacBeth 截面回归分析变得更为高效和准确。

Python 代码如下。

```
...
python
linearmodels.panel.model.FamaMacBeth ( y, X ) .fit ( cov_type='kernel',
bandwidth=4 )
...
```

对代码中参数的解析如下。

y：被解释变量。在 Fama-MacBeth 截面回归中，这通常是想要预测或解释的变量，比如股票的未来收益率。

X：解释变量和控制变量。用于解释或预测被解释变量。如果在 X 中没有包含常数项（即截距项），那么需要手动添加。常数项用于捕捉数据的固定效应。

cov_type='kernel': 指定用于计算标准误的类型。kernel 表示使用核方法进行 Newey-West 调整，以处理可能的异方差和自相关问题。

bandwidth：指定 Newey-West 调整中的滞后期数。滞后期数可以根据 Newey 和 West 提出的公式 $L=[4×（T/100）^{（2/9）}]$ 计算得出，其中 T 是样本数。在上面的代码示例中，滞后期数设定为 4。

通过这段代码，可以直接运行 Fama-MacBeth 截面回归分析，同时考虑了可能存在的异方差和自相关问题，确保得到更稳健的统计推断结果。这种方法对于金融经济学研究非常有用，尤其是在探索变量之间的线性关系时。

3.4　本章小结

本章主要介绍了金融智能中的线性方法，涵盖了线性模型和逻辑回归算法。通过本章的学习，读者应能从计量经济学和矩阵的角度理解线性模型，并掌握逻辑回归算法在分类问题中的应用，为后续的高级算法学习奠定基础。

关键名词

线性分析方法、计量经济学、线性模型、矩阵、损失函数、逻辑回归、分类问题

复习思考题

（1）解释线性模型在计量经济学中的应用。

（2）从矩阵的角度分析线性模型的构建过程。

（3）描述逻辑回归算法的基本原理及其在分类问题中的应用。

第 4 章
带惩罚项的线性方法

章前导读

利用机器学习方法进行高维数据分析时往往需要考虑过拟合问题。带惩罚项的线性模型通过引入正则化项，有效地控制了模型的复杂度，从而提高了模型的泛化能力。在金融智能中，带惩罚项的线性模型被广泛用于风险评估、资产定价和投资组合优化等任务中。以高频交易为例，带 LASSO 的线性模型可以捕捉到股票市场中的短期交易机会，也能够与其他模型结合，获得更好的预测能力。

本章学习目标

首先读者需要了解带惩罚项的线性方法的基本概念和重要性；其次，读者将学习岭回归、LASSO 和弹性网络回归的基本原理及其在金融数据分析中的应用；最后，通过案例分析和蒙特卡洛模拟，读者将掌握带惩罚项的线性方法在高频交易和实际金融问题中的应用。

4.1 带惩罚项的线性方法简介

当面临高维数据、解释变量之间存在相关性等问题时，传统的 OLS 在预测问题上的表现就显得不尽如人意了。为了解决上述问题，各种改良 OLS 的机器学习算法产生了。带惩罚项的线性模型就是通过加入惩罚项来降低变量过多导致出现过拟合问题的第一类解决思路。方程（4.1）表示了带惩罚项的线性模型的损失函数，在原方程中损失函数上额外添加的 $\phi(\beta; \lambda)$ 为惩罚项，其中，λ 为需要调节的超参数。如式（4.1）所示，不同的惩罚项设定代表了不同的机器学习算法，当惩罚项为 L1 范数时，该算法为套索回归（LASSO）；当惩罚项为 L2 范数时，该算法为岭（ridge）回归；当惩罚项为 L1 和 L2 范数综合时，该算法为弹性网络回归（Enet）。接下来将对三种最常见的带惩罚项的线性回归模型进行介绍。

$$\mathcal{L}(\beta;\cdot)=\underbrace{\mathcal{L}(\beta)}_{\text{损失函数}}+\underbrace{\phi(\beta;\lambda)}_{\text{惩罚项}} \tag{4.1}$$

$$\phi(\beta;\lambda)=\begin{cases} \dfrac{1}{2}\lambda\sum_{k=1}^{K}\beta_k^2, & \text{岭回归} \\[2ex] \lambda\sum_{k=1}^{K}|\beta_k|, & \text{LASSO} \\[2ex] \lambda(1-\rho)\sum_{k=1}^{K}|\beta_k|+\dfrac{1}{2}\lambda\rho\sum_{k=1}^{K}\beta_k^2, & \text{弹性网络回归} \end{cases}$$

式中，λ 和 ρ 是人为给定的超参数。

4.2 岭回归

岭回归最早被提出是为了解决 OLS 在面临多重共线性问题时无解的情况，在推导 OLS 解析解时，得到 $\hat{\beta}=\left(X^{\mathrm{T}}X\right)^{-1}X^{\mathrm{T}}y$，在这个解中 $\left(X^{\mathrm{T}}X\right)^{-1}$ 有一个求解矩阵逆的操作，这要求矩阵 $\left(X^{\mathrm{T}}X\right)$ 是满秩的，如果样本中有两个特征非常像，且相关性非常高，就会导致该矩阵不满秩，出现 OLS 无解的情况。为了解决这个问题，可以在原来 OLS 的损失函数上添加 L2 惩罚项，岭回归的损失函数可以表达为

$$\min_{\beta}\parallel y-X\beta\parallel_2^2+\gamma\parallel\beta\parallel_2^2$$

式中，γ 是人为给定的超参数。通过简单的线性推导就可以获得 β 的解析解：

$$\beta=\left(X^{\mathrm{T}}X+\gamma I\right)^{-1}X^{\mathrm{T}}y$$

从岭回归解析解的形式能够看到，当选定惩罚项超参数 γ 为 0 时，岭回归完全等价于 OLS 回归，而当 γ 不为 0 时，可以很容易地使得 $\left(X^{\mathrm{T}}X+\gamma I\right)$ 可逆，从而解决 OLS 在出现多重共线性问题时无解的情况。

核心实现代码如下。

```python
...
python
sklearn.linear_model.Ridge(alpha=1.0, *, fit_intercept=True,
normalize=False, copy_X=True, max_iter=None, tol=0.001, solver='auto', random_
state=None)
...
```

参数解析如下。

alpha：惩罚项系数，对应惩罚项超参数 γ。

fit_intercept：默认 True，表示是否计算模型的常数项，为 False 时，表示使用无常数项模型。

normalize：默认 False，表示是否对数据进行标准化处理。

copy_X：默认 True，表示复制一份数据，选 False 会导致原始数据被覆盖。

random_state：随机数的种子。在需要重复实验或者是想让别人一模一样复现你的结果时，可以设置随机数种子，确保其他参数一样的情况下得到的随机划分结果是一样的。

4.3 LASSO

LASSO 全称为最小绝对收缩和选择算子（least absolute shrinkage and selection operator）。与岭回归不同之处在于，岭回归在 OLS 的损失函数上添加的是 L2 惩罚项，而 LASSO 添加的是 L1 惩罚项，LASSO 的损失函数可以表达为

$$\min_{\boldsymbol{\beta}} \| \boldsymbol{y} - \boldsymbol{X\beta} \|_2^2 + \gamma \| \boldsymbol{\beta} \|_1$$

式中，γ 是人为给定的超参数。由于 LASSO 的 L1 惩罚项无法直接求导，因此 LASSO 算法无法直接给出矩阵格式的解析解，一般需要用梯度下降法（在后面神经网络模型部分再进行讲解）或者最小角回归法（least angle regression）。

核心实现代码如下。

```python
...
python
sklearn.linear_model.Lasso(alpha=1.0, *, fit_intercept=True,
normalize=False, precompute=False, copy_X=True, max_iter=1000, tol=0.0001,
warm_start=False, positive=False, random_state=None, selection='cyclic')
...
```

参数解析如下。

alpha：惩罚项系数，对应惩罚项超参数 γ。

fit_intercept：默认 True，表示是否计算模型的常数项，为 False 时，表示使用无常数项模型。

normalize：默认 False，表示是否对数据进行标准化处理。

copy_X：默认 True，表示复制一份数据，选 False 会导致原始数据被覆盖。

random_state：随机数的种子。在需要重复实验或者是想让别人一模一样复现你的结果时，可以设置随机数种子，确保其他参数一样的情况下得到的随机划分结果是一样的。

max_iter：最大迭代尝试次数。

tol：要求每次迭代尝试后损失函数下降的最小单位。如果某次迭代尝试后损失函数下降数字小于该值，则迭代停止。

positive：默认 False，表示是否严格要求估计系数为正。

4.4　弹性网络回归

把岭回归和 LASSO 的 L1 和 L2 惩罚项结合起来，就有了弹性网络回归。弹性网络回归的损失函数可以表达为

$$\min_{\boldsymbol{\beta}}\| \boldsymbol{y} - \boldsymbol{X}\boldsymbol{\beta}\|_2^2 + \frac{\gamma(1-\rho)}{2}\| \boldsymbol{\beta}\|_2^2 + \gamma\rho\| \boldsymbol{\beta}\|_1$$

式中，γ 和 ρ 都是人为给定的超参数，分别代表着惩罚项的大小和损失函数更偏向于 L1 还是 L2。从损失函数能够直观看到，当 ρ 取值为 0 时，弹性网络回归等价于岭回归；当 ρ 取值为 1 时，弹性网络回归等价于 LASSO；当 ρ 取值非 0 和 1 时，弹性网络回归可以看作岭回归和 LASSO 的折中版本，既可以保留 LASSO 的降维特点，又能保留岭回归的惩罚特征。

核心实现代码如下。

```
...
python
sklearn.linear_model.ElasticNet(alpha=1.0, *, l1_ratio=0.5, fit_
intercept=True, normalize=False, precompute=False, max_iter=1000, copy_
X=True, tol=0.0001, warm_start=False, positive=False, random_state=None,
selection='cyclic')
...
```

参数解析如下。

alpha：惩罚项系数，对应惩罚项超参数 γ。

l1_ratio：使用 L1 惩罚项的比例，对应惩罚项超参数 ρ。当取值为 0 时，弹性网络回归等价于岭回归；当取值为 1 时，弹性网络回归等价于 LASSO。

fit_intercept：默认 True，表示是否计算模型的常数项，为 False 时，表示使用无常数项模型。

normalize：默认 False，表示是否对数据进行标准化处理。

positive：默认 False，表示是否严格要求估计系数为正。

max_iter：最大迭代尝试次数。

copy_X：默认 True，表示复制一份数据，选 False 会导致原始数据被覆盖。

tol：要求每次迭代尝试后损失函数下降的最小单位。如果某次迭代尝试后损失函数下降数字小于该值，则迭代停止。

random_state：随机数的种子。在需要重复实验或者是想让别人一模一样复现你的结果时，可以设置随机数种子，确保其他参数一样的情况下得到的随机划分结果是一样的。

4.5　案例分析：利用 LASSO 进行高频交易

传统的金融资产定价研究集中在寻找稳定的、长期有效的定价因子，然而在现代金融

市场中，证券数量众多、价格反应迅速、市场结构复杂，寄希望于长期有效的定价因子是愈发困难的，无论是研究者还是投资者都必须捕捉市场中稍纵即逝的交易机会。Chinco 等（2019）在 *Journal of Finance* 上发表的文章中提出，使用 LASSO 可以捕捉到股票市场中短期的、稀疏的交易机会，并且在与现有的多个定价模型结合后能提高后者预测能力。Chinco 等还发现，LASSO 产生的预测结果与股票基本面新闻高度相关。

作者使用前三分钟的股票收益横截面预测未来一分钟的个股收益，采用的回归模型表示如下：

$$r_{n,t} = \alpha_n^* + \sum_{n'=1}^{3N} \beta_{n,n'}^* \cdot x_{n',t-1} + \varepsilon_{n,t}^*$$

式中，$r_{n,t}$ 是股票 n 在 t 时刻的收益；α_n^* 是股票 n 的收益均值；$\varepsilon_{n,t}^*$ 是残差；N 是股票数量。采用前三分钟的总计 3 个横截面内所有的股票收益作为自变量，因此模型中包含总共 $3N$ 个自变量 $x_{n',t-1}$，对应的系数为 $\beta_{n,n'}^*$。对于每只股票 n 分别构建模型并估计其回归系数，模型滚动训练，样本长度为 30min，从而能够捕捉持续时间 30min 及以上的交易信号。在这种情况下，使用 OLS 进行回归是不可行的，因为样本的数量只有 30，远远小于自变量的数量。传统的基于长期有效因子以及 OLS 回归的研究方法在这里便不再适用，而 LASSO 中由于加入了正则化项，使得模型能够克服这种在寻找短期信号时出现的共线性问题。具体的 LASSO 优化问题如下所示：

$$\tilde{\alpha}_n, \tilde{\boldsymbol{\beta}}_n = \underset{\alpha_n, \beta_n}{\operatorname{argmin}} \left[\frac{1}{L} \cdot \sum_{l=0}^{L-1} \left(r_{n,t-l} - \alpha_n - \sum_{n'=1}^{3N} \beta_{n,n'} \cdot x_{n',t-(l+1)} \right)^2 + \lambda_n \sum_{n'=1}^{3N} \left| \beta_{n,n'} \right| \right]$$

式中，$\tilde{\boldsymbol{\beta}}_n = \left[\tilde{\beta}_{n,1}, \cdots, \tilde{\beta}_{n,3N} \right]^{\mathrm{T}}$ 是股票 n 对应的系数向量；λ_n 是 LASSO 的正则化系数。在模型训练过程中，需要对 λ_n 进行调优，作者采用的方法是 $k=10$ 的 k 折交叉验证。

LASSO 的预测结果计算如下：

$$f_{n,t}^{\mathrm{LASSO}} = \tilde{\alpha}_n + \sum_{n'=1}^{3N} \tilde{\beta}_{n,n'} \cdot x_{n',t}$$

式中，$f_{n,t}^{\mathrm{LASSO}}$ 为模型在 t 时刻对股票 n 在 $t+1$ 时刻收益的预测。用如下的回归模型来评价 LASSO 预测结果：

$$r_{n,t+1} = \bar{a}_n + \bar{b}_n \left(\frac{f_{n,t}^{\mathrm{LASSO}} - \bar{m}_n^{\mathrm{LASSO}}}{\bar{s}_n^{\mathrm{LASSO}}} \right) + e_{n,t+1}$$

式中，$\bar{a}_n$ 和 $\bar{b}_n$ 是样本外的回归系数；$e_{n,t+1}$ 是残差。$\bar{m}_n^{\mathrm{LASSO}}$ 和 $\bar{s}_n^{\mathrm{LASSO}}$ 分别是股票 n 在当天内的 LASSO 预测值 $f_{n,t}^{\mathrm{LASSO}}$ 的均值和方差。采用上述回归模型的调整 R^2 来衡量 LASSO 的样本外预测结果，如表 4-1 和图 4-1 所示。

表 4-1　LASSO 的样本外预测结果

	Mean	95% CI
$\bar{a}_n$ [%/m]	0.002 (0.002)	
$\bar{b}_n$ [%/m]	1.433 (0.017)	[1.399，1.467]
$\bar{R}_n^2$ [/%]	2.467 (0.027)	[2.414，2.520]

表来源：Chinco 等（2019）Table Ⅰ。

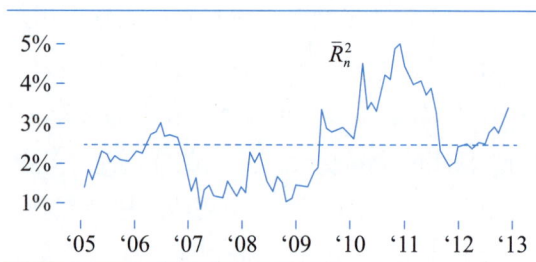

图 4-1　LASSO 的样本外预测结果

表 4-1 中，Mean 列分别给出了回归系数与调整 R^2 的值与标准误（括号内），可以看到，LASSO 有平均 2.467% 的样本外调整 R^2，即 LASSO 的样本外分钟级股票收益预测能解释 2.467% 的股票收益波动。95% CI 列给出了结果的 95% 置信区间，其中回归系数 $\bar{b}_n$ 显著大于 0。图 4-1 右侧绘制了调整 R^2 在样本区间内的时间序列，阴影带是 99.9% 置信区间，可以看到 LASSO 在整个样本区间内保持了 1% 以上的样本外调整 R^2。

类似地，我们可以构建基准模型的样本外调整 R^2 以及 LASSO 与基准模型结合后的样本外调整 R^2，如下所示：

$$r_{n,t+1} = \bar{a}_n + \bar{c}_n \left(\frac{f_{n,t}^{\text{Bmk}} - \bar{m}_n^{\text{Bmk}}}{\bar{s}_n^{\text{Bmk}}} \right) + e_{n,t+1}$$

$$r_{n,t+1} = \bar{a}_n + \bar{b}_n \left(\frac{f_{n,t}^{\text{LASSO}} - \bar{m}_n^{\text{LASSO}}}{\bar{s}_n^{\text{LASSO}}} \right) + \bar{c}_n \left(\frac{f_{n,t}^{\text{Bmk}} - \bar{m}_n^{\text{Bmk}}}{\bar{s}_n^{\text{Bmk}}} \right) + e_{n,t+1}$$

定义 $\Delta \bar{R}_n^2 = \bar{R}_n^{2,\text{Both}} - \bar{R}_n^{2,\text{Bmk}}$，$\Delta \bar{R}_n^2 > 0$ 意味着 LASSO 捕捉到了基准模型所没有的信息。最好的情况是 $\Delta \bar{R}_n^2 = \bar{R}_n^{2,\text{LASSO}} = 2.467\%$，这意味着 LASSO 使用了完全不同的样本信息来构建预测结果。表 4-2 是 Chinco 等的实证结果，考察了多个时序 / 多因子模型作为基准模型。

表 4-2　样本外拟合结果的提升

Benchmark Model	$\bar{R}_n^{2,\text{Bmk}}$ /%	$\Delta \bar{R}_n^2$ [Percentage Points]		p-Value
AR(3)	7.365 (0.076)	1.185 (0.012)	[1.162, 1.208]	0.000
Market	0.311 (0.003)	2.469 (0.027)	[2.416, 2.522]	0.000
AR(3), Market	0.058 (0.058)	1.424 (0.015)	[1.395, 1.453]	0.000
AR(1)	6.061 (0.052)	1.288 (0.013)	[1.263, 1.314]	0.000
AR(2)	7.309 (0.071)	1.165 (0.012)	[1.143, 1.188]	0.000

续表

Benchmark Model	$\bar{R}_n^{2,\text{Bmk}}$ /%	$\Delta\bar{R}_n^2$ [Percentage Points]		p-Value
AR(4)	7.174 (0.076)	1.238 (0.012)	[1.214, 1.262]	0.000
AR(5)	6.725 (0.074)	1.307 (0.013)	[1.282, 1.332]	0.000
AR(h^*)	8.031 (0.080)	1.134 (0.011)	[1.113, 1.156]	0.000
Market, Industry	0.314 (0.007)	2.436 (0.027)	[2.384, 2.489]	0.000
Market, Size, Value	0.214 (0.003)	2.443 (0.027)	[2.390, 2.496]	0.000
AR(3), Market, Industry, Size, Value	1.443 (0.015)	2.232 (0.024)	[2.184, 2.279]	0.000

表来源：Chinco 等（2019）Table Ⅱ。

在表 4-2 中，Benchmark 模型列中包含了一些经典的时序模型，如 AR（1）～ AR（5），以及一些经典的因子定价模型，包含了市场收益（market）、行业（industry）、市值（size）、价值（value）等因子。$\bar{R}_m^{2,\text{Bmk}}$ 列给出了各个 Benchmark 模型的样本外调整 R^2，$\Delta\bar{R}_n^2$ 列给出了在结合 LASSO 结果后，模型整体调整 R^2 的提升，可以看到，LASSO 对各个经典均有提升。并且考虑到 LASSO 本身 2.467% 的调整 R^2，LASSO 对于其他模型的提升在其中所占比例较高，这意味着 LASSO 的预测结果捕捉到了与各经典模型不同的交易信号。作者对 LASSO 的结果进行了进一步的实证分析，发现预测结果具有意外性（与经典模型相异）、短时性（仅在短时间窗口内生效）、稀疏性（交易信号总数较低），并且与股票基本面新闻公布的时间点强相关。这些都是利用传统 OLS 回归开展的研究之外的新发现。

4.6 实战：蒙特卡洛模拟

本节我们将在模拟数据中训练包括 OLS、LASSO、岭回归、弹性网络回归在内的多个线性模型以拟合一个三因子模型。

我们以如下方式生成数据：

$$r_{i,t+1} = g\times(z_{i,t}) + e_{i,t+1} \tag{4.2}$$

$$e_{i,t+1} = \boldsymbol{\beta}_{i,t}\boldsymbol{v}_{t+1} + \boldsymbol{\varepsilon}_{i,t+1} \tag{4.3}$$

$$z_{i,t} = (1,x_t)' \otimes \boldsymbol{c}_{i,t} \tag{4.4}$$

$$\boldsymbol{\beta}_{i,t} = (\boldsymbol{c}_{i1,t},\boldsymbol{c}_{i2,t},\boldsymbol{c}_{i3,t}) \tag{4.5}$$

式中，$r_{i,t+1}$ 为超额收益，$t=1,2,\cdots,T$；$\boldsymbol{c}_{i,t}$ 是一个 $N\times P_c$ 维的特征矩阵；$\boldsymbol{v}_{t+1}$ 是一

个 3×1 维的因子向量；x_t 是单变量时间序列；$\varepsilon_{i,t+1}$ 是一个 $N\times1$ 维的异质性误差向量，$v_{t+1}\sim N(0,0.05^2\times I_3)$，$\varepsilon_{i,t+1}\sim t_5(0,0.05^2)$。方差经过校准，平均时间序列 R^2 为 40%，平均年化波动率为 30%。

使用以下模型模拟特征面板。

$$c_{ij,t}=\frac{2}{N+1}\text{CSrank}(\overline{c}_{ij,t})-1 \tag{4.6}$$

$$\overline{c}_{ij,t}=\rho_j\overline{c}_{ij,t-1}+\varepsilon_{ij,t} \tag{4.7}$$

式中，$\rho_j\sim U[0.9,1]$；$\varepsilon_{ij,t}\sim N(0,1-\rho_j^2)$；CSrank 为横截面秩函数，随着时间的推移，特征具有一定的持续性，横截面归一化为 $[-1,1]$。这与本书在实证研究中的数据清理程序相匹配。

此外，使用如下模型模拟时间序列 x_t：

$$x_t=\rho x_{t-1}+u_t \tag{4.8}$$

式中，$u_t\sim N(0,1-\rho^2)$；$\rho=0.95$。因此 x_t 在时间序列上有高持续性。

在这里，考虑 $g*(\cdot)$ 函数的两种情况：

$g*(z_{i,t})=(c_{i1,t},c_{i2,t},c_{i3,t}\times x_t)\theta_0$，其中，$\theta_0=(0.02,0.02,0.02)'$（a）

$g*(z_{i,t})=(c_{i1,t}^2,c_{i1,t}\times c_{i2,t},\text{sgn}(c_{i3,t}\times x_t))\theta_0$，其中，$\theta_0=(0.04,0.03,0.012)'$（b）

在以上两种情况中，$g*(\cdot)$ 只依赖三个协变量，因此在 θ 中有三个非零值，表示为 θ_0。情况（a）是一个简单的稀疏线性模型。情况（b）涉及非线性变量 $c_{i1,t}^2$，非线性交互项 $c_{i1,t}\times c_{i2,t}$，离散变量 $\text{sgn}(c_{i3,t}\times x_t)$。校准 θ_0 的值，使得横截面 R^2 为 50%，预测 R^2 为 5%。

在整个过程中，设定 $N=200$，$T=180$。同时比较 $P_c=100$ 和 $P_c=50$ 这两种情况，分别对应于 $P=200$ 和 $P=100$，以证明维度增加的效果。

如此我们便生成了一个三因子结构的模拟数据，结合上一节中的代码，我们便可以对一系列线性模型进行蒙特卡洛模拟。

采用 sklearn.linear_model 中的 SGDRegressor（随机梯度下降回归）作为各个线性模型统一的训练器，并通过指定不同的惩罚项参数来实现在不同模型之间的切换。同时，使用 sklearn.model_selection 中的 RandomizedSearchCV() 函数来做交叉验证以进行模型调参。

代码如下。

```
...
import numpy as np
from sklearn.linear_model import SGDRegressor, Lasso, Ridge, ElasticNet
from sklearn.model_selection import RandomizedSearchCV, PredefinedSplit
from sklearn.metrics import r2_score
...
def rolling_model_Liner(X_traindata=X_traindata,
                    Y_traindata_demean=np.ravel(Y_traindata_demean),
```

```
                  X_traindata1=X_traindata1,
                  Y_traindata1=np.ravel(Y_traindata1),
                  X_testdata=X_testdata,
                  Y_testdata=np.ravel(Y_testdata),
                  mean_Ytrain=mean_Ytrain,
                  loss_type='huber',
                  penalty_type='l1'):

split_num = 200 * 60
num_valid_size = split_num
test_fold = -1 * np.ones(len(X_traindata))
test_fold[num_valid_size:] = 0
ps = PredefinedSplit(test_fold)

if penalty_type == 'l2':
    param_dist = {'alpha': sp_randint(1, 5),
                  'eta0': uniform(0.001, 0.001),
                  'epsilon': sp_randint(10, 20),
                  }

else:
    param_dist = {'alpha': uniform(0.1, 0.4),
                  'l1_ratio': uniform(0.6, 0.4),
                  'eta0': uniform(0.001, 0.001),
                  'epsilon': sp_randint(10, 30),
                  }

clf = SGDRegressor(
    loss=loss_type,
    penalty=penalty_type,
    learning_rate='invscaling',
    n_iter_no_change=5,
    early_stopping=True,
    validation_fraction=0.5,
    fit_intercept = False,
    max_iter = 5000,
    tol = 0.0001,
    shuffle = False,
    random_state = 100)

# run randomized search
n_iter_search = 30
estim = RandomizedSearchCV(clf, param_distributions=param_dist,
                           n_iter=n_iter_search, scoring='r2',
                           cv=ps.split(),
                           random_state=100, n_jobs=-1)

estim.fit(X_traindata, Y_traindata_demean)
best_estimator = estim.best_estimator_
```

```
    best_coef = best_estimator.coef_

    train_predict = best_estimator.predict(X_traindata1) + mean_Ytrain
    IS_score = r2_score(Y_traindata1, train_predict)
    test_predict = best_estimator.predict(X_testdata) + mean_Ytrain
    OOS_score = 1 - np.sum((Y_testdata - test_predict) ** 2) / np.sum((Y_
testdata - mean_Ytrain) ** 2)

    return IS_score, OOS_score, best_coef
    ...
```

参数说明如下。

X_traindata：训练集 + 验证集的自变量数据（若采用 k 折交叉验证，则不显式地划分训练和验证集）。

Y_traindata_demean：训练集 + 验证集的因变量数据，去均值。

X_traindata1，Y_traindata1：训练集数据。在进行模型的样本内评估时，仅使用训练集的数据，从而保持与其他模型的可比性。

X_testdata，X_testdata：测试集数据。

mean_Ytrain：训练集因变量数据的均值。

loss_type：损失函数的形式。本例中主要包括 squared_error 和 huber 两种损失。

penalty_type：惩罚函数的形式。本例中主要包括 l1、l2、elasticnet 三种，分别对应 LASSO、岭回归、弹性网络回归三种线性模型。而 OLS 则对应无惩罚函数。

代码逐行解析如下。

split_num = 200 * 60

test_fold = –1 * np.ones（len（X_traindata））

test_fold[split_num:] = 0

ps = PredefinedSplit（test_fold）

这段代码利用 PredefinedSplit() 函数划分了训练集和验证集。PredefinedSplit() 函数的用法是向其中传入一个由 fold 序号组成的数组，从而在每一个 fold 中，该 fold 序号所对应的元素就是被划为 test 集（这里对应验证集）的元素，所有 –1 对应的元素永远被划分在训练集中。在这段代码中，test_fold 中除了 –1 之外只有 0 一个数值，也就是说只进行了 1 个 fold 的划分，这对应于显式地单次划分训练集和验证集。最后生成的划分结果 ps 将被传入 RandomizedSearchCV() 函数的参数 cv 中，如果希望采用 k 折交叉验证，则直接向参数 cv 中传递 k 的数值即可。

```
    ...
    if penalty_type == 'l2':
        param_dist = {'alpha': sp_randint(1, 5),
                      'eta0': uniform(0.001, 0.001),
                      'epsilon': sp_randint(10, 20),
```

```
        }
...
```

这段代码对应惩罚项为 l2 的情况，也就是岭回归。param_dist 中存储了各参数的调参范围，其中 alpha 对应惩罚项的系数，eta0 对应初始学习率，epsilon 对应 huber 损失中的临界值。

```
...
else:
    param_dist = {'alpha': uniform(0.1, 0.4),
                  'l1_ratio': uniform(0.6, 0.4),
                  'eta0': uniform(0.001, 0.001),
                  'epsilon': sp_randint(10, 30),
                  }
...
```

这段代码对应惩罚项为 l1，elasticnet 或 None 的情况，即 LASSO，弹性网络回归或 OLS，其中 l1_ratio 即 elasticnet 中 l1 惩罚项对应比例。其余参数与岭回归的情况相同。而如果惩罚项为 None，则 alpha 和 l1_ratio 均会被忽略。

```
...
clf = SGDRegressor(
    loss=loss_type,
    penalty=penalty_type,
    learning_rate='invscaling',
    n_iter_no_change=5,
    early_stopping=True,
    validation_fraction=0.5,
    fit_intercept = False,
    max_iter = 5000,
    tol = 0.0001,
    shuffle = False,
random_state = 100)
...
```

这段代码调用了 **SGDRegressor** 构建模型训练器。其中参数含义如下。

loss：损失函数类型。本例主要考察 squared_error 和 huber 两种损失。

penalty：惩罚函数的形式。本例中主要包括 l1、l2、elasticnet 三种，分别对应 LASSO、岭回归、弹性网络回归三种线性模型。而 OLS 则对应无惩罚函数。

learning_rate：学习率的路径规划。有如下几种类型。

（1）constant: eta = eta0（eta 表示学习率）。

（2）optimal: eta = 1.0 / (alpha * (t + t0))，其中 t0 由 Leon Bottou 算法给出。

（2）invscaling: eta = eta0 / pow (t, power_t)。

（4）adaptive: 学习率保持不变，除非 n_iter_no_change 个连续的周期中，训练 loss 达不到下降 tol 幅度，或在 early_stopping=True 的情况下，n_iter_no_change 个连续的周期中，验

证得分（由 score 参数定义）不能提升 tol 幅度。一旦出现上述情况，学习率除以 5。

n_iter_no_change：训练停止条件的组成部分。也对应于 early_stopping 和 learning_rate 中的监测窗口。

early_stopping：表示是否采用早停。

validation_fraction：用于验证的数据的比例。

fit_intercept：表示模型中是否加入截距项。

max_iter：最大迭代次数。

tol：训练停止条件的组成部分。若训练 loss 在 n_iter_no_change 个连续周期中不能下降 tol，则停止训练。也对应于 early_stopping 和 learning_rate 中的监测窗口。

shuffle：表示是否随机打乱训练数据。

random_state：随机数的种子。

```
...
n_iter_search = 30
estim = RandomizedSearchCV(clf, param_distributions=param_dist,
                           n_iter=n_iter_search, scoring='r2',
                           cv=ps.split(),
                           random_state=100, n_jobs=-1)

estim.fit(X_traindata, Y_traindata_demean)
best_estimator = estim.best_estimator_
best_coef = best_estimator.coef_
...
```

这段代码使用 RandomizedSearchCV() 函数进行调参。参数介绍如下。

param_distributions：参数范围，定义在 param_dist 中。

n_iter：参数的抽样次数，也就是尝试次数。

scoring：每次调参的评分的类型。这里定义为 r2，即 R^2。

cv：交叉验证的数据划分方式。本例中定义为单次划分（见前文），若输入数字，则对应 k 折交叉验证的 k 值。

random_state：随机数的种子。

n_jobs：并行计算的个数。

然后调用 .fit() 函数进行训练，并使用属性 .best_estimator_ 和 .coef_ 分别取出最优的模型以及相应参数。

```
...
train_predict = best_estimator.predict(X_traindata1) + mean_Ytrain
IS_score = r2_score(Y_traindata1, train_predict)
test_predict = best_estimator.predict(X_testdata) + mean_Ytrain
OOS_score = 1 - np.sum((Y_testdata - test_predict) ** 2) / np.sum((Y_testdata - mean_Ytrain) ** 2)
...
```

这段代码计算了模型的训练以及测试集 R^2，首先使用 .predict() 函数获取预测结果，然后分别代入 r2_score 或公式中，两种计算方式大致相同，区别在于由于数据去均值的问题，测试集的预测结果在还原时依旧需要以训练集的均值作为样本均值。

- OLS + MSE Loss:
```
IS_score, OOS_score, best_coef = rolling_model_Liner(loss_type='squared_error', penalty_type=None)
```
- OLS + Huber Loss:
```
IS_score, OOS_score, best_coef = rolling_model_Liner(loss_type='huber', penalty_type=None)
```
- Lasso + MSE Loss:
```
IS_score, OOS_score, best_coef = rolling_model_Liner(loss_type='squared_error', penalty_type='l1')
```
- Lasso + Huber Loss:
```
IS_score, OOS_score, best_coef = rolling_model_Liner(loss_type='huber', penalty_type='l1')
```
- Ridge + MSE Loss:
```
IS_score, OOS_score, best_coef = rolling_model_Liner(loss_type='squared_error', penalty_type='l2')
```
- Ridge + Huber Loss:
```
IS_score, OOS_score, best_coef = rolling_model_Liner(loss_type='huber', penalty_type='l2')
```
- Elastic Net + MSE Loss:
```
IS_score, OOS_score, best_coef = rolling_model_Liner(loss_type='squared_error', penalty_type='elasticnet')
```
- Elastic Net + Huber Loss:
```
IS_score, OOS_score, best_coef = rolling_model_Liner(loss_type='huber', penalty_type='elasticnet')
```

表 4-3 是 100 次蒙特卡洛模拟的结果。

表 4-3　线性模型蒙特卡洛模拟 R^2 结果

模型	(a)				(b)			
参数	Pc=50		Pc=100		Pc=50		Pc=100	
R^2/%	IS	OOS	IS	OOS	IS	OOS	IS	OOS
OLS	7.57	0.39	7.99	−0.03	3.37	−5.03	4.10	−5.96
OLS_H	5.86	2.93	5.25	2.29	1.46	−1.63	1.00	−2.75
LASSO	5.73	4.33	5.48	4.88	1.17	0.33	1.06	0.67
LASSO_H	5.71	4.37	5.44	4.87	1.11	0.30	1.02	0.67
Ridge	4.74	3.14	4.61	3.28	1.09	0.25	1.03	0.34
Ridge_H	4.69	3.12	4.57	3.28	1.06	0.24	1.01	0.33
ENet	5.69	4.29	5.48	4.93	1.24	0.38	1.08	0.69
ENet_H	5.65	4.27	5.43	4.85	1.20	0.36	1.05	0.69
Oracle	6.32	4.54	6.07	5.10	5.64	5.03	5.58	5.48

表 4-3 中，模型（a）对应以线性模式生成数据；模型（b）对应以非线性模式生成数

据；Pc 表示特征的数量；_H 表示采用 Huber 损失；Oracle 表示直接使用数据生成过程中所采用的真实特征作为自变量进行 OLS 回归，其样本外表现是各模型可能达到的最优值。首先，各个模型在模型（a）中的表现均大幅优于在模型（b）中，这是由于各线性模型均难以刻画变量间的非线性关系。在各模型中，表现最好的是 LASSO 和 ENet，两者在模型（a）Pc=50 的情况中得到了 4.3% 左右的样本外 R^2，非常接近 Oracle 的最优值（4.54%）。这是由于两者倾向于做出特征选择而非特征组合，因此一旦选择了正确的特征，模型就能获得接近 Oracle 的表现，而模型（a）数据生成所采用的变量的稀疏性和线性均契合了这一点。Ridge 的表现次于前两者，在模型（a）Pc=50 中有 3.1% 左右的样本外 R^2。OLS 表现出了明显的过拟合倾向，以模型（a）Pc=50 为例，OLS 在样本外的 R^2（0.39%）显著低于样本内 R^2（7.57%）。

表 4-4 给出了 LASSO、ENet、LASSO+H 和 ENet+H 模型中，6 个特定协变量的平均被选择频率与剩余协变量选择频率的均值。使用以上四种模型是因为它们的惩罚项都使用了 L1 范数，这些模型会有选择地进行变量筛选。与预期一致，对于模型（a），生成数据所采用的真正协变量（$c_{i1,t}, c_{i2,t}, c_{i3,t} \times x_t$）在样本中被选择超过 98%，冗余变量（$c_{i3,t}, c_{i1,t} \times x_t, c_{i2,t} \times x_t$）在样本中被选择了约 30%，其他变量很少被选择。模型错误地选择一些变量总是不可避免的，但是好的模型是大概率能够把真正有效的变量筛选出来的。对于模型（b），虽然没有协变量是真实模型的一部分，但提供的 6 个协变量更相关，比其余协变量的选择频率更高。

表 4-4　部分线性模型中特征被选择频率

		$c_{i1,t}$	$c_{i2,t}$	$c_{i3,t}$	$c_{i1,t}x_t$	$c_{i2,t}x_t$	$c_{i3,t}x_t$	其他
模型（a）								
Pc=50	LASSO	1.00	1.00	0.24	0.28	0.33	0.99	0.02
	LASSO_H	1.00	1.00	0.24	0.25	0.31	0.99	0.02
	ENet	1.00	1.00	0.25	0.27	0.34	0.99	0.03
	ENet_H	1.00	1.00	0.29	0.27	0.35	0.98	0.02
Pc=100	LASSO	1.00	1.00	0.23	0.25	0.28	1.00	0.01
	LASSO_H	1.00	1.00	0.22	0.22	0.28	0.98	0.01
	ENet	1.00	1.00	0.26	0.26	0.29	1.00	0.02
	ENet_H	1.00	1.00	0.29	0.28	0.32	1.00	0.02
模型（b）								
Pc=50	LASSO	0.19	0.15	0.23	0.18	0.14	0.88	0.01
	LASSO_H	0.18	0.13	0.21	0.19	0.14	0.85	0.01
	ENet	0.26	0.18	0.28	0.22	0.18	0.94	0.01
	ENet_H	0.23	0.17	0.27	0.23	0.18	0.91	0.01
Pc=100	LASSO	0.20	0.19	0.19	0.23	0.27	0.88	0.01
	LASSO_H	0.18	0.16	0.19	0.20	0.23	0.85	0.01
	ENet	0.22	0.20	0.21	0.26	0.25	0.91	0.01
	ENet_H	0.20	0.16	0.21	0.21	0.27	0.90	0.01

4.7　本章小结

　　本章主要介绍了带惩罚项的线性方法，包括岭回归、LASSO 和弹性网络回归。读者通过学习这些方法，能够有效处理高维数据和防止过拟合。同时，通过案例分析和实战模拟，读者能够将理论应用于实际金融问题中，进一步提升其分析能力和实战技巧。

关键名词

带惩罚项的线性方法、岭回归、LASSO、弹性网络回归、高频交易、蒙特卡洛模拟

复习思考题

　　（1）解释带惩罚项的线性方法在金融数据分析中的重要性。

　　（2）描述岭回归的基本原理及其在高维数据处理中的优势。

　　（3）讨论 LASSO 方法的特点及其在变量选择中的应用。

　　（4）比较弹性网络回归与岭回归、LASSO 的异同点。

　　（5）通过案例分析，说明 LASSO 在高频交易中的实际应用。

　　（6）如何利用蒙特卡洛模拟来验证带惩罚项的线性方法的效果？

第 5 章
金融智能中的降维方法

章前导读

　　分析高维数据时通过降维的方法可以有效提取数据中的关键特征，在降低计算成本的同时保留数据中的主要信息。不同的提取方法分别适应于有监督和无监督的场景。在金融智能中，降维方法被广泛应用于资产定价、信用评级等场景，并常常作为辅助工具进行数据处理工作。以因子挖掘为例，PCA 或 PLS 方法可以根据不同的投资者情绪度量指标提取其中有效反映投资者情绪的成分，并综合各种成分构建预测能力更强的指标。

本章学习目标

　　读者需要深入了解有监督和无监督场景下不同降维方法的异同，掌握 Python 实现这些模型的方法；同时，读者可以通过阅读案例，理解降维方法如何提取有效成分，了解降维方法在金融场景的具体应用。

5.1　降维分析方法概述

　　降维方法是一类在数据分析中常用的技术，旨在通过减少数据的维度来提取最关键的信息，同时保持数据的主要结构。这种技术在金融领域得到了广泛应用，特别是面对大规模高维数据时，如何有效地降维成为一个关键的问题。

　　主要的降维方法包括主成分分析（principal component analysis，PCA）、偏最小二乘（partial least squares，PLS）回归、工具变量主成分分析（instrumented PCA，IPCA）等。这些方法在处理不同类型的数据和应用场景中发挥着重要作用。

5.2 主成分分析算法

5.2.1 PCA 原理

PCA 是统计学中一种常用的压缩信息降维的方法，在金融学中也常常被使用。其原理是设法将原来的变量重新组合成一组新的相互无关的几个综合变量，同时可以根据实际需要从中取出几个较少的总和变量来尽可能多地反映原来变量的信息的统计方法。

5.2.2 PCA 算法

PCA 算法要达到的目标是找到一个合适的超平面，使得原样本点在新的平面上的投影方差最大。第 i 个样本 x_i 在平面上的线性投影为 $W^T x_i$，PCA 算法的优化目标可以写成

$$\max_{W} \mathrm{Var}(XW)$$
$$\text{s.t.} \ W^T W = I$$

通过特征值分解的方法可以很容易完成 PCA 算法的求解，这里不再详细展开说明。

5.2.3 PCA 代码

核心实现代码如下。

```python
sklearn.decomposition.PCA(n_components=None, *, copy=True, whiten=False,
svd_solver='auto', tol=0.0, iterated_power='auto', random_state=None)
```

参数解析如下。

n_components：降维后需要保留的特征数量。是 PCA 最重要的一个超参数。

copy：默认 True，表示复制一份数据，选 False 会导致原始数据被覆盖。

svd_solver：在降维过程中用来控制矩阵分解的一些细节的参数。由于特征值分解的矩阵运算量非常庞大，当数据集很大时，可以通过调节这个参数来加快速度。

random_state：随机数的种子。在需要重复实验或者是想让别人一模一样复现你的结果时，可以设置随机数种子，确保在其他参数一样的情况下得到的随机划分结果是一样的。

5.3 偏最小二乘算法

5.3.1 PLS 原理

为了解决 PCA 算法没有采用预测标签的信息的问题，PLS 回归考虑在压缩信息的同时

压缩信息与被解释变量之间的相关性，以保证在压缩信息时更多地保留那些与被解释变量相关的信息（Kelly & Pruitt, 2015）。

5.3.2　PLS 算法

PLS 算法的优化目标可以写成

$$\max_{W} \text{Cov}^2(Y, XW)$$
$$\text{s.t.} \, W^{\text{T}}W = I$$

5.3.3　PLS 代码

核心实现代码如下。

```
...
python
sklearn.cross_decomposition.PLSRegression（n_components=2, *, scale=True,
max_iter=500, tol=1e-06, copy=True）
...
```

参数解析如下。

n_components：降维后需要保留的特征数量。是 PLS 最重要的一个超参数。

copy：默认 True，表示复制一份数据，选 False 会导致原始数据被覆盖。

scale：表示是否需要对数据进行标准化处理。

5.4　IPCA 算法

5.4.1　IPCA 模型原理

1. 模型背景

在介绍 IPCA 模型之前，应该向读者大致介绍 IPCA 对于传统资本资产定价模型有哪些优势。

用实证方法解释为何不同的资产能够获得不同的收益率，一直是资产定价领域最重要的话题。从一般均衡理论的角度，资产存在不同预期收益是源于对风险暴露程度的补偿。不过从实证的角度，人们往往会围绕因子收益模型和投资收益的欧拉公式对资产表现原因进行更深刻的探讨。在"无套利原理"的假设下，因子值与超额收益的关系被改写为

$$E_t[r_{i,t+1}] = \frac{\text{Cov}_t(m_{t+1}, r_{i,t+1})}{\text{Var}_t(m_{t+1})}\left(-\frac{\text{Var}_t(m_{t+1})}{E_t[m_{t+1}]}\right) \tag{5.1}$$

式中，乘项的第一项为资产 i 对特定风险因子的暴露（loading）。在式（5.1）中，上市公司

对特定风险因子的暴露会随着时间改变而改变，被称为因子的动态暴露（dynamic loading）。在 IPCA 模型中，通过与上市公司信息相关的工具变量（instrumented variables）来求解最优的动态暴露。

IPCA 模型的一个优势就是改变了传统模型观测因子的方式。在资产定价中，第一种定义因子的方法是根据先验经验定义因子，如 Fama-French 三因子模型中的市场因子（MKT）、规模因子（SMB）、价值因子（HML）。这些因子由于数值与现实意义联系比较紧密，方便人们观测其数值变化，所以也被称为可观测因子（observable factors）。

第二种定义因子的角度是将公司特征看作因子的表象，认为因子是不可观察的影响资产价格变动的原因，必须通过计算将表象重新解读才能挖掘出真正的因子。通常"真正因子"表现为观测特征的线性组合或非线性组合，这种隐藏在特征之下的因子被我们称为不可观测因子或隐藏因子（latent factors）。第二类方法的典型方法便是 PCA 模型，通过同时估计因子值和因子暴露 β 来解释资产超额收益率。

IPCA 模型巧妙地结合了上述两种定义因子的优势，既容许部分特定因子为可观测特征，又可以将观察到的公司特征作为工具变量来估计隐藏因子的条件暴露（conditional loadings），进而生成不可观测的 IPCA 因子。更值得一提的是，由于通过工具变量计算因子暴露的过程是连续的，所以 IPCA 模型也能够连续地估计隐藏因子和它们的暴露。

2. 模型原理

对于未来超额收益率 $r_{i,t+1}$，IPCA 模型如下：

$$r_{i,t+1} = \alpha_{i,t} + \beta_{i,t}{'} f_{t+1} + \epsilon_{i,t+1}$$

$$\begin{cases} \alpha_{i,t} = z_{i,t}{'} \Gamma_\alpha + v_{\alpha,i,t} \\ \beta_{i,t} = z_{i,t}{'} \Gamma_\beta + v_{\beta,i,t} \end{cases} \tag{5.2}$$

式中，模型包括 T 个时间周期的 N 个资产，并且假设共具有 K 个隐藏因子（latent factor）f_{t+1}。$z_{i,t}$ 是包含常数项的由 L 个工具变量组成的矩阵，由它来决定资产在隐藏因子上的暴露。

通过这种方式来构造暴露 $\beta_{i,t}$ 有两个重要的作用：①将暴露 $\beta_{i,t}$ 与工具变量联系起来，使得更多可观测信息可以被更充分利用；②资产对因子的暴露将不再是静止的，而是可以根据当时可观测信息动态估计的。

我们可以将 Γ_β 看作一个将公司潜在大量特征映射到少数风险因子暴露的降维映射。众多的可观测特征将在分散最大化的最优条件下，变换为多个线性组合，最后保留能够描述隐藏因子暴露最好的组合作为隐藏因子的暴露，再进而根据暴露计算出因子值。暴露 $\beta_{i,t}$ 与工具变量信息没覆盖的部分（数据上表现为正交）都会落入 $v_{\beta,i,t}$ 中。

$\alpha_{i,t}$ 的构造方式与 $\beta_{i,t}$ 一样，不过在充分定价的市场当中，$E(\alpha_{i,t})$ 应该等于 0。但是在实证资产定价当中，定价错误经常会出现，所以在模型的推导求解时考虑了约束 Γ_α 等于 0（约束模型）和 Γ_α 不等于 0（无约束模型）两个版本。在 IPCA 模型中，我们应该先假设检验 Γ_α 是否等于 0，再对应选取我们所使用的模型。具体假设检验的方式请参考 Kelly 的文章（2018）。

由于通常我们对风险来源的解释性和独立性要求非常高，所以 K 是一个非常小的数字，然而工具变量 L 的维度却可以非常大。这也体现了 IPCA 模型充分利用隐藏信息的优势。

5.4.2 约束下的 IPCA 模型

首先我们来求解约束 Γ_α 等于 0 的模型。令 $\Gamma_\alpha=0$，代入式（5.2）中，得预期超额收益：

$$r_{i,t+1} = v_{\alpha,i,t} + z_{i,t}'\Gamma_\beta f_{t+1} + v_{\beta,i,t} f_{t+1} + \epsilon_{i,t+1}$$

令 $\epsilon_{i,t+1}^* = v_{\alpha,i,t} + v_{\beta,i,t} f_{t+1} + \epsilon_{i,t+1}$，得到下式：

$$r_{i,t+1} = z_{i,t}'\Gamma_\beta f_{t+1} + \epsilon_{i,t+1}^* \tag{5.3}$$

将式（5.3）写为向量形式 $r_{t+1} = Z_t\Gamma_\beta f_{t+1} + \epsilon_{t+1}^*$。其中，$r_{t+1}$ 代表 $N\times 1$ 的公司超额收益信息，Z_t 代表 $N\times L$ 的公司特征信息。对于 Γ_β 和 f_{t+1} 参数估计问题，我们的优化目标为最小化模型残差平方和：

$$\min_{\Gamma_\beta,F} \sum_{t=1}^{T-1} (r_{t+1} - Z_t\Gamma_\beta f_{t+1})'(r_{t+1} - Z_t\Gamma_\beta f_{t+1}) \tag{5.4}$$

使 F 和 Γ_β 满足一阶条件，有

$$\hat{f}_{t+1} = \left(\hat{\Gamma}_\beta' Z_t' Z_t \hat{\Gamma}_\beta\right)^{-1} \hat{\Gamma}_\beta' Z_t' r_{t+1}, \quad \forall t \tag{5.5}$$

以及

$$\mathrm{vec}\left(\hat{\Gamma}_\beta'\right) = (\sum_{t=1}^{T-1} Z_t' Z_t \otimes \hat{f}_{t+1}\hat{f}_{t+1}')^{-1}(\sum_{t=1}^{T-1}[Z_t \otimes \hat{f}_{t+1}']' r_{t+1}) \tag{5.6}$$

需要强调的是，估计参数的求解过程中是互相依赖的，所以并没有通常的解析解，不过我们可以通过数值方法求解（Kelly 等，2018，附录 A）。

5.4.3 无约束下的 IPCA 模型

在无约束条件下，我们并不要求 Γ_α 等于 0，此时模型假设截距项可以是工具变量的线性组合，其权重由 Γ_α 来定义。令 $\alpha_{i,t} = z_{i,t}'\Gamma_\alpha + v_{\alpha,i,t}$ 代入预期超额收益，得到

$$r_{i,t+1} = z_{i,t}'\Gamma_\alpha + z_{i,t}'\Gamma_\beta f_{t+1} + v_{\alpha,i,t} + v_{\beta,i,t} f_{t+1} + \epsilon_{i,t+1}$$

令 $\epsilon_{i,t+1}^* = v_{\alpha,i,t} + v_{\beta,i,t}f_{t+1} + \epsilon_{i,t+1}$，得到下式：

$$r_{i,t+1} = z_{i,t}'\Gamma_\alpha + z_{i,t}'\Gamma_\beta f_{t+1} + \epsilon_{i,t+1}^* \tag{5.7}$$

和约束下 IPCA 模型一样，写出上式的向量形式。令 $\tilde{\Gamma} \equiv [\Gamma_\alpha, \Gamma_\beta]$ 以及 $\tilde{f}_{t+1} \equiv [1, f_{t+1}']'$，

得到 $r_{i,t+1} = z_{i,t}'\tilde{\Gamma}\tilde{f}_{t+1} + \epsilon_{i,t+1}^*$。推导可知，$\tilde{\Gamma}$ 的一阶条件为

$$\mathrm{vec}\left(\widehat{\tilde{\Gamma}}_\beta'\right) = \left(\sum_{t=1}^{T-1} Z_t'Z_t \otimes \widehat{\tilde{f}}_{t+1}\widehat{\tilde{f}}_{t+1}'\right)^{-1}\left(\sum_{t=1}^{T-1} [Z_t \otimes \widehat{\tilde{f}}_{t+1}']'r_{t+1}\right) \tag{5.8}$$

而 f_{t+1} 的一阶条件变为

$$f_{t+1} = \left(\Gamma_\beta'Z_t'Z_t\Gamma_\beta\right)^{-1}\Gamma_\beta'Z_t'(r_{t+1} - Z_t\Gamma_\alpha), \forall t \tag{5.9}$$

由于这里没有约束 Γ_α 等于 0，所以需要调整原来模型中的假设。加入假设 $\Gamma_\alpha'\Gamma_\beta = 0_{1\times K}$，这样风险暴露就能够解释尽可能多的资产的平均收益情况，只有那些没有办法被解释的正交余项才会被分配到截距项中。

5.4.4 IPCA 模型的拓展

IPCA 模型不仅可以像 PCA 模型那样，从众多的观测特征中提取各特征的线性组合作为新的 IPCA 因子，它还能够兼容根据先验经验定义的因子，如 MKT、SMB、HML、VMG、PMO 因子等。具体的模型框架如下：

$$r_{i,t+1} = \alpha_{i,t} + \beta_{i,t}f_{t+1} + \delta_{i,t}g_{t+1} + \epsilon_{i,t+1} \tag{5.10}$$

上式的因子项 g_{t+1} 是 $M\times 1$ 的向量，代表 M 个先验因子在 $t+1$ 时刻的因子收益率。同样允许工具变量的信息通过动态的方式融入资产对于先验因子的暴露 $\delta_{i,t}$ 中：

$$\begin{cases} \alpha_{(i,t)} = z_{i,t}'\Gamma_\alpha + v_{\alpha,i,t} \\ \beta_{(i,t)} = z_{i,t}'\Gamma_\beta + v_{\beta,i,t} \\ \delta_{(i,t)} = z_{i,t}'\Gamma_\delta + v_{\delta,i,t} \end{cases}$$

式中，Γ_δ 是从公司特征到暴露的 $L\times M$ 的线性映射。在上述拓展模型中，约束 $\alpha_{i,t} = 0$，这样就能够更好地分析模型对于系统风险的暴露。同样地，可以将拓展模型写为向量形式：

$r_{i,t+1} = z_{i,t}'\tilde{\Gamma}\tilde{f}_{t+1} + \epsilon_{i,t+1}^*$，其中，$\tilde{\Gamma} \equiv [\Gamma_\beta, \Gamma_\delta]$，$\tilde{f}_{t+1} \equiv [f_{t+1}', g_{t+1}']'$。对于 $\tilde{\Gamma}$ 的一阶条件可以写为

$$\mathrm{vec}\left(\widehat{\tilde{\Gamma}}_\beta'\right) = \left(\sum_{t=1}^{T-1} Z_t'Z_t \otimes \widehat{\tilde{f}}_{t+1}\widehat{\tilde{f}}_{t+1}'\right)^{-1}\left(\sum_{t=1}^{T-1} [Z_t \otimes \widehat{\tilde{f}}_{t+1}']'r_{t+1}\right) \tag{5.11}$$

f_{t+1} 的一阶条件变为

$$f_{t+1} = \left(\Gamma_\beta'Z_t'Z_t\Gamma_\beta\right)^{-1}\Gamma_\beta'Z_t'(r_{t+1} - Z_t\Gamma_\alpha g_{t+1}), \forall t \tag{5.12}$$

核心实现代码如下。

```python
...
python
sklearn.linear_model.LinearRegression(fit_intercept=True, normalize=False,
copy_X=True, n_jobs=1)
...
```

参数解析如下。

fit_intercept：默认 True，表示是否计算模型的常数项。为 False 时，表示使用无常数项模型。

normalize：默认 False，表示是否对数据进行标准化处理。

copy_X：默认 True，否则 X 会被改写。

n_jobs：默认为 1，表示使用 CPU 的个数。当为 –1 时，代表使用全部 CPU。

```python
...
python
#ipca Doc: https://bkelly-lab.github.io/ipca/
#1.模型声明
model = ipca.InstrumentedPCA(n_factors=1, intercept=False, max_
iter=10000, iter_tol=1e-05)
...
```

参数解析如下。

n_factorst：默认为 1，表示 IPCA 模型估计的因子的个数。

intercept：默认 False，表示是否带有截距项。

max_iter：默认为 10000，迭代最大次数。

iter_tol：默认为 1e-05，数值求解过程中的绝对收敛条件。

```python
...
#2.模型训练
model = model.fit(X,y, PSF=None, Gamma=None, Factors=None, label_ind=False)
...
```

参数解析如下。

X：索引为日期和个股，数据为公司对应特征变量值的双重索引 dataframe。

y：索引为日期和个股，数据为公司对应下期收益率的 Series 或 numpy array。

PSF：默认 None，表示传入先验经验定义因子。

Gamma：默认 None，表示传入 Gamma 的迭代初始值。

Factors：默认 None，表示传入 Factors 的迭代初始值。

label_ind：默认 False，表示是否在计算过程中保留日期和个股作为索引。

```python
...
#3.模型结果获取
Gamma, Factors = model.get_factors(label_ind=False)
...
```

参数解析如下。

label_ind：默认 False，表示输出结果是否保留日期和个股作为索引。

返回值如下。

Gamma：估计得到的 Gamma 矩阵。

Factors：估计得到的各 IPCA 因子值。

```
...
#4.模型预测
y_pred = model.predict(X=None, W=None, mean_factor=False, label_
ind=False)
...
```

参数解析如下。

X：索引为日期和个股，数据为公司对应特征变量值的双重索引 dataframe，用以预测。

W：默认 None，加权平均时各资产组合的权重。

mean_factor：默认 False，表示估计的因子值是否需要在预测前按时间序列平均。

label_ind：默认 False，表示是否在计算过程中保留日期和个股作为索引。

返回值如下。

y_pred：预测收益率序列。

5.5 案例分析：投资者情绪度量

5.5.1 投资者情绪

传统的有效市场假说基于理性人假设，认为金融市场上的资产价格反映了一切信息。在长期中，任何人都不可能因为掌握更多信息而获取超额收益。然而，随着人们对于金融市场研究的不断深入，许多"异象"陆续走入人们的视野，有效市场理论受到了一定的质疑，并逐渐衍生出行为金融理论。

行为金融主要可以分为市场非有效性和投资者情绪两种研究思路。这其中，投资者情绪是一个重要的研究方向。尽管目前对于投资者情绪还没有统一的界定，但是相关领域的定义和研究在过去的几十年中层出不穷。有学者认为投资者情绪是投资者基于情感作出的判断，也有学者将投资者情绪定义为带有偏差的未来预期。无论如何，投资者情绪都是行为金融中非常重要的研究方向。

研究投资者情绪最简单明了的一个原因就是，所有投资者在进行投资行为时，都会受到情绪支配，而且这个情绪支配或许是很难被察觉的。从学术的角度来说，可以被称作理性（rational）投资者和非理性（irrational）投资者。理性投资者通常会根据基本面（fundamentals）信息作出投资决策，并且在发现股价偏离其内在价值（intrinsic

value）时进行套利（arbitrage）行为；而非理性投资者会依据个人的判断，比如过度自信
（overconfidence）或者悲观（pessimism）情绪作出"错误"的投资决策，他们不止会考虑基
本面信息，同时还会考虑其他比较另类的信息，当然还有可能就是非理性投资者得到的信
息不够完整（或者不正确），导致他们对信息作出了错误的反馈。不过需要注意的是，这里
并不是说，理性投资者就是技术过硬的投资大佬或者机构投资者（或者镰刀），非理性投资
者也不是说我们普通股民（韭菜）。有研究证明，那些专业的机构投资者反而更会受到"情
绪"的影响，从而做出非理性的交易行为。

投资者情绪的度量方法主要有两种：

（1）通过对投资者的直接调查构建情绪指标；

（2）通过市场表现间接度量投资者情绪。

度量投资者情绪的直接指标指的是通过问卷调查等方式得到的投资者对市场未来的预
期和看法。尽管直接度量法可以直观地反映投资者的情绪，但它并不能全面反映投资者在
决策过程中真实的情绪。

度量投资者情绪的间接指标很多，目前学术界使用较多的有交易量、封闭式基金折价、
IPO 发行量及首日收益、共同基金净赎回、波动率指数（volatility index，VIX）等指标。还
有一些学者用换手率、腾落指数、投资者开户增长率、中签率等指标考察投资者情绪。

目前使用较多的方法是运用 PCA 方法构建基于若干单一指标的综合指标，这样能够较
为全面地反映投资者情绪。

5.5.2　基于 PCA 方法的指数构建

目前衡量投资者情绪应用最为广泛的指标之一是 Baker-Wurgler 指标。该指标于 2006
年提出，作者应用 PCA 方法，过滤出与情绪无关的特质成分，得到更"纯净"的与情绪相
关的数据。

尽管情绪可能会对投资定价产生一定的影响，但是如何识别和判定这部分错误定价也
并非易事。作者采取的方法是观察错误定价的修正过程，在横截面中观察不同类型股票的
回报。由此就需要控制投资者情绪对所有股票的一般影响和在时间上的效应：

$$E_{t-1}\left[R_{it}\right] = a + a_1 T_{t-1} + b_1' X_{it-1} + b_2' T_{t-1} X_{it-1}$$

式中，i 表示企业，t 表示时间，T 表示一系列投资者情绪的代理变量，X 代表一系列企业特
征的变量。a_1 代表投资者情绪对所有股票的一般性影响，b_1 代表企业特征的影响。作者所
关注的则是交叉项系数 b_2 的结果。b_2 的非零结果就反映了对于投资者情绪的系统性补偿。

图 5-1 展示了企业特征选取的情况。其中，第一维度的面板数据主要选取了与企业收
益相关的变量，包括收益率与动量效应。其余维度的面板数据包括了企业规模和年龄特征、
企业盈利能力特征、股息特征等。

	全样本					子样本				
	N	Mean	SD	Min	Max	1960s	1970s	1980s	1990s	2000–1
收益率										
收益率（%）	1,600,383	1.39	18.11	−98.13	2,400,00	1.08	1.56	1.25	1.46	1.28
动量 $t-1$	1,600,383	13.67	58.13	−85.56	343.90	21.62	12.24	15.02	13.06	11.02
市值，上市时长，风险										
市值（百万美元）$t-1$	1,600,383	621	2,319	1	23,302	388	238	395	862	1,438
上市时间（年）+	1,600,383	13.36	13.41	0.03	68.42	15.90	12.62	13.61	13.26	13.47
波动率 $t-1$（%）	1,574,981	13.70	8.73	0.00	60.77	9.44	12.51	13.32	13.89	19.55
盈利能力										
盈利 / 股本（%）	1,600,383	10.70	10.03	0.00	65.14	12.10	12.05	11.37	9.54	9.49
正盈利	1,600,383	0.78	0.41	0.00	1.00	0.95	0.91	0.78	0.71	0.68
股利政策										
股利 / 股本（%）	1,600,383	2.08	2.98	0.00	17.94	4.42	2.75	2.11	1.58	1.43
正股利	1,600,383	0.48	0.50	0.00	1.00	0.77	0.66	0.50	0.37	0.33
有形资产										
固定资产 / 资产（%）	1,476,109	54.66	37.15	0.00	187.69	70.21	59.14	55.49	51.28	45.49
研发 / 资产（%）	1,452,840	2.97	7.27	0.00	64.75		1.22	2.29	3.86	4.68
增长机会										
股本 / 市值	1,600,383	0.94	0.86	0.02	5.90	0.70	1.37	0.95	0.76	0.82
外部融资 / 资产（%）	1,549,817	11.44	24.24	−71.23	127.30	7.17	6.45	10.59	13.97	17.71
销售增长率（Decile）	1,529,508	5.94	3.16	1.00	10.00	5.67	5.66	6.01	6.08	5.91

图 5-1　企业维度的特征选取

在投资者情绪的代理变量中，作者选取了封闭式基金折扣 CERD、纽约证券交易所股票周转率 TURN、IPO 数量 NIPO 和平均首日回报率 RIPO、新股发行的股权份额 S 和股息溢价 PD-ND 用于投资者情绪指数的构建。数据选用 1962—2001 年的数据，对每一年的市场情绪指标进行一次测量。上述的每种情绪代理变量中均包含了反映情绪的部分和与情绪变动无关的扰动项。通过 PCA 方法能够有效提取其中有关情绪变动的共同项。然而，一个比较具体的问题是，每种代理变量的相对时间，及反映情绪的领先或滞后效应可能不一样。因此在指数构建过程中，作者首先选用了每个代理变量及其滞后，共 12 个代理变量。通过分析构建的指数与 12 个代理变量的相关性，选用每个代理变量及其滞后中相关性更高者用于最终的投资者情绪指数构建，最终得到的指数如下：

$$\text{SENTIMENT}_t = -0.241\text{CERD}_t + 0.242\text{TURN}_t + 0.253\text{NIPO}_t + 0.257\text{RIPO}_t + 0.112S_t - 0.283P_{t-1}^{\text{D-ND}}$$

上式中的第一主成分解释了 49% 的样本方差，因此可以说第一主成分有效提取了 6 种代理变量大部分的共同成分。与此同时，第一阶段由 12 个代理变量构建的指数与最终的投资者情绪指数之间的相关系数达到 0.95，这说明仅选取其中的 6 项并没有损失太多的信息。

5.6　实战代码及解析

在本案例中，我们将演示利用 PCA 方法构建投资者情绪指数的过程。我们的数据来自 CSMAR 投资者专题数据库，在数据处理后保留了沪深 A 股市场 2009 年 10 月至 2012 年 9

月间的月频数据。

```
import pandas as pd
import numpy as np
from sklearn.decomposition import PCA
from sklearn.preprocessing import StandardScaler
```

上述是代码中需要用到的 Python 包。我们主要借助 Sklearn 包来完成标准化和主成分分析的任务。

5.6.1　代码

1. 数据处理

```
# 使用 Pandas 的 read_csv() 函数读入 CSV 文件
...
df_ipo = pd.read_csv(file_path1)
df_CEFD = pd.read_csv(file_path2)
df_turnover_rate = pd.read_csv(file_path3)
df_shareof = pd.read_csv(file_path4)
df_dividends = pd.read_csv(file_path5)
...
```

由于我们的数据与最终需要还有一定的区别，首先需要对数据进行预处理。这其中包括将日频数据转换为月频数据，去除缺失值和面板数据整合等任务。例如，我们在本案例中应用的数据如图 5-2 所示。

	YearMont	nIpo	Weighted.	ReturnRat	TurnoverF	YearMont	Year	SgnYear_x	SRate	SgnYear_y	PDND	LogPDND
0	Oct-09	18	-18.3567	1.062334	0.006771	######	2009	2009	21.17	2009	-61.7937	-1.4502
1	Nov-09	1	-17.4061	0.084194	0.010017	######	2009	2009	21.17	2009	-61.7937	-1.4502
2	Dec-09	14	-17.8071	0.452055	0.00698	######	2009	2009	21.17	2009	-61.7937	-1.4502
3	Jan-10	8	-17.0896	0.26833	0.007046	2010/1/1	2010	2010	32.76	2010	-2.8684	-0.3205
4	Feb-10	8	-15.7274	0.237803	0.004981	2010/2/1	2010	2010	32.76	2010	-2.8684	-0.3205
5	Mar-10	7	-13.5244	0.537721	0.005698	2010/3/1	2010	2010	32.76	2010	-2.8684	-0.3205
6	Apr-10	13	-12.527	0.482058	0.006812	2010/4/1	2010	2010	32.76	2010	-2.8684	-0.3205
7	May-10	9	-11.4469	0.078355	0.005079	2010/5/1	2010	2010	32.76	2010	-2.8684	-0.3205
8	Jun-10	6	-10.6482	0.146031	0.004135	2010/6/1	2010	2010	32.76	2010	-2.8684	-0.3205
9	Jul-10	7	-10.2753	0.332787	0.004768	2010/7/1	2010	2010	32.76	2010	-2.8684	-0.3205
10	Aug-10	17	-12.2328	0.705936	0.005861	2010/8/1	2010	2010	32.76	2010	-2.8684	-0.3205
11	Sep-10	10	-12.3575	0.392616	0.005737	2010/9/1	2010	2010	32.76	2010	-2.8684	-0.3205
12	Oct-10	11	-10.513	0.253803	0.009134	######	2010	2010	32.76	2010	-2.8684	-0.3205
13	Nov-10	7	-9.45067	0.474733	0.008671	######	2010	2010	32.76	2010	-2.8684	-0.3205
14	Dec-10	14	-10.4781	0.306431	0.004532	######	2010	2010	32.76	2010	-2.8684	-0.3205
15	Jan-11	20	-8.10654	0.065039	0.003904	2011/1/1	2011	2011	32.6	2011	-0.7225	-0.1652
16	Feb-11	8	-8.47954	0.168331	0.005419	2011/2/1	2011	2011	32.6	2011	-0.7225	-0.1652
17	Mar-11	14	-8.29712	0.088605	0.006028	2011/3/1	2011	2011	32.6	2011	-0.7225	-0.1652
18	Apr-11	12	-7.19077	0.014282	0.005709	2011/4/1	2011	2011	32.6	2011	-0.7225	-0.1652
19	May-11	15	-6.06336	0.065614	0.004018	2011/5/1	2011	2011	32.6	2011	-0.7225	-0.1652
20	Jun-11	12	-5.70014	0.213673	0.003644	2011/6/1	2011	2011	32.6	2011	-0.7225	-0.1652
21	Jul-11	11	-7.02073	0.835304	0.004425	2011/7/1	2011	2011	32.6	2011	-0.7225	-0.1652
22	Aug-11	10	-6.86389	0.452067	0.003644	2011/8/1	2011	2011	32.6	2011	-0.7225	-0.1652
23	Sep-11	9	-5.63287	0.261095	0.002596	2011/9/1	2011	2011	32.6	2011	-0.7225	-0.1652
24	Oct-11	5	-6.88887	0.30382	0.003392	######	2011	2011	32.6	2011	-0.7225	-0.1652
25	Nov-11	2	-6.52807	0.523419	0.003512	######	2011	2011	32.6	2011	-0.7225	-0.1652
26	Dec-11	7	-6.73076	0.035931	0.002423	######	2011	2011	32.6	2011	-0.7225	-0.1652
27	Jan-12	3	-7.15474	0.143866	0.003195	2012/1/1	2012	2012	17.72	2012	-0.9621	-0.2216
28	Feb-12	7	-6.09576	0.440091	0.004387	2012/2/1	2012	2012	17.72	2012	-0.9621	-0.2216
29	Mar-12	15	-5.81089	0.273892	0.004384	2012/3/1	2012	2012	17.72	2012	-0.9621	-0.2216
30	Apr-12	5	-4.28977	0.096174	0.004402	2012/4/1	2012	2012	17.72	2012	-0.9621	-0.2216
31	May-12	11	-3.47155	0.218946	0.00414	2012/5/1	2012	2012	17.72	2012	-0.9621	-0.2216
32	Jun-12	11	-4.13361	0.078208	0.003003	2012/6/1	2012	2012	17.72	2012	-0.9621	-0.2216
33	Jul-12	10	-3.91346	0.214053	0.002798	2012/7/1	2012	2012	17.72	2012	-0.9621	-0.2216
34	Aug-12	4	-3.15657	0.175825	0.002783	2012/8/1	2012	2012	17.72	2012	-0.9621	-0.2216
35	Sep-12	6	-4.27081	0.304208	0.003234	2012/9/1	2012	2012	17.72	2012	-0.9621	-0.2216

图 5-2　PCA 数据

2. PCA

在进行 PCA 前，通常还需要进行标准化的过程，以减小异常值的影响。其余代码我们在注释中进行了解释。

```
# 选择需要进行 PCA 的特征列
features = df[['WeightedAvgCovertRate', 'TurnoverRate', 'nIpo',
'ReturnRate', 'SRate', 'PDND']]  # 请替换为实际的特征列

# 使用标准化处理数据，将特征的均值调整为 0，标准差调整为 1
scaler = StandardScaler()
scaled_features = scaler.fit_transform(features)

# 创建 PCA 模型，指定希望保留的主成分数量
pca = PCA(n_components=1)  # 请根据需要调整主成分的数量

# 对标准化后的数据进行 PCA 变换
principal_components = pca.fit_transform(scaled_features)

# 将主成分数据转换为 DataFrame
principal_df = pd.DataFrame(data=principal_components, columns=['PC1'])

# 获取主成分的系数
components_coefficients = pca.components_
# components_coefficients 包含了主成分的系数
print(components_coefficients)

# 输出主成分的方差解释比例
print("\nExplained Variance Ratio:")
print(pca.explained_variance_ratio_)
```

3. 结果

由最终 PCA 的输出系数，可以将投资者情绪指数构造为

$$\text{SENTIMENT}_t = -0.575\text{CERD}_t + 0.514\text{TURN}_t + 0.176\text{NIPO}_t + 0.348\text{RIPO}_t + 0.105 S_t - 0.491 P_{t-1}^{\text{D-ND}}$$

最终第一主成分的方差解释比例为 0.42。

5.6.2 基于 PLS 方法的改进指数构建

1. 背景介绍

Baker 和 Wurgler 使用代理变量的第一主成分（PC）作为投资者情绪的度量标准。从计量的角度来看，PCA 结果的第一主成分是 6 个代理变量的最佳组合，最大程度地代表这 6 个代理变量的总体变化。然而，由于所有代理变量对真实但不可观测的投资者情绪的近似都存在近似误差，并且这些误差是代理变量自身变化的一部分，因此第一主成分中可能包含大量与预测回报无关的共同近似误差。

对于上述问题，最直接的想法就是通过从代理变量中提取最相关的共同成分，将投资者情绪度量与解释回报的目的保持一致。换句话说，从经济角度来看，我们希望将与股票预期回报相关的信息与误差或噪声分离出来。PLS方法正好适用于这种场景。Huang等于2013年以这种方式提取了新的投资者情绪指数（称为对齐投资者情绪指数），有效地包含了来自代理变量的所有相关预测信息。

作者假设利用投资者情绪解释的下一期预期超额股票收益遵循标准线性关系：

$$E_t\left(R_{t+1}\right) = \alpha + \beta S_t$$

式中，S_t即为真实的投资者情绪，也是我们希望构建指数模拟的对象。真实的收益等于预期加上不可预测冲击：

$$R_{t+1} = E_t\left(R_{t+1}\right) + \varepsilon_{t+1}$$

在Baker和Wurgler论文中选取了6种情绪代理变量，每种代理变量包括了对投资者情绪的近似和误差部分：

$$x_{i,t} = \eta_{i,0} + \eta_{i,1}S_t + \eta_{i,2}E_t + e_{i,t}$$

式中，x_i是某一种代理变量；E表示代理变量中的共同误差。从上式可以看出，如果E项的方差越大，它在PCA中对第一主成分的影响就越大，最终构建的指数对于投资者情绪的偏离就越大。相比于PCA方法，PLS方法能够根据未来股票收益的协方差从横截面提取投资者情绪，并选择最合适的代理变量的线性组合。更加具体地，PLS方法可以分解为两步OLS。

第一步：

$$x_{i,t-1} = \pi_i R_i + u_{i,t-1}$$

第二步：

$$x_{i,t} = c_t + S_t^{\text{PLS}}\hat{\pi}_i + v_{i,t}$$

式中，斜率S_t^{PLS}即为我们希望构建的指数，而π_i则表示每个情绪代理变量对当期投资者情绪的敏感性。PLS方法结合了上述两步来推断S_t^{PLS}，通过$t+1$期的股票回报来约束降维，以提取相关的情绪变量，并丢弃干扰项。

通过PLS回归方法，作者基于6个代理变量构建了一致的投资者情绪指数：

$$S^{\text{PLS}} = -0.2\text{CEFD} + 0.16\text{TURN} - 0.04\text{NIPO} + 0.63\text{RIPO} + 0.07\text{PDND} + 0.53\text{EQTI}$$

2．案例及代码解析

在本案例中，我们将演示利用PLS方法构建投资者情绪指数的过程。基础数据与PCA中来源一致，并额外引入了市场超额收益率。

（1）数据预处理

数据处理方式与 PCA 方法案例类似，并在其基础上额外增加了对市场平均超额收益率的处理。此外，PLS 方法采用了不同的 Python 包：

```
import pandas as pd
import numpy as np
from sklearn.cross_decomposition import PLSRegression
from sklearn.model_selection import train_test_split
from sklearn.metrics import mean_squared_error
```

其余可参考 PCA 案例中的代码。

（2）标准化与 PLS 回归

```
# PLS
# 划分训练集和测试集
X_train, X_test, Y_train, Y_test = train_test_split(X, Y, test_size=0.2,
random_state=42)

# 创建 PLS 模型
pls = PLSRegression(n_components=1)  # 指定成分的数量

# 在训练集上拟合模型
pls.fit(X_train, Y_train)

# 在测试集上进行预测
Y_pred = pls.predict(X_test)

# 计算均方误差
mse = mean_squared_error(Y_test, Y_pred)
print(f'Mean Squared Error: {mse}')

# 查看模型的成分
print(f'PLS Components:\n{pls.x_rotations_}')

# 查看 PLSR 模型的得分负荷矩阵（loadings matrix）
loadings_matrix = pls.x_loadings_

# 输出结果
print("Loadings Matrix:")
print(loadings_matrix)
```

（3）结果

最终 loadings_matrix 表示原始特征如何在隐藏因子变量（成分）上进行线性组合，也即我们希望得到的结果。最终结果如下：

$$S^{PLS} = 0.767CEFD - 0.746TURN - 0.322NIPO - 0.185RIPO + 0.303PDND + 0.843EQTI$$

5.7 本章小结

本章介绍了金融智能中的主要降维方法，包括 PCA、PLS 和 IPCA 算法。通过学习这些方法，读者可以有效处理高维金融数据，并应用于投资者情绪度量等实际金融问题中。实际案例和代码解析可帮助读者将理论知识转化为实践技能。

关键名词

降维分析方法、PCA、PLS、IPCA、投资者情绪度量

复习思考题

（1）解释降维分析方法在金融数据处理中的重要性。

（2）描述 PCA 算法的基本原理及其在金融数据分析中的应用。

（3）讨论 PLS 算法的特点及其在金融智能中的应用场景。

（4）说明 IPCA 算法的原理及其在约束和无约束条件下的应用。

（5）通过案例分析，解释 PCA 方法在投资者情绪度量中的应用。

（6）如何通过实战代码构建基于 PLS 方法的改进指数？

第 6 章
聚类分析及其在金融中的应用

章前导读

在金融数据分析中，聚类分析是一种强有力的工具，可用于识别数据中的自然分组和模式。本章将详细介绍聚类分析的基本概念、常用算法及其在金融领域的应用，帮助读者掌握如何利用聚类分析进行市场细分、客户分类和风险管理等任务。

本章学习目标

首先读者需要了解聚类分析的基本概念、过程和算法要求；其次，介绍 K 均值系列算法；然后，读者将学习层次聚类算法和基于密度的聚类算法；最后，展示聚类分析在金融数据分析中的实际应用。

6.1 聚类分析概述

聚类分析（cluster analysis）是一种无监督学习方法，用于对未知类别的样本进行划分，将它们按照一定的规则划分成若干类簇，把相似（距离相近）的样本聚在同一个类簇中，把不相似（距离远）的样本分为不同类簇，从而揭示样本之间内在的性质以及相互之间的联系规律。聚类算法在银行、投资、保险等金融领域有着广泛的应用。本节将对聚类分析的概念、聚类的过程、聚类分析的相关要求以及度量指标进行概述。

6.1.1 聚类分析的概念

聚类分析是根据在数据中发现的描述对象及其关系的信息，将数据对象分组。它的核心目的是，将数据集中的样本按照相似性进行分组，使得同一组或者同一簇的样本之间具有较高的相似性，而不同组或不同簇之间的样本具有较大的差异性。组内相似性越大，组间差距越大，说明聚类效果越好。这种分组或划分是基于数据本身的特征进行的，不需要预先定义类别或标签，因此聚类分析也被视为一种探索性的数据分析工具。在聚类分析中，通常会使用各种聚类算法来实现这一目标，如 K 均值聚类算法、层次聚类算法、基于密度的聚类算法等。这些算法会根据不同的准则和策略将数据点划分为不同的簇，从而揭示出数据内在的结构和模式。

6.1.2 聚类的过程

聚类的过程可以简要概括成以下 6 个步骤。

（1）选择变量。选取与聚类分析目标密切相关的变量，这些变量应能反映分类对象的特征。变量之间应有明显差异，不应高度相关，以确保聚类结果的准确性。

（2）计算相似性。聚类分析通常使用"距离"或"相似系数"来度量对象之间的相似性。常用的距离度量方法包括欧氏距离、平方欧氏距离等。通过计算所有对象之间的距离或相似系数，构建距离矩阵或相似矩阵，以便后续聚类分析。

（3）选择聚类方法及确定类数。常用的聚类方法包括 K 均值聚类、层次聚类（系统聚类）、基于密度的聚类（如 DBSCAN）、基于网格的聚类等。选择哪种方法取决于数据的类型、聚类的目的以及具体的应用场景。对于某些聚类方法（如 K 均值聚类），需要事先确定聚类的数目。类数的确定可以通过业务理解、肘部法、轮廓系数法等方法来辅助决策。

（4）聚类。根据选定的聚类方法和确定的类数，对对象进行聚类。在聚类过程中，算法会根据对象之间的相似性或距离，将相似的对象归为同一类。

（5）解释和证实聚类结果。聚类完成后，需要对聚类结果进行分析和解释。这包括评估聚类效果、识别聚类后的群体特征，以及探讨聚类结果的实际意义。可以通过与实际业务场景对比、专家评估等方式来证实聚类结果的合理性和有效性。

（6）优化和调整。如果聚类结果不理想，可能需要对聚类过程进行优化和调整。包括调整聚类参数（如 K 均值聚类中的 K 值）、选择更合适的聚类方法、对数据进行预处理（如标准化、降维等）等。

需要注意的是，聚类分析是一种探索性的分析过程，结果可能受到多种因素的影响。因此，在进行聚类分析时，应充分考虑数据的特性和聚类的目的。聚类分析的结果不是绝对的，而是相对的。不同的聚类方法、参数设置和数据预处理方式可能导致不同的聚类结果。因此，在解释和应用聚类结果时，应保持谨慎和客观。

总体来说，聚类分析的过程是一个涉及多个步骤和环节的复杂过程。通过合理选择变量、计算相似性、选择聚类方法及确定类数、进行聚类以及聚类结果的解释和证实等步骤，可以获得有价值的聚类结果并为后续的数据分析和业务决策提供有力支持。

6.1.3 聚类算法的要求

不同的聚类算法有不同的应用背景，有的适用于大数据集，可以发现任意形状的簇；有的算法思想简单，适用于小数据集。总体来说，数据挖掘中针对聚类的典型要求包括以下内容。

（1）可扩展性（scalability）。聚类算法需要能够处理大规模数据集，具有良好的伸缩性，即算法在处理大量数据时仍然能保持较高的效率和性能。

（2）能够处理不同数据类型。聚类算法应能够处理多种类型的数据，包括数值型、二元类型、分类型等。实际应用中的数据往往具有多种类型，算法需要具备处理这些不同类型数据的能力，以应对复杂多变的数据环境。

（3）发现任意形状的类簇。传统的基于距离（欧氏距离或曼哈顿距离）的聚类算法往往只能发现球形的聚类，而现实中的聚类可能是任意形状的，这有助于更准确地反映数据的真实分布结构，提高聚类结果的质量和可靠性。

（4）初始化参数的需求小。很多算法需要用户提供一定个数的初始参数，比如期望的类簇个数、类簇初始中心点的设定，聚类的结果对这些参数十分敏感，调参需要大量的人力，也非常影响聚类结果的准确性。聚类算法应尽量减少对输入参数的依赖。这有助于简化算法的使用过程，提高算法的普适性和易用性。

（5）处理噪声数据。噪声数据为影响聚类结果的干扰数据，如空缺值、孤立点、错误数据等，实际数据中往往存在噪声和异常值，算法需要具备处理这些噪声数据的能力，以保证聚类结果的稳定性和准确性。

（6）对输入数据的顺序不敏感。同一个数据集，以不同的次序提交给同一个聚类算法，应该产生相似的聚类结果。这有助于保证聚类结果的稳定性和一致性，避免因数据顺序不同而导致结果差异较大的问题。

（7）高效处理高维数据。高维数据往往比较稀疏且高度倾斜，聚类算法需要具备高效处理高维数据的能力，以应对高维数据带来的挑战。

（8）可解释性和可用性。可解释性和可用性是影响聚类结果接受度的重要因素之一。易于解释和理解的聚类结果有助于用户更好地理解和应用聚类结果；而良好的可用性则有助于提高用户的使用体验和满意度。

6.1.4 聚类算法的距离计算

聚类算法中需要定义两点之间的距离，对于函数 dist(·,·)，如果它是一个距离度量

（distance measure），则需满足以下一些基本性质。

非负性：$\text{dist}(x_i, x_j) \geq 0$；

同一性：$\text{dist}(x_i, x_j) = 0$ 当且仅当 $x_i = x_j$；

对称性：$\text{dist}(x_i, x_j) = \text{dist}(x_j, x_i)$；

直递性：$\text{dist}(x_i, x_j) \leq \text{dist}(x_i, x_k) + \text{dist}(x_k, x_j)$；

给定样本 $x_i = (x_{i1}, x_{i2}, \ldots, x_{in})$ 与 $x_j = (x_{j1}, x_{j2}, \ldots, x_{jn})$，最常用的是闵可夫斯基距离（Minkowski distance）：

$$\text{dist}_{mk}(x_i, x_j) = \left(\sum_{u=1}^{n} |x_{iu} - x_{ju}|^p \right)^{\frac{1}{p}}$$

当 $p=2$ 时，闵可夫斯基距离为欧氏距离（Euclidean distance）：

$$\text{dist}_{ed}(x_i, x_j) = \| x_i - x_j \|_2 = \left(\sum_{u=1}^{n} |x_{iu} - x_{ju}|^2 \right)^{\frac{1}{2}}$$

当 $p=1$ 时，闵可夫斯基距离为曼哈顿距离（Manhattan distance）：

$$\text{dist}_{man}(x_i, x_j) = \| x_i - x_j \|_1 = \sum_{u=1}^{n} |x_{iu} - x_{ju}|$$

6.2 K 均值聚类算法

6.2.1 K 均值聚类算法概念

K 均值聚类算法是一种广泛使用的聚类算法，它的基本思想是将数据集中的样本点划分为 K 个簇，使得同一簇内的样本点尽可能相似，而不同簇内的样本点尽可能不同。它是一种基于划分的聚类方法，它试图找到 K 个簇的质心（即簇中所有点的均值），使得每个点到其所属簇的质心的距离平方和最小。这里使用的距离通常是欧氏距离，但也可以是其他距离度量方式。算法通过迭代的方式不断优化簇的划分和质心的位置，直到满足某种终止条件（如质心不再发生变化或达到最大迭代次数）。

1. 步骤

给定样本集 $D = \{x_1, x_2, \cdots, x_m\}$，K 均值聚类算法针对聚类所得簇划分 $C = \{C_1, C_2, \cdots, C_k\}$ 最小化平方误差

$$E = \sum_{i=1}^{k} \sum_{x \in C_i} \| x - \boldsymbol{\mu}_i \|_2^2 \tag{6.1}$$

式中，$\mu_i = \dfrac{1}{|C_i|}\sum_{x\in C_i} x$ 是簇 C_i 的均值向量。直观上看，式（6.1）在一定程度上刻画了簇内样本围绕簇均值向量的紧密程度，E 值越小则簇内样本相似度越高。最小化式（6.1）并不容易，K 均值聚类算法采用了贪心策略，通过迭代优化来近似求解式（6.1）。具体来说，K 均值聚类算法通常包括以下几个步骤。

（1）初始化。随机选择 K 个样本点作为初始质心。这些质心的选择对最终的聚类结果有一定的影响。因为不同的初始质心可能导致不同的聚类结果。

（2）分配簇。对于数据集中的每一个样本点，计算它与各个质心的距离，并将其分配给距离最近的质心所对应的簇。这一步完成后，每个簇都包含了一组分配给它的样本点。

（3）更新质心。对于每一个簇，重新计算其质心，即该簇中所有样本点的均值。这一步是算法的关键，因为它通过更新质心的位置来优化簇的划分。

（4）迭代。重复执行分配簇和更新质心的步骤，直到满足某种终止条件。常见的终止条件包括质心不再发生变化（或变化小于某个阈值）、达到最大迭代次数等。

（5）输出聚类结果。当算法终止时，输出最终的聚类结果，包括每个样本点所属的簇以及各个簇的质心。

K 均值聚类算法原理简单，容易实现，且运行效率比较高，其聚类结果容易理解，适用于高维数据的聚类。需要注意的是，K 均值聚类算法的 K 个初始质心的选择会对其结果有不可忽略的影响，初始质心选择得不当很容易导致模型的局部收敛，在大规模数据集上求解比较慢。K 均值聚类算法对于样本中的离群点（outlier）非常敏感，少量的离群点和噪声点可能会对算法求平均值产生极大的影响，从而影响聚类的结果。K 值的选择也是 K 均值聚类算法的一个重要问题。K 值的选择通常依赖问题的具体背景和领域知识，或者一些启发式方法。

2. 延伸或改进方法

为了克服 K 均值聚类算法的局限性，研究者提出了多种延伸或改进方法。

（1）初始质心的选择优化。

K 均值 ++：这是 K 均值聚类方法的一种改进，旨在优化初始质心的选择。K 均值 ++ 在选取初始质心时，尽量使得初始质心之间的距离尽可能远，从而避免初始质心过于集中或过于分散。这种方法可以使得后续的聚类过程更加稳定和有效。

（2）处理混合属性数据。

K-prototype：针对包含数值属性和分类属性的混合数据集，K-prototype 算法结合了 K 均值聚类和 K-modes 算法的优点。对于数值属性，采用 K 均值聚类的距离度量方式；对于分类属性，则采用 K-modes 的差异度量方式。

（3）应对非凸形状簇。

谱聚类：谱聚类是一种基于图论的聚类方法，能够很好地解决非凸数据的聚类问题。它通过构建数据点的相似度矩阵，并对其进行特征分解，从而得到数据的低维表示，进而进行聚类。

（4）处理大数据集。

小批量 K 均值聚类（mini batch K-means）：当数据集非常大时，传统的 K 均值聚类方法可能会因为计算量过大而效率低下。小批量 K 均值聚类通过随机抽取数据集中的一部分样本来代表整体，减少了计算量，提高了聚类效率。

（5）其他改进方法。

迭代自组织数据分析技术（ISODATA）算法：ISODATA 算法在 K 均值聚类算法的基础上增加了"合并"和"分裂"两个操作。当某个类别的样本数过少时，ISODATA 会将其去除；当某个类别的样本数过多且分散程度较大时，则会将其分为两个子类别。这种方法能够根据数据的实际情况动态调整聚类中心的数量。

核 K 均值聚类：通过核函数将数据映射到高维空间，然后在高维空间中进行聚类。这种方法可以改善传统 K 均值聚类算法在非线性数据集上的聚类效果。

这些延伸和改进方法使得 K 均值聚类算法在更广泛的应用场景中能够发挥更好的性能。在实际应用中，可以根据数据的特点和需求选择合适的延伸或改进方法。

6.2.2　K 均值聚类算法代码

我们使用 Python 程序实现上述 K 均值聚类算法：

```python
import numpy as np
import matplotlib.pyplot as plt

# 生成一些随机数据
from sklearn.datasets import make_blobs
X, _ = make_blobs(n_samples=300, centers=4, cluster_std=0.60, random_state=0)

# 实现 K 均值聚类算法
def kmeans(X, K, max_iters=100):
    # 随机初始化质心
    centroids = X[np.random.choice(X.shape[0], K, replace=False)]
    for i in range(max_iters):
        # 分配簇
        clusters = [[] for _ in range(K)]
        for x in X:
            distances = np.linalg.norm(x - centroids, axis=1)
            nearest_centroid = np.argmin(distances)
            clusters[nearest_centroid].append(x)

        # 更新质心
        new_centroids = np.array([np.mean(cluster, axis=0) for cluster
```

```
in clusters])

            # 如果质心没有变化，则算法结束
            if np.all(centroids == new_centroids):
                break
            centroids = new_centroids
    return centroids, clusters

# 使用 K 均值聚类算法
K = 4
centroids, clusters = kmeans(X, K)

# 可视化结果
plt.scatter(X[:, 0], X[:, 1], s=50)
for i, centroid in enumerate(centroids):
    plt.scatter(centroid[0], centroid[1], s=200, c='red', marker='*')
plt.show()
```

这个简单的程序是为了演示 K 均值聚类算法的工作原理，并没有进行优化。在实际应用中，通常会使用 Sklearn 库中的 KMeans() 函数，如图 6.1 所示。

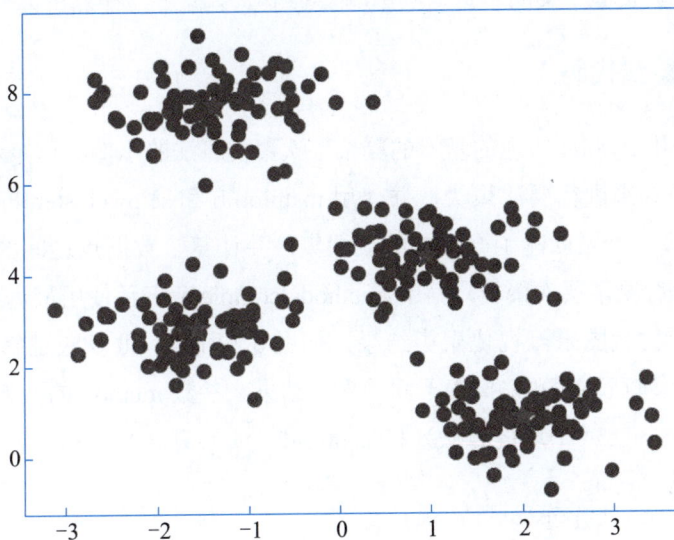

图 6.1　演示 K 均值聚类算法的工作原理

6.3　层次聚类算法

6.3.1　层次聚类算法概念

层次聚类（hierarchical clustering）的应用广泛程度仅次于基于划分的聚类，其核心思想是通过对数据集按照层次划分到不同层的簇，形成一个树形的聚类结构。层次聚类算法可以揭示数据的分层结构，对树形结构上不同层次进行划分，可以得到不同粒度的聚类结果。按照层次聚类的过程分为自底向上的凝聚层次聚类（agglomerative hierarchical clustering）和自顶向下的分裂层次聚类（divisive hierarchical clustering）。

自底向上的凝聚层次聚类的基本逻辑是将每个样本点看作一个簇，初始状态下簇的数目等于样本的数目，然后根据一定的算法规则，例如把簇间距离最小的相似簇合并成越来越大的簇，直至将整个样本进行聚合，满足算法的终止条件为止。常见的算法包括最近链（nearest-neighbor）、最长全链（farthest-neighbor）和平均链（average linkage，也称为UPGMA）等方法。

自顶向下的分裂层次聚类的基本逻辑是先将所有样本看作属于同一个簇，然后逐渐分裂成更小的簇，直至将整个样本进行分裂，满足算法终止条件为止。常见的算法是DIANA（divisive analysis clustering，分裂分析聚类）。目前大多数是自底向上的凝聚层次聚类，自顶向下的分裂层次聚类比较少。

层次聚类算法的优点是聚类结构清晰，可以形成一个聚类层次，便于分析和理解。不需要预先指定聚类数目。层次聚类算法的缺点是一旦一个步骤（合并或分裂）完成，就不能撤销。这可能导致聚类结果的质量受到影响。对于大数据集，计算可能变得非常昂贵。

6.3.2　层次聚类算法代码

下面是一个使用Python实现的基本的凝聚层次聚类算法的示例。这个示例使用了SciPy库中的linkage()函数来进行层次聚类，并使用matplotlib和scipy.cluster. hierarchy来绘制树状图（dendrogram）。首先创建了一个二维数据集，并计算了数据点之间的距离。然后，使用linkage()函数执行凝聚层次聚类，其中，method='complete'表示使用最远点算法进行聚类。最后，绘制了一个树状图来可视化聚类结果，如图6.2所示。可以通过修改数据集data和linkage()函数中的参数method来探索不同的聚类结果。参数method的其他选项包括'single'（最近点算法）、'average'（平均链算法）和'centroid'（质心算法）。

```python
import numpy as np
import matplotlib.pyplot as plt
from scipy.cluster.hierarchy import dendrogram, linkage
from scipy.spatial.distance import pdist

# 创建一个简单的数据集
data = np.array([
    [1, 2],
    [2, 3],
    [3, 2],
    [4, 4],
    [5, 5],
    [6, 6],
    [7, 7],
```

```
    [8, 8]
])
```

```
# 计算点之间的距离
Y = pdist(data)
```

```
# 使用 linkag 函数进行层次聚类
Z = linkage(Y, method='complete')
```

```
# 绘制树状图
plt.figure(figsize=(10, 8))
dendrogram(Z)
plt.title("Dendrogram - Hierarchical Clustering")
plt.xlabel("Sample Index")
plt.ylabel("Distance")
plt.show()
```

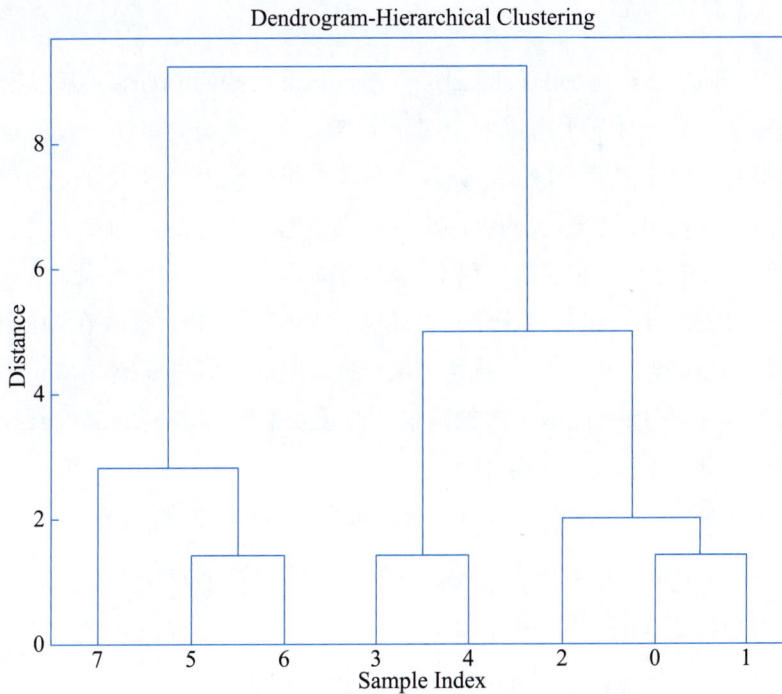

图 6.2 可视化聚类结果

6.4 基于密度的聚类算法

基于划分聚类和基于层次聚类的方法，例如 K 均值聚类算法和凝聚层次聚类算法，都是在聚类过程中根据距离来划分类簇，这类算法一般只适用于凸样本集。凸样本集是指在集合当中的任意两个样本点连线，连线内的点都在集合之内。但现实中根据需要处理的数据集的性质不同，我们往往会遇到处理凹数据集的情况。这时上述两大类算法便不再适用。

为了解决这一缺陷，基于密度的聚类算法利用密度思想，将样本中的高密度区域（即样本点分布稠密的区域）划分为簇，将簇看作样本空间中被稀疏区域（噪声）分隔开的稠密区域。

这一算法的主要目的是过滤样本空间中的稀疏区域，获取稠密区域作为簇。基于密度的聚类算法是根据密度而不是距离来计算样本相似度，所以基于密度的聚类算法能够用于挖掘任意形状的簇，并且能够有效过滤噪声样本对于聚类结果的影响。

常见的基于密度的聚类算法有 DBSCAN、OPTICS 和 DENCLUE 等。其中，OPTICS 算法对 DBSCAN 算法进行了改进，降低了对输入参数的敏感程度。DENCLUE 算法综合了基于划分、基于层次的聚类方法。本节主要介绍具有代表性的基于密度的聚类算法——DBSCAN 算法。

6.4.1 DBSCAN 算法概念

DBSCAN（density-based spatial clustering of applications with noise，基于密度的带有噪声的空间聚类应用）是一种基于密度的空间聚类算法。这类聚类算法一般假定类别可以通过样本分布的紧密程度（密度）确定。该算法将具有足够密度的区域划分为簇，并在具有噪声的空间数据库中发现任意形状的簇，将簇定义为密度相连的点的最大集合。DBSCAN 算法既可以适用于凸样本集，也可以适用于凹样本集。

DBSCAN 算法是基于一组邻域来描述样本集的紧密程度的，参数 $(\epsilon, \text{MinPts})$ 用来描述邻域的样本分布紧密程度。其中，ϵ 描述了某一样本的邻域距离阈值，MinPts 用来描述某一样本的距离为 ϵ 的邻域中样本个数的阈值。假设我们的样本集是 $S=(x_1, x_2, \ldots, x_m)$，则 DBSCAN 算法的具体密度描述定义如下。

（1）ϵ 邻域：对于 $x_j \in S$，其 ϵ 邻域包含样本集 S 中与 x_j 的距离不大于 ϵ 的子集本集，即 $N_\epsilon(x_j) = \{x_i \in S \mid \text{distance}(x_i, x_j) \leq \epsilon\}$。这个子集本集的个数表示为 $\left| N_\epsilon(x_j) \right|$。

（2）核心对象：对于任意一个样本 $x_j \in S$，如果其 ϵ 邻域对应的 $N_\epsilon(x_j)$ 至少包含 MinPts 个样本数量，即 $\left| N_\epsilon(x_j) \right| \geq \text{MinPts}$，则 x_j 是核心对象。

（3）直接密度可达：如果 x_i 位于 x_j 的 ϵ 邻域中，且 x_j 是核心对象，则称 x_i 由 x_j 直接密度可达。

（4）密度可达：对于 x_i 和 x_j，如果存在样本序列 $p_1, p_2, \cdots, p_T$，满足 $p_1 = x_i$，$p_T = x_j$，且 p_{t+1} 由 p_t 密度直达，则称 x_j 由 x_i 密度可达。

（5）密度相连：对于 x_i 和 x_j，如果存在核心对象样本 x_k，使 x_i 和 x_j 均由 x_k 密度可达，则称 x_i 和 x_j 密度相连。

在充分理解 DBSCAN 算法的密度定义后，其算法的聚类定义便很容易理解。DBSCAN 算法的聚类定义：由密度可达关系导出的最大密度相连的样本集合，即为最终聚类的一个类别或簇。DBSCAN 算法的簇中可以有一个或者多个核心对象。如果只有一个核心对象，则簇中其他的非核心对象样本都在这个核心对象的 ϵ 邻域中；如果有多个核心对象，则簇中的任意一个核心对象的 ϵ 邻域中一定有一个其他的核心对象，否则这两个核心对象无法密度可达。

DBSCAN 算法的基本步骤如下。

（1）初始化：所有点标记为未访问状态。

（2）选择核心点：从数据集中随机选择一个未访问的点 p，检查其 ϵ 邻域内的点数是否大于或等于 MinPts。

（3）形成簇：如果 p 是核心点，则创建一个新簇 C，并将 p 加入 C。然后，找出所有从 p 密度可达的点，并将它们也加入 C。

（4）扩展簇：对于 C 中的每个点，检查其 ϵ 邻域内的点，如果这些点也是核心点且未被访问过，则递归地将它们及其密度可达的点加入 C。

（5）标记噪声点：数据集中未被访问的点被标记为噪声点。

（6）重复：重复步骤（2）～（5），直到所有点都被访问。

DBSCAN 算法的优点是无须事先知道要形成的簇的数量，能够发现任意形状的簇，能够识别噪声点，对于数据库中样本的顺序不敏感。其缺点是对用户定义的参数（如 ϵ 和 MinPts）很敏感，细微的不同都可能导致结果差别很大；对于高维数据或密度变化剧烈的数据，聚类效果可能不佳；当数据量增大时，需要较大的内存支持，I/O 消耗也很大。

除了 DBSCAN 算法外，还有其他一些基于密度的聚类算法，如 OPTICS 和 DENCLUE 算法。这些算法在 DBSCAN 算法的基础上进行了改进和扩展，以适应不同的应用场景和数据特性。例如，OPTICS 算法不直接提供数据集的聚类结果，而是生成一个关于数据集的"增广排序"，反映了数据基于密度的聚类结构；DENCLUE 算法则引入了影响函数和密度函数的概念，用于进行基于密度的聚类。

6.4.2 DBSCAN 算法代码

```python
import numpy as np

def dist(p1, p2):
    """ 计算两点之间的欧氏距离 """
    return np.sqrt(np.sum((p1 - p2) ** 2))

def dbscan(data, eps, min_samples):
    """DBSCAN 算法实现 """
    n_samples = len(data)
```

```
        visited = np.zeros ( n_samples, dtype=bool )
        labels = -np.ones ( n_samples, dtype=int )  # -1表示噪声点
        cluster_id = 0

        for i in range ( n_samples ) :
            if visited[i]:
                continue

            visited[i] = True
            neighbors = [j for j in range( n_samples ) if dist( data[i],data[j] ) <=
eps]

            if len ( neighbors ) < min_samples:
                labels[i] = -1   # 标记为噪声点
                continue

            # 开始形成簇
            labels[i] = cluster_id
            seeds = set ( neighbors )

            while seeds:
                new_point = seeds.pop()
                if visited[new_point]:
                    continue

                visited[new_point] = True
                new_neighbors = [j for j in range( n_samples ) if dist( data[new_
point], data[j] ) <= eps]

                if len ( new_neighbors ) >= min_samples:
                    for neighbor in new_neighbors:
                        if not visited[neighbor]:
                            seeds.add ( neighbor )

                if labels[new_point] == -1:
                    labels[new_point] = cluster_id

            cluster_id += 1

    return labels

# 示例数据（二维点集）
data = np.array ( [[1, 2], [2, 2], [2, 3], [8, 7], [8, 8], [25, 80]] )
# 调用 DBSCAN 算法
labels = dbscan ( data, eps=3, min_samples=2 )
print ( labels )

[ 0  0  0  1  1 -1]
```

上述代码是一个简化的实现，主要用于演示 DBSCAN 算法的基本思想。在实际应用中，可能需要考虑性能优化、参数选择以及数据预处理（如归一化或标准化）等因素。sklearn.cluster 模块也提供了 DBSCAN 算法的实现，用户可以直接调用该模块中的 DBSCAN 类来进行聚类分析。这种方式更为简便，且性能经过优化，适合处理大规模数据集。

6.5　聚类分析在金融客户细分中的应用

在金融数据分析中，K 均值聚类算法的应用极为广泛，尤其在客户细分和投资策略分组方面展现出了其强大的分析能力。客户细分是金融行业中的一项重要任务，它帮助金融机构更好地理解其客户群体，从而制定更加精准的营销策略和服务方案。通过 K 均值聚类，金融机构可以将客户按照其收入、投资额度、交易行为等多个维度进行细分，识别出不同客户群体的特征和需求，进而为每一类客户提供个性化的产品和服务。

同时，K 均值聚类在投资策略分组方面也有着广泛的应用。金融市场上的投资策略多种多样，不同的投资策略往往对应着不同的风险偏好和收益特征。通过 K 均值聚类，金融机构可以将各种投资策略按照其历史表现、风险水平、投资领域等多个指标进行分组，从而识别出具有相似特征的投资策略簇。这不仅有助于金融机构更好地理解和评估各种投资策略的优劣，还可以为投资者提供更加科学的投资建议和资产配置方案如图 6.3 所示。

Python 案例：聚类分析在金融客户细分中的应用

```python
import numpy as np
import pandas as pd
from sklearn.cluster import KMeans
import matplotlib.pyplot as plt

# 模拟一些金融数据
np.random.seed(42)
data = {
    'CustomerID': range(1, 101),
    'AnnualIncome': np.random.randint(30000, 120000, 100),
    'InvestmentAmount': np.random.randint(10000, 50000, 100),
}
df = pd.DataFrame(data)

# 选择特征列
X = df[['AnnualIncome', 'InvestmentAmount']]

# 应用 K 均值聚类算法
kmeans = KMeans(n_clusters=3, random_state=42)
clusters = kmeans.fit_predict(X)

# 将聚类结果添加到数据框中
```

```
df['ClusterLabels'] = clusters

# 可视化结果
plt.scatter ( df['AnnualIncome'], df['InvestmentAmount'],
c=df['ClusterLabels'], cmap='viridis', marker='o')
centers = kmeans.cluster_centers_
plt.scatter(centers[:, 0], centers[:, 1], c='red', s=200, alpha=0.5)
plt.xlabel('AnnualIncome')
plt.ylabel('InvestmentAmount')
plt.title('K-means Cluster')
plt.show()

# 打印每个簇的中心点
print ("簇中心点: \n", centers)
```

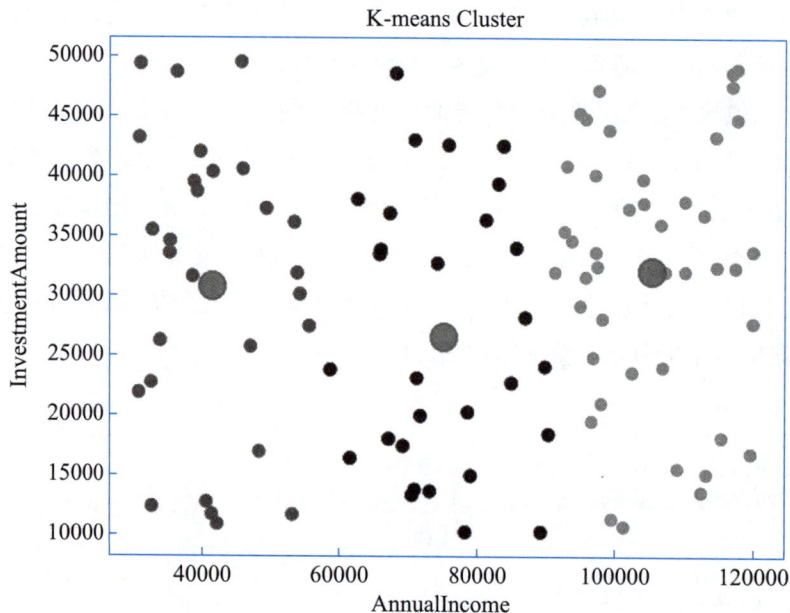

图 6.3　可视化结果

簇中心点:
[[74952.24137931 26512.65517241]
[41460.42857143 30781.46428571]
[105115.93023256 32102.72093023]]

6.6　本章小结

本章通过介绍聚类分析的基本概念和各种聚类算法，帮助读者理解不同聚类方法的优
缺点及其适用场景。通过对 K 均值聚类算法、层次聚类算法和基于密度的聚类算法的深入

学习，读者将掌握如何在金融数据分析中应用这些算法进行客户细分、市场分类和风险管理等实际问题的解决。

关键名词

K均值聚类、层次聚类、密度聚类、凝聚层次聚类、DBSCAN 算法

复习思考题

（1）解释聚类分析在金融数据分析中的重要性。

（2）描述 K 均值聚类算法的基本步骤及其优缺点。

（3）描述凝聚层次聚类算法的基本步骤及其优缺点。

（4）通过实际案例分析，解释基于密度的聚类算法在金融数据分析中的应用。

第 7 章

金融智能中的树类方法

章前导读

回归树是目前常用的非线性模型，在非线性的输入输出预测任务上有良好的表现。随机森林、梯度提升树是对回归树的集成方法，可以有效避免大样本学习中的过拟合问题。在金融智能领域，回归树及其集成树因其良好的解释性和有效性被广泛应用。

本章学习目标

读者需要深入了解回归树的原理与算法，理解不同集成方法的异同，掌握用 Python 实现这些模型的方法；同时，读者可以通过阅读案例理解树模型在金融场景的具体应用。

7.1　树类分析方法概述及其运用场景

当特征与标签之间存在着非线性关系时，线性模型就不能很好地拟合样本，导致训练结果的偏差很大，回归树（regression trees）模型是目前机器学习算法中比较常用的用于捕获变量交互效应的非线性模型。在偏差和方差的权衡中介绍了，如果选择低偏差的模型，往往会面临高方差的问题。因此，使用单个回归树模型往往容易出现过拟合的问题，此时衍生出了两种集成学习（ensemble）方式来改善：装袋法（bagging）和提升法（boosting），分别对应随机森林和梯度提升树模型。

7.2 回归树

7.2.1 回归树原理

回归树[1]模型可以理解为由很多条件组成的分段函数，也可理解成 if-then 规则的集合。下面用一个案例对回归树模型进行详细解释。假设某期已观测到证券代码为 A ～ H 的股票的特征（市值和贝塔值）与标签（未来收益率）如表 7-1 所示。目前的目标是构建回归树模型，从而预测出未知样本 $X1$ 和 $X2$ 的未来收益率。

表 7-1　虚拟股票样本案例

证券代码	市　值	贝　塔　值	未来收益率 /%
已知样本（训练集）			
A	10	1	−7
B	9	1.1	−8
C	8	1.3	−7
D	7	1.2	−8
E	1	1.2	1
F	2	1.3	2
G	3	0.6	9
H	4	0.5	10
未知样本（测试集）			
X1	5	0.4	?
X2	11	0.8	?

注：数据由作者模拟股票样本数据得到。

回归树的本质是从训练集样本中归纳出一组分类规则，使得训练样本按照该规则分类后预测误差最小。回归树实际上是考虑如何用超平面对空间进行划分，每次划分时，都将当前的空间一分为二，这样使得每一个叶结点都在空间中不相交的区域，在进行决策时，会根据输入样本每一维特征的值，一步一步往下，最后使得样本落入 N 个区域中的一个。因此，可以用以下伪代码来描述回归树根据特征和特征值来构建模型的流程。

```
...
对每个特征：
    对该特征中的每个特征值：
        将数据集基于当前特征值切分成两份：小于该特征值的数据样本放在左子树，大于该特征值的数据样本放在右子树；
        用子树样本标签的平均值作为预测标签，计算切分后的误差；
        如果当前误差小于当前最小误差，那么将当前切分设定为最佳切分并更新最小误差；
    返回最佳切分的特征和阈值
...
```

[1] 回归树和决策树（decision tree）模型原理非常类似，只是两者的预测目标不同，回归树解决的是连续变量预测的回归问题，而决策树解决的是类别变量的分类问题。

将上面的算法逻辑运用在表 7-1 给出的案例中，能够获得回归树模型（图 7-1）。模型首先会先根据证券规模的特征值进行分类，规模大于 4 的样本被分到了左边这一类，这个类被称为"叶结点"（leaf node）1，这个叶结点共有 A、B、C、D 4 个样本，4 个样本标签的均值为 -7.5%。规模小于（等于）4 的样本被分到了右边，接下来进入第二个特征变量贝塔值，根据第二特征变量来划分的结点也被称为决策树的"内部结点"（internal node）。进一步根据证券的贝塔值是否大于 0.6，将样本分成了叶结点 2（共有 E 和 F 两个样本，预测收益率为 1.5%）和叶结点 3（共有 G 和 H 两个样本，预测收益率为 9.5%）。

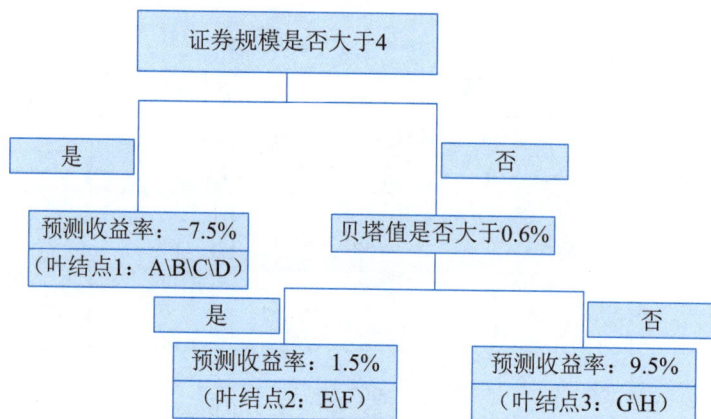

图 7-1　回归树案例

回归树类似于分段函数，也可以用分段函数（式（7.1））的形式来描述上面的回归树模型：

$$f(x)=\begin{cases} -7.5\%, \text{规模} > 4 \\ 1.5\%, \text{规模} \leqslant 4\text{且贝塔值} > 0.6 \\ 9.5\%, \text{规模} \leqslant 4\text{且贝塔值} \leqslant 0.6 \end{cases} \quad (7.1)$$

根据上面的回归树模型，$X1$ 和 $X2$ 的规模都大于 4，因此会被划分到叶结点 1 中，对这两个证券未来的预期收益率为 -7.5%。

7.2.2　回归树算法

回归树的算法逻辑决定了这个模型是天生非常容易过拟合的模型。想象一下，在前面的案例中，如果我们不对回归树的算法逻辑加限制，回归树最优的情况肯定最后会出现跟样本数量一样多的结点，也就是每一个样本都视为一类，这种情况下整个样本的训练误差甚至可以为 0。但是建立这样一棵结点过多的树，没有做任何的规律归纳，只是把所有样本按照特征取值进行了分类，这样的模型显然只能对训练集样本中出现过的数据做到良好的预测，而对于新的数据集无法做到有效预测，就发生了过拟合问题。通过降低回归树的复杂度来避免过拟合的过程称为剪枝（pruning）。剪枝的方法有很多，比如限制树的深度、限制最小结点上样本的个数等。使用 Python 的 Sklearn 库可以很容易地构建出回归树模型，并完成剪枝操作。

回归树模型的优点在于：①能够展示所有的模型细节，是白盒模型，对于变量如何影响标签的结果可解释性强；②在非线性模型中计算速度快、计算资源消耗小。回归树模型的缺点在于：①不稳定，很容易产生过拟合问题；②与线性模型相比，参数过多，调参工作量较大。

7.2.3 回归树代码

核心实现代码如下。

```
...
python
sklearn.tree.DecisionTreeRegressor(*, criterion='mse', splitter='best',
max_depth=None, min_samples_split=2, min_samples_leaf=1, min_weight_fraction_
leaf=0.0, max_features=None, random_state=None, max_leaf_nodes=None, min_
impurity_decrease=0.0, min_impurity_split=None, ccp_alpha=0.0)
...
```

参数解析如下。

（1）决定树生长的超参数。

criterion：回归树代码需要根据不同切分结点之后的误差来选择最优的分裂结点，这个参数就是选择用什么作为预测误差的衡量指标。默认使用 mse，即均方误差；也可以使用 mae，即绝对值误差的平均。

splitter：决定回归树在分裂时如何选择特征。默认使用 best，表示回归树会在所有特征中，选择误差下降最大的特征作为最优分裂结点；使用 random，表示回归树会先随机选择一部分子特征，然后在这部分子特征中选择误差下降最大的特征作为最优分裂结点，在模型出现过拟合问题时可以考虑使用。

random_state：随机数种子。在需要重复实验或者是想让别人一模一样复现你的结果时，可以设置随机数种子，确保在其他参数一样的情况下得到的随机划分结果是一样的。

min_weight_fraction_leaf：限制回归树结点最小的样本权重和。默认样本为等权，如果样本有较大的类别差异时，需要考虑调节这个参数。

（2）剪枝的超参数。

max_depth：调节回归树的深度，超过设定深度的树结构全部剪掉。这是可以用来有效限制树过拟合的最重要的超参数之一，深度越深模型越容易过拟合，可以考虑初始取值从 3 ～ 5 开始调节。

min_samples_split：调节回归树分裂成内部结点后的最小样本数。最小样本数越小，模型越容易过拟合。

min_samples_leaf：调节回归树分裂成叶结点后的最小样本数。最小样本数越小，模型越容易过拟合。

max_leaf_nodes：调节回归树的最大叶结点数。如果添加限制，模型会基于给定的最大叶结点数来建模，允许的结点数越大，越容易过拟合。

max_features：调节回归树最大使用特征的个数。与深度剪枝防止过拟合的方式不同，限制使用特征的个数类似于手动对数据进行降维的过程，可用的特征越多，模型越容易过拟合。

min_impurity_decrease：调节树分裂的误差最小下降条件。如果某结点的分裂的误差小于这个阈值，则该结点不再生成子结点，下降条件越小，越容易过拟合。

7.3 集成学习以及随机森林算法

7.3.1 集成学习以及随机森林原理

随机森林（random forest，RF）实际上是基于一种装袋法思想的集成学习方法，它的本质是很多棵平行的回归树平均而成的结果。

7.3.2 随机森林算法

随机森林模型构建的流程如下：首先，用自助法（bootstrap）有放回地从训练集样本中进行随机抽样[1]，生成 m 个自助抽样形成的训练集；然后，对于每个自助抽样形成的训练集，构造一棵回归树（在构建回归树时，也可以不采用全部的特征变量信息，可以在特征中随机抽取一部分特征进行训练）；以上流程重复 N 次，最后把 N 个独立训练好的回归树结果进行加权平均，从而获得最后的预测结果。由于装袋法将很多回归树的结果进行了平均，因此可以有效地降低单一回归树模型方差过高的问题，进而提供模型预测的稳定性。

7.3.3 随机森林代码介绍

```
...
python
sklearn.ensemble.RandomForestRegressor(n_estimators=100, *,
criterion='mse', max_depth=None, min_samples_split=2, min_samples_leaf=1,
min_weight_fraction_leaf=0.0, max_features='auto', max_leaf_nodes=None,
min_impurity_decrease=0.0, min_impurity_split=None, bootstrap=True, oob_score=False,
n_jobs=None, random_state=None, verbose=0, warm_start=False, ccp_alpha=0.0,
max_samples=None)
...
```

参数解析如下。

---

[1] 在这个抽样过程中，没有被抽到的样本，被称为袋外观测值（out-of-bag observations，OOB）。由于这部分信息在训练中并没有被使用，因此这些袋外观测值在训练随机森林样本中可以起到类似于交叉验证中的验证集的作用。

1. 控制随机森林构建的参数

n_estimators：选择使用多少棵回归树来构建随机森林。一般来说，使用的基础回归树越多，模型结果越稳健，预测结果越好，但是需要的计算资源和内存消耗也会越大。并且在达到一定的数量之后，即使再增加基础回归树，随机森林的结果也不会受到太大的影响。通常建议设置为 100。

bootstrap：是否使用有放回的自助法进行抽样，通常建议设置为 True。

max_samples：使用自助法进行抽样时抽取的样本数量。默认为 None，代表自助抽样后的训练集样本与原始训练集样本规模一样。

oob_score：是否采用袋外样本来评估模型的好坏。默认为 False，但是推荐设置为 True。袋外误差的得分类似于交叉验证的验证集得分，可以有效地反映模型拟合后的泛化能力。

2. 控制基础回归树构建的参数

criterion：回归树代码需要根据不同切分结点之后的误差来选择最优的分裂结点，这个参数就是选择用什么作为预测误差的衡量指标。默认使用 mse，即均方误差；也可以使用 mae，即绝对值误差的平均。

min_weight_fraction_leaf：限制回归树结点最小的样本权重和。默认样本为等权，如果样本有较大的类别差异时，需要考虑调节这个参数。

max_depth：调节回归树的深度，超过设定深度的树结构全部剪掉。这是可以用来有效限制树过拟合的最重要的超参数之一，深度越深模型越容易过拟合，可以考虑初始取值从 3 ~ 5 开始调节。

min_samples_split：调节回归树分裂成内部结点后的最小样本数。最小样本数越小，模型越容易过拟合。

min_samples_leaf：调节回归树分裂成叶结点后的最小样本数。最小样本数越小，模型越容易过拟合。

max_leaf_nodes：调节回归树的最大叶结点数。如果添加限制，模型会基于给定的最大叶结点数来进行建模，允许的叶结点数越大，越容易过拟合。

max_features：调节回归树最大使用特征的个数。与深度剪枝防止过拟合的方式不同，限制使用特征的个数类似于手动对数据进行降维的过程，可用的特征越多，模型越容易过拟合，在随机森林模型中，一般不建议使用全部的样本特征，可以考虑只使用全部特征的 1/3 来构建模型。

min_impurity_decrease：调节树分裂的误差最小下降条件。如果某结点的分裂误差小于这个阈值，则该结点不再生成子结点，下降条件越小，越容易过拟合。

3. 控制训练过程类参数

random_state：随机数种子。在需要重复实验或者是想让别人一模一样复现你的结果时，可以设置随机数种子，确保其他参数一样的情况下得到的随机划分结果是一样的。

n_jobs：使用 CPU 的个数。默认为 1；当为 –1 时，代表使用全部 CPU。

verbose：日志冗长度。当取值为 0 时，代表不输出超参数训练的过程。

7.4 梯度提升回归树算法

7.4.1 梯度提升回归树原理

梯度提升回归树（gradient boosting regression tree，GBRT）实际是一种提升法思想的集成学习方法，它的本质是很多棵回归树叠加而成的结果。

7.4.2 梯度提升回归树算法

GBRT 模型构建的流程如下：①初始化模型将所有预测值设为 0，计算每个样本的残差（真实值与预测值之间）；②基于残差数据建立一棵浅的回归树模型，将回归树预测值加在初始模型上，并基于步长更新残差；③基于更新后的残差重复第②步操作 N 次；④将迭代 N 次之后的预测结果作为最终模型。

用更加正式的方式来定义 GBRT 模型，沿用线性模型中的设定，假设我们的目标是要找到最优的模型 $f^*(x)$，使得以下预测的损失函数

$$L(y_i, f(x_i)) = \sum_{i=1}^{I} L\big(y_i, f(x_i)\big)$$

最小，那么 GBRT 模型的构建一共分为以下三个步骤。

1）初始化一个弱的模型，例如所有预测值为 0：

$$f^0(\cdot) = 0$$

2）循环迭代轮数 $t = 1,2,\cdots,T$，每次循环进行以下运算：

（1）对样本 i（$i = 1,2,\cdots,I$），计算第 t 轮的负梯度。

$$r_i^t = -\left[\frac{\partial L\big(y_i, f(x_i)\big)}{\partial f(x_i)}\right]_{f(x) = f^{t-1}(x)}$$

（2）将第 t 轮的负梯度 r_i^t 作为新的预测标签，构建一棵回归树模型，第 t 棵回归树模型的叶结点区域为 R_j^t，$j = 1,2,\cdots,J$，j 为第 t 棵回归树模型的叶结点个数。

（3）对各个叶子区域 j 分别计算回归树的最佳拟合值。

$$c_j^t = \underset{c}{\arg\min} \sum_{x_i \in R_j^t} L\big(y_i, f^{t-1}(x_i) + c\big)$$

（4）以步长 v 来更新学习器模型。

$$f^t(x) = f^{t-1}(x) + v\sum_{j=1}^{J}c_j^t I\left(x \in R_j^t\right)$$

3）得到最终模型 $f^*(x)$ 的表达式：

$$f^*(x) = f^T(x) = f^0(x) + \sum_{t=1}^{T}v\sum_{j=1}^{J}c_j^t I\left(x \in R_j^t\right)$$

7.4.3 梯度提升回归树代码

```python
...
python
sklearn.ensemble.GradientBoostingRegressor(*, loss='ls', learning_
rate=0.1, n_estimators=100, subsample=1.0, criterion='friedman_mse', min_
samples_split=2, min_samples_leaf=1, min_weight_fraction_leaf=0.0, max_
depth=3, min_impurity_decrease=0.0, min_impurity_split=None, init=None,
random_state=None, max_features=None, alpha=0.9, verbose=0, max_leaf_
nodes=None, warm_start=False, validation_fraction=0.1, n_iter_no_change=None,
tol=0.0001, ccp_alpha=0.0)
...
```

参数解析如下。

1. 控制 GBRT 构建的参数

loss：选择损失函数的定义方式，对应 $L(y_i, f(x_i)) = \sum_{i=1}^{I}L\left(y_i, f(x_i)\right)$。默认为 'ls'，表示选择使用均方误差作为损失函数，常用的还有 'huber'，即 huber 损失函数。

n_estimators：选择回归树迭代次数，该参数控制对残差的学习速度，对应参数 T。一般迭代次数太多模型容易过拟合，迭代次数太少模型容易欠拟合，默认是 100。在实际调参过程中，需要与参数 learning_rate 搭配使用。

learning_rate：调节残差的学习率，对应步长参数 v。对于同样的训练集拟合效果，较小的 v 意味着需要更多的迭代次数。

init：指定初始化的弱学习器，对应 $f^0(\cdot)$。选择 'zero' 对应用全部为 0 的预测值模型作为初始模型，当有一些其他先验知识时，也可以手动指定。

alpha：只有当指定使用 Huber 损失函数时，才会使用这个参数，对应 Huber 函数中的超参数 γ，用来指定使用 L1 损失函数的比例。默认是 0.9，如果噪声点较多，可以适当降低这个分位数的值。

subsample：对样本进行子采样。需要注意的是，这里的子采样和随机森林不一样，随机森林使用的是有放回的抽样，而这里是不放回的抽样。如果取值为 1，则全部样本都使用，如果取值小于 1，则只有一部分样本会去作回归树拟合。

validation_fraction：表示在训练集中预留部分验证集，用于判断迭代是否需要提前停止，仅当参数 n_iter_no_change 设置后生效。

n_iter_no_change：当验证集的损失函数在迭代 n_iter_no_change 次后，下降幅度不满足阈值 tol 要求时，训练提前停止。

tol：训练提前停止的阈值条件。默认每次迭代后，验证集的损失函数至少下降幅度需要大于 1e-4。

2. 控制基础回归树构建的参数

criterion：回归树代码需要根据不同切分结点之后的误差来选择最优的分裂结点，这个参数就是选择用什么作为预测误差的衡量指标。默认使用 mse，即均方误差；也可以使用 mae，即绝对值误差的平均。

min_weight_fraction_leaf：限制回归树结点最小的样本权重和。默认样本为等权，如果样本有较大的类别差异时，需要考虑调节这个参数。

max_depth：调节回归树的深度，超过设定深度的树结构全部剪掉。这是可以用来有效限制树过拟合的最重要的超参数之一，深度越深，模型越容易过拟合，可以考虑初始取值从 3～5 开始调节。

min_samples_split：调节回归树分裂成内部结点后的最小样本数。最小样本数越小，模型越容易过拟合。

min_samples_leaf：调节回归树分裂成叶结点后的最小样本数。最小样本数越小，模型越容易过拟合。

max_leaf_nodes：调节回归树的最大叶结点数。如果添加限制，模型会基于给定的最大叶结点数来建模，允许的叶结点数越大，越容易过拟合。

max_features：调节回归树最大使用特征的个数。与深度剪枝防止过拟合的方式不同，限制使用特征的个数类似于手动对数据进行降维的过程，可用的特征越多，模型越容易过拟合，在随机森林模型中，一般不建议使用全部的样本特征，可以考虑只使用全部特征的 1/3 来构建模型。

min_impurity_decrease：调节树分裂的误差最小下降条件。如果某结点的分裂误差小于这个阈值，则该结点不再生成子结点，下降条件越小，越容易过拟合。

3. 控制训练过程类参数

random_state：随机数的种子。在需要重复实验或者是想让别人一模一样复现你的结果时，可以设置随机数种子，确保其他参数一样的情况下得到的随机划分结果是一样的。

verbose：日志冗长度。当取值为 0 时，表示不输出超参数训练的过程。

7.5 本章小结

本章通过介绍树类分析方法的基本概念及其在金融领域的应用，帮助读者理解不同树类方法的优缺点及其适用场景。通过对回归树、随机森林和 GBRT 的深入学习，读者将掌握如何在金融智能中应用这些方法进行信用评分、市场风险评估和投资组合优化等实际问题的解决。

关键名词

决策树、随机森林、集成学习、GBRT

复习思考题

（1）解释树类分析方法在金融智能中的重要性及应用场景。

（2）描述回归树算法的基本步骤及其优缺点。

（3）讨论随机森林算法如何利用集成学习提升模型性能。

（4）说明 GBRT 算法的基本原理及其在金融数据分析中的应用。

（5）通过代码实现，比较回归树、随机森林和 GBRT 算法在金融数据分析中的表现。

第 8 章
金融智能中的全连接神经网络模型

章前导读

人工神经网络（neural networks）模型是人们对生物神经系统进行研究，并把神经网络结构的相关思想应用于数学建模从而形成的深度学习模型，是目前最强大的非线性机器学习算法。全连接神经网络是人工神经网络中结构最简单的模型，也是构建大多数神经网络的基础，在金融领域中有许多应用。

本章学习目标

读者需要深入了解神经网络的基本原理，理解激活函数等神经网络基本概念，并熟练理解不同的训练方法与优化算法，为后续的学习打好基础；同时，读者需要掌握 Python 实现全连接网络的方法，了解应用全连接神经网络进行股价预测的具体方法与实现。

8.1 人工神经网络方法概述

人工神经网络模型是人们对生物神经系统进行研究，并把神经网络结构的相关思想应用于数学建模从而形成的深度学习模型，是目前最强大的非线性机器学习算法。本节将从最简单的全连接前馈神经网络模型开始介绍。

图 8-1 展示了线性回归模型和神经网络模型[1]的结构区别。在图 8-1 的左图中，共有 x_1，x_2，x_3 三个特征矩阵，根据线性模型的定义，线性模型的目标是要构建以下模型获得 y 的

---

[1] 图中是使用单一隐藏层且隐藏层神经元个数为 3 的全连接神经网络的结果。

预测值，$\hat{y} = \beta_1 x_1 + \beta_2 x_2 + \beta_3 x_3$，使得以下损失函数最小：

$$\arg\min_{(\hat{\beta})} L(\hat{\beta}) = \arg\min_{(\hat{\beta})} \sum_{i=1}^{I}(y_i - \hat{y}_i)^2 \qquad (8.1)$$

从图 8-1 看出，线性模型和神经网络模型的输入层（input layer）和输出层（output layer）都是一样的，只是有两点区别：一是神经网络模型多了隐藏层（hidden layer）。即输入层与权重相乘获得的结果不是输出层的预测值，而是中间隐藏层的值。其中 $z_1 = \beta_{11} x_1 + \beta_{21} x_2 + \beta_{31} x_3$，$z_2 = \beta_{12} x_1 + \beta_{22} x_2 + \beta_{32} x_3$，$z_3 = \beta_{13} x_1 + \beta_{23} x_2 + \beta_{33} x_3$ 均为线性模型的加总值；二是神经网络模型多了激活函数 $f(\cdot)$。由于线性模型的线性加权只能模拟线性结构，因此引入激活函数（activation function）就可以使得神经网络模型拟合各种其他非线性结构。最后输出层的结果变成 $\hat{y} = f(z_1) + f(z_2) + f(z_3)$。

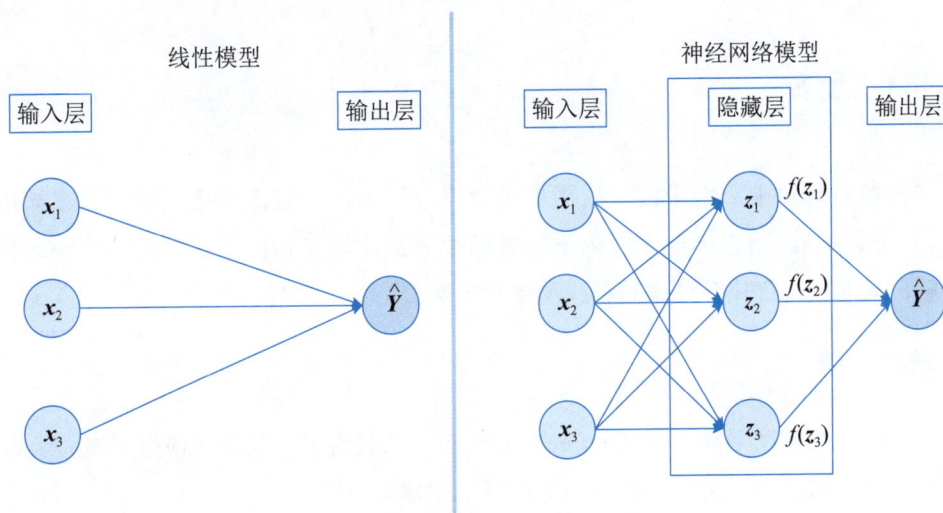

图 8-1　神经网络结构

8.2　激活函数

为了使得神经网络模型能够拟合非线性结构，需要引入激活函数，下面介绍几种常用的激活函数。

8.2.1　ReLU 激活函数

ReLU（rectified linear unit）函数是最常用的激活函数，因为其计算量小，同时在各种预测任务中表现良好，被广泛使用。ReLU 函数的特性会使得通过该函数的负值全部设为 0，即仅保留正数并丢弃所有负数：

$$\mathrm{ReLU}(x) = \max(x, 0)$$

8.2.2 sigmoid 激活函数

sigmoid 函数会将输入的任意值映射压缩到区间（0，1）内的某个值：

$$\text{sigmoid}(x) = \frac{1}{1+\exp(-x)}$$

8.2.3 tanh 激活函数

与 sigmoid 函数类似，tanh 函数也能将其输入压缩转换到区间（–1，1）内，不同的是 tanh 函数关于坐标系原点中心对称。tanh 函数的公式如下：

$$\tanh(x) = \frac{1-\exp(-2x)}{1+\exp(-2x)}$$

8.3 优化算法

在线性模型求解中，由于模型的损失函数比较简单，误差最小化问题可以直接用解析解来表示。而在神经网络模型中，由于损失函数形式比较复杂，大部分的深度学习模型没有解析解，只能通过优化算法来获得模型参数的数值解。

8.3.1 梯度下降

首先介绍使用梯度下降（gradient descent）的方法获得 $\boldsymbol{\beta}$ 的取值，使得其损失函数 $f(\boldsymbol{\beta})$ 最小，其中 $\boldsymbol{\beta} = [\beta_1, \beta_2, \cdots, \beta_K]^{\text{T}}$。梯度下降的算法逻辑如下。

1）随机选取一组模型参数 $\boldsymbol{\beta}_0$ 作为初始值。

2）对模型参数 $\boldsymbol{\beta}$ 进行多次迭代，使每次迭代更新之后的参数都能够使得损失函数降低。更新参数的规则为将本次的参数 $\boldsymbol{\beta}$ 替换成它减去学习率乘以梯度的值，即

$$\boldsymbol{\beta}_t \leftarrow \boldsymbol{\beta}_{t-1} - \eta \nabla f(\boldsymbol{\beta}_{t-1}) \tag{8.2}$$

式中，η 为学习率（learning rate），代表参数迭代的速度；$\nabla f(\boldsymbol{\beta})$ 是损失函数 $f(\boldsymbol{\beta})$ 的梯度，它是一个由 d 个偏导数组成的向量，梯度中的每个偏导数元素 $\partial f(\boldsymbol{\beta}) / \partial \beta_i$ 代表了当输入 β_i 时 f 在 $\boldsymbol{\beta}$ 处的变化率：

$$\nabla f(\boldsymbol{\beta}) = \left[\frac{\partial f(\boldsymbol{\beta})}{\partial \beta_1}, \frac{\partial f(\boldsymbol{\beta})}{\partial \beta_2}, \cdots, \frac{\partial f(\boldsymbol{\beta})}{\partial \beta_K} \right]^{\text{T}} \tag{8.3}$$

3）当迭代更新之后的参数不能够使得损失函数降低时，梯度下降停止。

8.3.2 小批量随机梯度下降

在梯度下降算法中会使用整个训练数据集来计算梯度，这种情况下计算机需要使用的内存和计算资源都非常大。为了加快计算效率，还可以在每轮迭代中随机均匀采样多个样本来组成一个小批量（minibatch），然后使用这个小批量来计算梯度，并且平均而言，小批量随机梯度是对整个训练集梯度的良好估计。具体来说，小批量随机梯度下降的迭代如下：

$$\boldsymbol{\beta}_t \leftarrow \boldsymbol{\beta}_{t-1} - \eta \boldsymbol{g}_t \tag{8.4}$$

式中，$\boldsymbol{g}_t$ 是小批量 $\mathcal{B}_t$ 样本上目标函数位于 $\boldsymbol{x}_{t-1}$ 处的梯度，$|\mathcal{B}|$ 代表批量大小，即小批量中样本的个数，是一个超参数。

$$\boldsymbol{g}_t \leftarrow \nabla f_{\mathcal{B}_t}(\boldsymbol{\beta}_{t-1}) = \frac{1}{|\mathcal{B}|}\sum_{i \in \mathcal{B}_t}\nabla f_i(\boldsymbol{\beta}_{t-1}) \tag{8.5}$$

8.3.3 动量法

由于梯度下降时每一轮迭代使用的训练数据一般是小批量的，没有使用全部的训练数据，因此当抽样样本中某些变量梯度分量的值比另外一些分量的值要大得多时，个别分量会主导期望梯度更新的方向，导致梯度更新非常缓慢。动量法（momentum）的提出是为了解决梯度下降的上述问题。在时间步 0，动量法创建速度变量 $\boldsymbol{v}_0$，并将其元素初始化成 0。在时间步 $t > 0$，动量超参数 $\gamma(0 \leq \gamma < 1)$ 时，动量法对每次迭代的步骤作如下修改：

$$\begin{aligned} \boldsymbol{v}_t &\leftarrow \gamma \boldsymbol{v}_{t-1} + \eta \boldsymbol{g}_t \\ \boldsymbol{\beta}_t &\leftarrow \boldsymbol{\beta}_{t-1} - \boldsymbol{v}_t \end{aligned} \tag{8.6}$$

可以使用 TensorFlow 的模块来实现梯度下降优化算法。

核心实现代码如下。

```python
...
python

tf.keras.optimizers.SGD(
    learning_rate=0.01, momentum=0.0, nesterov=False, name='SGD', **kwarg)
...
```

参数解析如下。

learning_rate：学习率，对应 η。

momentum：动量超参数，对应 γ，满足 $0 \leq \gamma < 1$。当 $\gamma = 0$ 时，动量法等价于小批量随机梯度下降。

8.3.4 AdaGrad 算法

动量法通过引入过去的动量信息，来使得自变量的更新方向更加一致，从而降低梯度分量差异较大导致的更新缓慢问题。AdaGrad 算法（Duchi 等，2011）则是根据不同的变量在每个维度的梯度值的大小来直接调整各个维度上的学习率。

AdaGrad 算法会使用一个小批量随机梯度 g_t 按元素平方的累加变量 s_t：

$$s_t \leftarrow s_{t-1} + g_t \otimes g_t \tag{8.7}$$

式中，$\otimes$ 是按元素相乘。这些按元素运算使得目标函数自变量中每个元素都分别拥有自己的学习率，AdaGrad 算法每次迭代的修改如下：

$$\beta_t \leftarrow \beta_{t-1} - \frac{\eta}{\sqrt{s_t + \sigma}} \otimes g_t \tag{8.8}$$

式中，η 是学习率；σ 是为了维持数值稳定性而添加的常数，如 10^{-7}。

核心实现代码如下。

```python
...
python
tf.keras.optimizers.Adagrad(
        learning_rate=0.001, initial_accumulator_value=0.1,
epsilon=1e-07,
    name='Adagrad', **kwargs)
...
```

参数解析如下。

learning_rate：学习率，对应 η。

epsilon：为了维持数值稳定性而添加的常数，对应 ϵ。

8.3.5 RMSProp 算法

在 AdaGrad 算法中，因为调整学习率时分母上的变量 s_t 一直在累加按元素平方的小批量随机梯度，所以目标函数自变量每个元素的学习率在迭代过程中一直在降低（或不变）。因此，当学习率在迭代早期降得较快且当前解依然不佳时，AdaGrad 算法在迭代后期由于学习率过小，可能较难找到一个有用的解。为了解决这一问题，RMSProp 算法将这些梯度按元素平方作指数加权移动平均。具体来说，给定超参数 $0 \leqslant \gamma < 1$，RMSProp 算法在时间步 $t > 0$ 计算

$$s_t \leftarrow \gamma s_{t-1} + (1 - \gamma) g_t \otimes g_t \tag{8.9}$$

和 AdaGrad 算法一样，RMSProp 算法将目标函数自变量中每个元素的学习率通过按元素运算重新调整，然后更新自变量

$$\beta_t \leftarrow \beta_{t-1} - \frac{\eta}{\sqrt{s_t + \sigma}} \otimes g_t \tag{8.10}$$

式中，η 是学习率；σ 是为了维持数值稳定性而添加的常数，如 10^{-6}。

核心实现代码如下。

```python
...
python
tf.keras.optimizers.Adagrad(
    learning_rate=0.001, initial_accumulator_value=0.1, epsilon=1e-07,
name='Adagrad', **kwargs)
...
```

参数解析如下。

learning_rate：学习率，对应 η。

epsilon：为了维持数值稳定性而添加的常数，对应 ϵ。

8.3.6 Adam 算法

Adam 算法（Kingma 等，2017）可以看作动量算法和 RMSProp 算法的结合，Adam 算法使用了动量变量 v_t 和 RMSProp 算法中小批量随机梯度按元素平方的指数加权移动平均变量 s_t，并在时间步 0 将它们中的每个元素初始化为 0。给定超参数 $0 \leqslant \beta_1 < 1$（算法作者建议设为 0.9），时间步 t 的动量变量 v_t 即为小批量随机梯度 g_t 的指数加权移动平均：

$$v_t \leftarrow \beta_1 v_{t-1} + (1-\beta_1)g_t \tag{8.11}$$

和 RMSProp 算法中一样，给定超参数 $0 \leqslant \beta_2 < 1$（算法作者建议设为 0.999），将小批量随机梯度按元素平方后的项 $g_t \otimes g_t$ 作指数加权移动平均，得到 s_t：

$$s_t \leftarrow \beta_2 s_{t-1} + (1-\beta_2)g_t \otimes g_t \tag{8.12}$$

由于将 v_0 和 s_0 中的元素都初始化为 0，在时间步 t 我们得到 $v_t = (1-\beta_1)\sum_{i=1}^{t}\beta_1^{t-i}g_i$。将过去各时间步小批量随机梯度的权值相加，得到 $(1-\beta_1)\sum_{i=1}^{t}\beta_1^{t-i} = 1-\beta_1^t$。需要注意的是，当 t 较小时，过去各时间步小批量随机梯度权值之和会较小。例如，当 $\beta_1 = 0.9$ 时，$v_1 = 0.1g_1$。为了消除这样的影响，对于任意时间步 t，我们可以将 v_t 再除以 $1-\beta_1^t$，从而使过去各时间步小批量随机梯度权值之和为 1，这也叫作偏差修正。在 Adam 算法中，我们对变量 v_t 和 s_t 均作偏差修正：

$$\hat{v}_t \leftarrow \frac{v_t}{1-\beta_1^t}$$

$$\hat{s}_t \leftarrow \frac{s_t}{1-\beta_2^t}$$

接下来，Adam 算法使用偏差修正后的变量 $\hat{v}_t$ 和 $\hat{s}_t$，将模型参数中每个元素的学习率通过按元素运算重新调整：

$$g_{t'} \leftarrow \frac{\eta \hat{\boldsymbol{v}}_t}{\sqrt{\hat{\boldsymbol{s}}_t} + \epsilon} \qquad (8.13)$$

式中，η 是学习率；ϵ 是为了维持数值稳定性而添加的常数，如 10^{-8}。Adam 算法每次迭代使用上面的 $\boldsymbol{g}_{t'}$：$\boldsymbol{\beta}_t \leftarrow \boldsymbol{\beta}_{t-1} - \boldsymbol{g}_{t'}$。

核心实现代码如下。

```python
...
tf.keras.optimizers.Adam(
        learning_rate=0.001, beta_1=0.9, beta_2=0.999, epsilon=1e-07,
amsgrad=False,
    name='Adam', **kwargs)
...
```

参数解析如下。

learning_rate：学习率，对应 η。

epsilon：为了维持数值稳定性而添加的常数，对应 ϵ。

beta_1：偏差调整参数，对应 β_1。

beta_2：偏差调整参数，对应 β_2。

8.4 模型训练

8.4.1 权重惩罚

为了对抗模型的过拟合问题，可以通过在损失函数中加入惩罚项来实现对权重的限制，一般常用的有 L1 和 L2 惩罚项。在神经网络模型中，同样可以对损失函数添加惩罚项来实现对权重的限制。

$$\mathscr{L}(\boldsymbol{\beta}; \cdot) = \underbrace{\mathscr{L}(\boldsymbol{\beta})}_{\text{损失函数}} + \underbrace{\phi(\boldsymbol{\beta}; \lambda)}_{\text{惩罚项}}$$

8.4.2 丢弃法

在神经网络模型中，除了传统的通过权重惩罚的方式来对抗过拟合外，还有一个比较常用的方法是丢弃法（dropout）。这种方法是通过直接随机丢弃某些隐藏层的神经单元来实现的（图 8-2）。由于在训练过程中，某些隐藏层的单元可能会被随机丢弃，因此输出层的计算无法过度依赖某一个隐藏层的结果，这样也就起到了对抗过拟合的效果。

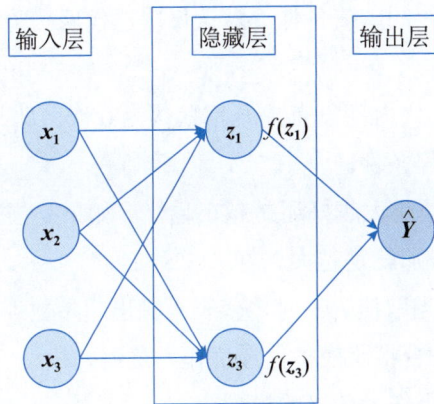

图 8-2　使用丢弃法的神经网络结构

8.4.3　早停法

神经网络模型在每一次优化算法的迭代后，模型在训练集上的表现会越来越好（图 8-3），表现为训练集的误差会逐步下降，但是验证集的误差会先下降后上升。这种情况下，模型其实是随着每次权重参数的迭代，发生从欠拟合到过拟合的转变。因此我们希望能够在验证集误差最小时训练停止，此时获得的参数就是神经网络训练好的最优模型。

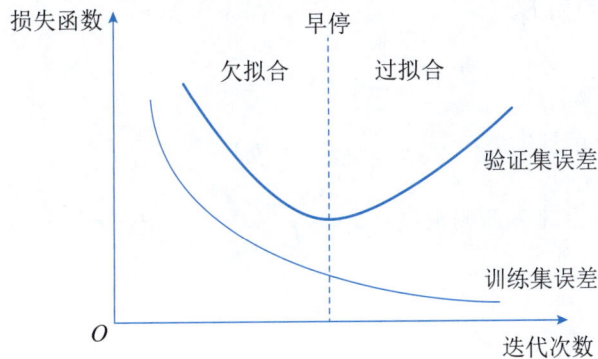

图 8-3　早停法误差变化

核心实现代码如下。

```python
...
tf.keras.callbacks.EarlyStopping(
    monitor='val_loss', min_delta=0, patience=0, verbose=0,
    mode='auto', baseline=None, restore_best_weights=False)
...
```

参数解析如下。

monitor：监控条件，即指定需要根据什么数据来进行早停。一般而言，会使用验证集误差。

min_delta：训练提前停止的阈值条件。默认每次迭代后，验证集的损失函数至少下降幅度大于 0。

patience：允许在几次迭代内都没有提升。默认为 0 次，即只要有一次损失函数下降幅度没有超过阈值，就触发早停条件。

mode：制定监控的条件是越大越好还是越小越好。如果是损失函数，那么越小越好，如果是其他准确率指标（R^2），那就是越大越好。

verbose：日志冗长度。当取值为 0 时，代表不输出超参数训练的过程。

restore_best_weights：是否将监控条件最优作为最终的模型。如果选择 False，那么会以最后一次迭代训练之后的结果作为最终的模型。

8.4.4　批归一法

深度神经网络在训练的过程中，随着每一次迭代的参数更新，会导致中间数据分布的变化。当整体的数据分布逐渐往非线性函数取值区间的边界靠近时，神经网络容易出现梯度消失的问题，从而导致无法训练。批归一化（batch normalization）是神经网络中一种特殊的层，它会把每层神经网络任意神经元的输入值统一标准化为均值为 0、差为 1 的标准正态分布。如果上一层神经网络的输出结果为 $x_i(i=1,2,\cdots,m)$，其中，m 为这批训练样本的大小，则批归一化的算法流程如下。

1）计算该批数据的均值：$\mu_B = \frac{1}{m}\sum_{i=1}^{m}x_i$。

2）计算该批数据的标准差：$\sigma_B^2 = \frac{1}{m}\sum_{i=1}^{m}(x_i-\mu_B)^2$。

3）将原始数据标准化为新的数据：$\hat{x}_i = \frac{x_i-\mu_B}{\sqrt{\sigma_B^2+\epsilon}}$，其中，$\epsilon$ 是为防止除 0 问题出现而设置的一个很小的常数。

8.5　全连接神经网络代码介绍

核心实现代码如下。

```
...
python
tf.keras.layers.Dense(
    units, activation=None, use_bias=True,
    kernel_initializer='glorot_uniform',
    bias_initializer='zeros', kernel_regularizer=None,
    bias_regularizer=None, activity_regularizer=None, kernel_constraint=None,
    bias_constraint=None, **kwargs
```

```
  )
  ...
```

参数解析如下。

units：该层神经元的数量，例如 32\64\128 等。

activation：制定激活函数，例如 Relu 函数。

use_bias：是否添加常数项。

kernel_initializer：神经网络权重初始化方法。

bias_initializer：神经网络常数项初始化方法。

kernel_regularizer：神经网络权重的惩罚项，例如 L1 或者 L2 惩罚项。

bias _regularizer：神经网络常数项的惩罚项。

activity_regularizer：神经网络激活函数的惩罚项。

kernel_constraint：神经网络权重的约束条件，例如强制约束权重大于 0。

bias _constraint：神经网络常数项的约束条件。

8.6 案例分析：基于公司特征的全连接神经网络选股模型

在本节中，我们介绍一篇重要的实证资产定价文章"Empirical Asset Pricing via Machine Learning"（Gu 等，2020）。文章对包括神经网络在内的一揽子主流机器学习模型在预测风险溢价方面的表现进行了系统性比较。相较于传统的计量模型，机器学习在收益预测以及相应的投资组合构建上都有更好的表现。

首先给出了一般的资产超额收益模型：

$$r_{i,t+1} = E_t\left(r_{i,t+1}\right) + \epsilon_{i,t+1}$$

式中，$E_t\left(r_{i,t+1}\right) = g^*\left(z_{i,t}\right)$，即期望收益 $r_{i,t+1}$ 是前一期公司特征 $z_{i,t}$ 的函数。$g^*(\cdot)$ 是机器学习模型所对应的函数。注意到，$g^*(\cdot)$ 是不随时间以及资产进行变化的，即模型利用整体面板数据，得到了一个稳定的函数，并能以此对全体资产的风险溢价进行定价。这与经典资产定价模型中或在每个横截面重新拟合模型，或在每个资产对应的时间序列中重新拟合模型形成对比，具有更好的一般性。

文章以 1957—2016 年这 60 年的 NYSE、AMEX 以及 NASDAQ 中近 30000 只股票作为样本，选取了包括股票特征以及宏观因子在内的总计 920 个因子，考查了神经网络（NN）、梯度提升回归树（GBRT）、随机森林（RF）、弹性网（ENet）、主成分回归（PCA）、广义线性回归（GLM）等机器学习模型，结果如表 8-1 所示。

表 8-1　各模型的样本外预测 R^2（月频）

	OLS+H	OLS-3+H	PLS	PCR	ENet+H	GLM+H	RF	GBRT+H	NN1	NN2	NN3	NN4	NN5
All	-3.46	0.16	0.27	0.26	0.11	0.19	0.33	0.34	0.33	0.39	0.40	0.39	0.36
Top 1000	-11.28	0.31	-0.14	0.06	0.25	0.14	0.63	0.52	0.49	0.62	0.70	0.67	0.64
Bottom 1000	-1.30	0.17	0.42	0.34	0.20	0.30	0.35	0.32	0.38	0.46	0.45	0.47	0.42

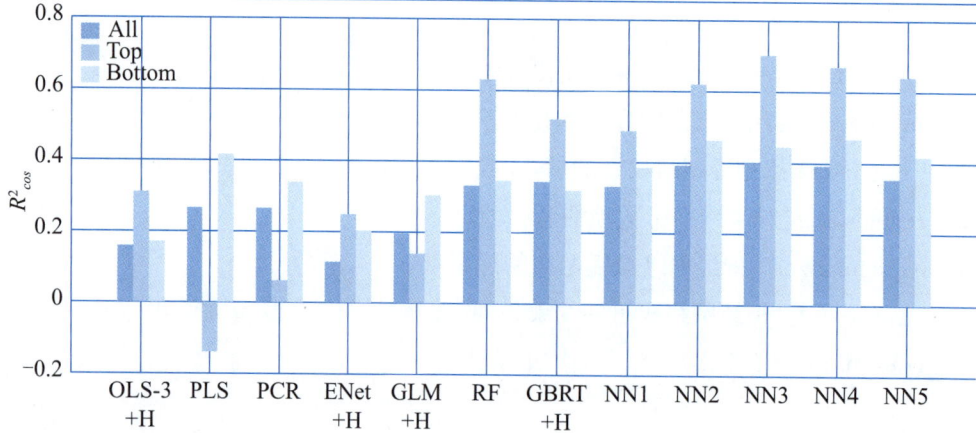

如果简单地将所有因子投入 OLS 回归中，结果是不理想的，原因是因子数量过多，OLS 极易出现过拟合。如果我们减少因子的数量，只采用规模、价值和动量这三个传统的因子，或者加上正则项（Enet），模型的结果便能得到显著提升。另外，通过降维实现的正则化（PLS，PCR）也可实现模型结果进一步的提升。而更复杂的机器学习模型，如随机森林、梯度上升随机树、神经网络等，则能够产出更优的结果，其中神经网络具备最优的样本外结果，这些机器学习模型能够更好地拟合个股特征和收益之间的复杂非线性关系。图 8-4 展示了依据模型预测结果构建的投资组合的表现。

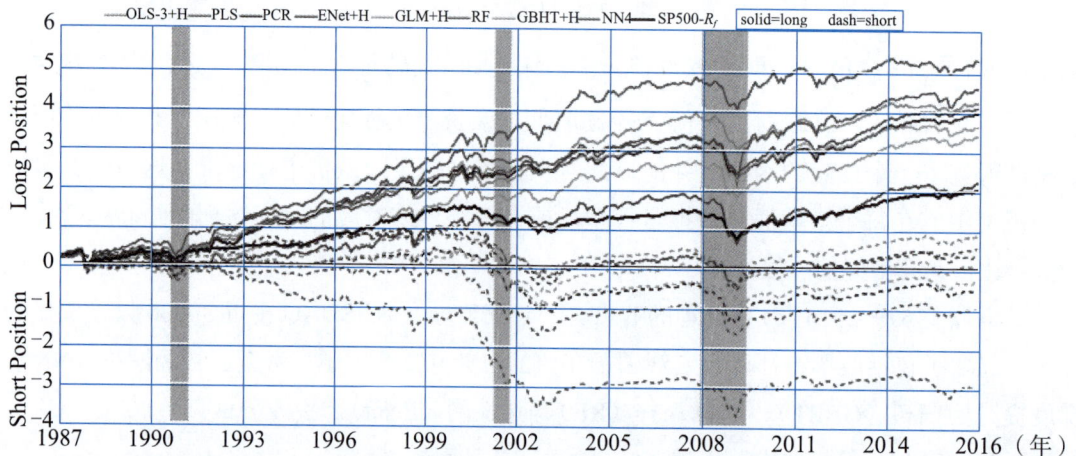

图 8-4　机器学习模型投资组合的累积收益

图 8-4 中展示了依据模型预测结果构建的投资组合的表现。组合构建方式如下：依据模

型预测结果将股票分为 10 组，等权做多为最高一组，做空为最低一组。可以看到，组合的收益情况与样本外预测 R^2 的情况基本一致，神经网络表现出最高的组合收益。各机器学习模型都有较好的多头与空头收益。

8.7　实战代码解析：蒙特卡洛模拟

我们将在模拟数据中训练多个神经网络以拟合一个 3 因子模型。

我们以如下方式生成数据：

$$r_{i,t+1} = g*(z_{i,t}) + e_{i,t+1} \tag{8.14}$$

$$e_{i,t+1} = \beta_{i,t} v_{t+1} + \varepsilon_{i,t+1} \tag{8.15}$$

$$z_{i,t} = (1, x_t)' \otimes c_{i,t} \tag{8.16}$$

$$\beta_{i,t} = (c_{i1,t}, c_{i2,t}, c_{i3,t}) \tag{8.17}$$

式中，$r_{i,t+1}$ 为超额收益，$t = 1, 2, \cdots, T$；$c_{i,t}$ 是一个 $N \times P_c$ 维的特征矩阵；v_{t+1} 是一个 3×1 维的因子向量；x_t 是单变量时间序列；$\varepsilon_{i,t+1}$ 是一个 $N \times 1$ 维的异质性误差向量；$v_{t+1} \sim N(0, 0.05^2 \times I_3)$，$\varepsilon_{i,t+1} \sim t_5(0, 0.05^2)$。方差经过校准，平均时间序列 R^2 为 40%，平均年化波动率为 30%。

使用以下模型模拟特征面板：

$$c_{ij,t} = \frac{2}{N+1} \text{CSrank}(\overline{c}_{ij,t}) - 1 \tag{8.18}$$

$$\overline{c}_{ij,t} = \rho_j \overline{c}_{ij,t-1} + \varepsilon_{ij,t} \tag{8.19}$$

式中，$\rho_j \sim U[0.9, 1]$，$\varepsilon_{ij,t} \sim N(0, 1-\rho_j^2)$，CSrank 为横截面秩函数，随着时间的推移，特征具有一定的持续性，横截面归一化为 [-1,1]。这与本书在实证研究中的数据清理程序相匹配。

此外，使用如下模型模拟时间序列 x_t：

$$x_t = \rho x_{t-1} + u_t \tag{8.20}$$

式中，$u_t \sim N(0, 1-\rho^2)$，$\rho = 0.95$，因此 x_t 在时间序列上有高持续性。

考虑 $g*(\cdot)$ 函数的两种情况：

$g*(z_{i,t}) = (c_{i1,t}, c_{i2,t}, c_{i3,t} \times x_t)\theta_0$，其中 $\theta_0 = (0.02, 0.02, 0.02)'$（a）

$g*(z_{i,t}) = (c_{i1,t}^2, c_{i1,t} \times c_{i2,t}, \text{sgn}(c_{i3,t} \times x_t))\theta_0$，其中 $\theta_0 = (0.04, 0.03, 0.012)'$（b）

在以上两种情况中，$g*(\cdot)$ 只依赖 3 个协变量，因此在 θ 中有 3 个非零值，表示为 θ_0。情况（a）是一个简单的稀疏线性模型。情况（b）涉及非线性变量 $c_{i1,t}^2$，非线性交互项 $c_{i1,t} \times c_{i2,t}$，离散变量 $\text{sgn}(c_{i3,t} \times x_t)$。校准 θ_0 的值使得横截面 R^2 为 50%，预测 R^2 为 5%。

在整个过程中，设定 $N=200$，$T=180$。同时比较 $P_c=100$ 和 $P_c=50$ 这两种情况，分别对应 $P=200$ 和 $P=100$，以证明维度增加的效果。

如此我们便生成了一个三因子结构的模拟数据，结合前文的网络架构代码，我们便可以对一系列神经网络进行蒙特卡洛模拟，具体代码如下。

以一个单隐藏层神经网络为例，神经网络架构的搭建方法如下。

```
...
from keras.models import Sequential
from keras.layers import Dense, BatchNormalization
from keras import regularizers
from keras import initializers

model_NN1 = Sequential()
init = initializers.he_normal(seed=100)
model_NN1.add(Dense(units=32, input_dim=len(X_traindata[0]),
                    activation='relu',
                    kernel_initializer=init,
                    kernel_regularizer=regularizers.l1(l1_float)))
model_NN1.add(BatchNormalization())

model_NN1.add(Dense(1))
...
```

首先，利用 Sequential() 函数创建一个序列网络结构，用于生成神经网络。he_normal() 函数定义了神经网络层的初始化方法，这是一种以截断的正态分布进行初始化的方法，其中的参数 seed 为随机种子数。使用 .add() 函数向序列结构中添加网络层。首先添加一个全连接层 Dense() 作为隐藏层，其中参数如下：units 为该层的神经元个数；input_dim 是输入数据的维度；activation 是该层的激活函数；这里定义为 relu；kernel_initializer 即通过 he_normal() 函数定义的初始化器；kernel_regularizer 为该层的正则化器，这里定义为 l1 正则化。接着，添加一个 BatchNormalization() 批量标准化层。最后，以一个神经元个数为 1 的全连接层 Dense（1）作为输出层。如此 model_NN1 便成了一个单隐藏层的神经网络架构。

```
...
from keras.models import Sequential, load_model
from keras.layers import Dense, BatchNormalization
from keras import regularizers, initializers
from keras.callbacks import ModelCheckpoint, EarlyStopping
from keras.optimizers import Adam


#define NN1
model_NN1 = Sequential()
init = initializers.he_normal(seed=100)
model_NN1.add(Dense(units=32, input_dim=len(X_traindata[0]),
                    activation='relu',
```

```
                        kernel_initializer=init,
                        kernel_regularizer=regularizers.l1(l1_float)))
    model_NN1.add(BatchNormalization())

    model_NN1.add(Dense(1))

    ## compile model
    adam = Adam(learning_rate=learn_rate_float, beta_1=beta_1_float,
beta_2=beta_2_float, epsilon=epsilon_float)
    model_NN1.compile(loss='mse', optimizer=adam)

    ## callback func
    early_stopping = EarlyStopping(monitor='val_loss', min_delta=0.00001,
                                    patience=3, verbose=0, mode='auto')
    model_filepath = Path + '/model/best_weights.h5'
    checkpoint = ModelCheckpoint(filepath=model_filepath, save_weights_
only=False, monitor='val_loss', mode='min', save_best_only=True)
    callback_lists = [early_stopping, checkpoint]

    ## fit model
    model_NN1.fit(X_traindata, Y_traindata_demean,
                    batch_size=int(batch_size_num),
                    epochs=int(epochs_num),
                    verbose=0,
                    validation_data=(X_vdata, Y_vdata_demean),
                    callbacks=callback_lists,
                    shuffle=False)

    ##get the best model
    best_model = load_model(model_filepath)

    #calculate r2
    train_predict = best_model.predict(X_traindata1, verbose=0).squeeze() +
mean_Ytrain
    train_score = r2_score(Y_traindata1, train_predict)
    test_predict = best_model.predict(X_testdata, verbose=0).squeeze() +
mean_Ytrain
    test_score = 1 - np.sum((Y_testdata - test_predict) ** 2) / np.sum((Y_
testdata - mean_Ytrain) ** 2)
```

逐行解析如下。

```
#define NN1
model_NN1 = Sequential()
init = initializers.he_normal(seed=100)
model_NN1.add(Dense(units=32, input_dim=len(X_traindata[0]),
                    activation='relu',
                    kernel_initializer=init,
                    kernel_regularizer=regularizers.l1(l1_float)))
```

```
model_NN1.add(BatchNormalization())

model_NN1.add(Dense(1))
```

这部分代码定义了单隐藏层神经网络 NN1 的架构,具体介绍见前文。

```
## compile model
adam = Adam(learning_rate=learn_rate_float, beta_1=beta_1_float,
beta_2=beta_2_float, epsilon=epsilon_float)
model_NN1.compile(loss='mse', optimizer=adam)
...
```

这部分代码利用 Adam() 函数定义了模型的优化器,并利用 .compile() 函数完成了模型编译,Adam() 函数的参数含义如下:learning_rate 是学习率;beta_1 和 beta_2 分别是 Adam 算法中模型一阶、二阶矩估计的衰减速率;epsilon 是为了维持除法的稳定性而添加的常数。compile() 函数的参数含义如下:loss损失类型,这里定义为均方误差 mse;Optimizer 是定义的优化器。

```
## callback func
early_stopping = EarlyStopping(monitor='val_loss', min_delta=0.00001,
                               patience=3, verbose=0, mode='auto')
model_filepath = Path + '/model/best_weights.h5'
checkpoint = ModelCheckpoint(filepath=model_filepath, save_weights_
only=False, monitor='val_loss', mode='min', save_best_only=True)
callback_lists = [early_stopping, checkpoint]
```

这部分代码定义了训练过程中的两个回调函数:EarlyStopping() 早停函数和 ModelCheckpoint() 存档函数。早停回调函数的参数含义如下:monitor 是早停所监控的指标,这里定义为 val_loss,即验证集损失;min_delta 是被监控指标的最低下降幅度;patience 是早停最多等待的 epoch 个数;verbose 是打印日志选项,0 代表不打印日志;mode 是早停的类型,min 代表要求 monitor 持续下降,max 表示要求 monitor 持续上升,而 auto 则会使 TensorFlow 通过 monitor 类型自动判断。总体而言,这里的早停被定义为如下情况:监控模型的验证集 loss,若出现连续 3 个 epoch 不能使 loss 下降 0.00001,则终止训练。

存档回调函数的参数含义如下:filepath 是存档的位置;save_weights_only 代表是否仅存储 weight;monitor 是监控的指标内容;mode 是判断类型;两者均服务于 save_best_only 选项,这里选择了 True,代表仅存储最优的模型,判断标准就是最小的验证集损失。

```
...
## fit model
model_NN1.fit(X_traindata, Y_traindata_demean,
              batch_size=int(batch_size_num),
              epochs=int(epochs_num),
              verbose=0,
              validation_data=(X_vdata, Y_vdata_demean),
              callbacks=callback_lists,
```

```
            shuffle=False )

    ##get the best model
    best_model = load_model( model_filepath )
```

这部分代码则利用 .fit() 函数完成模型训练，具体参数含义如下：前两个位置传入模型的输入和输出；batch_size 是模型的 batch 大小；epochs 是模型最大的迭代次数；verbose 是打印日志选项；validation_data 是验证集的数据，同样需要输入和输出数据；callbacks 是回调函数，这里的回调函数在上一段中定义；shuffle 代表是否在每次迭代中随机打乱数据顺序。训练完成后，读取最优的模型结果，model_filepath 即为存档回调函数中设置的存储位置。

```
    #calculate r2
    train_predict = best_model.predict( X_traindata1, verbose=0 ).squeeze() +
mean_Ytrain
    train_score = r2_score( Y_traindata1, train_predict )
    test_predict = best_model.predict( X_testdata, verbose=0 ).squeeze() +
mean_Ytrain
    test_score = 1 - np.sum(( Y_testdata - test_predict ) ** 2) / np.sum(( Y_
testdata - mean_Ytrain ) ** 2)
    ...
```

这部分代码计算了模型的训练以及测试集 r2，首先使用 .predict() 函数获取预测结果，然后使用 .squeeze() 函数将 $N \times 1$ 矩阵变成 N 维向量（与 Y 对齐），最后分别代入 r2_score 或公式中，两种计算方式是大致相同的，区别在于由于数据去均值的问题，测试集的预测结果在还原时依旧需要以训练集的均值作为样本均值。

对上述过程进行蒙特卡洛模拟，并考查隐藏层数量分别为 1、2、3 的情况。表 8-2 是 100 次模拟的结果。

表 8-2　神经网络蒙特卡洛模拟 R^2 结果

模型	(a)				(b)			
参数	Pc=50		Pc=100		Pc=50		Pc=100	
R^2/%	IS	OOS	IS	OOS	IS	OOS	IS	OOS
NN1	5.02	3.73	4.82	4.29	3.46	2.45	3.23	2.64
NN2	5.08	3.79	4.91	4.45	3.67	2.57	3.40	2.74
NN3	4.98	3.73	4.84	4.39	3.66	2.51	3.35	2.71
Oracle	6.32	4.54	5.64	5.03	6.07	5.10	5.58	5.48

表 8-2 中，模型（a）指第一种 $g*(\cdot)$ 函数，即以线性模式生成数据；模型（b）指第二种 $g*(\cdot)$ 函数，即以非线性模式生成数据。Pc 表示特征的数量。Oracle 表示直接使用数据生成过程中所采用的真实特征作为自变量进行 OLS 回归。模型表现与隐藏层数量关系不大，这一定程度上是由于正则化以及早停避免了过拟合，另外，数据的生成过程并不复杂，因此简单的网络结构也能很好地拟合数据。各个神经网络在线性模式下生成的数据的表现均

优于在非线性模式下生成的数据，然而相较于之前各线性模型的结果，神经网络在非线性数据中的表现是明显更优的。

8.8 本章小结

本章通过介绍全连接神经网络模型的基本概念和架构，以及常用的激活函数和优化算法，帮助学生理解神经网络模型在金融智能中的重要性。通过对模型训练技术的深入探讨和案例分析，学生将掌握如何利用全连接神经网络进行金融数据的分析和选股模型的构建。

关键名词

人工神经网络、ReLU 激活函数、sigmoid 激活函数、tanh 激活函数、梯度下降、小批量随机梯度下降、动量法、AdaGrad 算法、RMSProp 算法、Adam 算法、权重惩罚、丢弃法、早停法、批归一法

复习思考题

（1）解释人工神经网络在金融智能中的应用场景及其重要性。

（2）比较 ReLU、sigmoid 和 tanh 激活函数的特点及其适用场景。

（3）描述梯度下降、小批量随机梯度下降和动量法的基本原理及其在优化中的应用。

（4）讨论 AdaGrad、RMSProp 和 Adam 算法在优化过程中的优势和局限性。

（5）说明权重惩罚、丢弃法、早停法和批归一法在模型训练中的作用及其实现方法。

（6）通过代码实现，构建一个基于公司特征的全连接神经网络选股模型，并进行性能评估。

第 9 章
金融智能中的自编码器模型

章前导读

在深度学习领域，自编码器（autoencoder，AE）是一类重要的神经网络模型，它具有强大的特征提取和降维能力。AE 是一种无监督学习模型，可以学习输入数据的紧凑表示（即编码表示），并通过解码器还原原始数据。通过这种方式，AE 可以捕捉输入数据中的重要特征，实现对数据的有效表示。在金融智能领域，由于在处理时间序列数据时的出色表现，AE 被广泛应用于趋势预测、股价预测等时间序列预测任务中。

本章学习目标

读者需要深入了解 AE 的基本原理及其特点，掌握模型的 Python 实现方法；此外，读者需要阅读案例，了解 AE 在金融领域的潜在应用。

9.1 AE 方法概述

AE 是一种特殊的人工神经网络模型，其输出层是对输入本身的估计。AE 用于对无标签数据进行降维以及编码，是一种无监督学习模型。该模型首先由 Kramer 提出，最早作为主成分分析（PCA）的非线性推广，后来则被应用于生成式人工智能模型的架构中，在自然语言处理、异常检测、图像处理等领域都有广泛的应用。

图 9-1 描述了一个单隐藏层的标准 AE 模型，模型架构与人工神经网络类似。输入数据首先被传入由少量神经元组成的隐藏层中，这被称为编码（encoding）过程，然后隐藏层神

经元被映射到输出层中，这被称为解码（decoding）过程。模型的目标是使得输出和输入尽可能地接近，而这可能导致模型直接复制输入作为输出。为了避免这一情况，使模型能够真正学习到输入数据的特征，隐藏层维度被设置为低于输入与输出的维度，是对输入的低维度编码。整个过程中没有输入以外的数据参与，因此 AE 是一个无监督学习器。

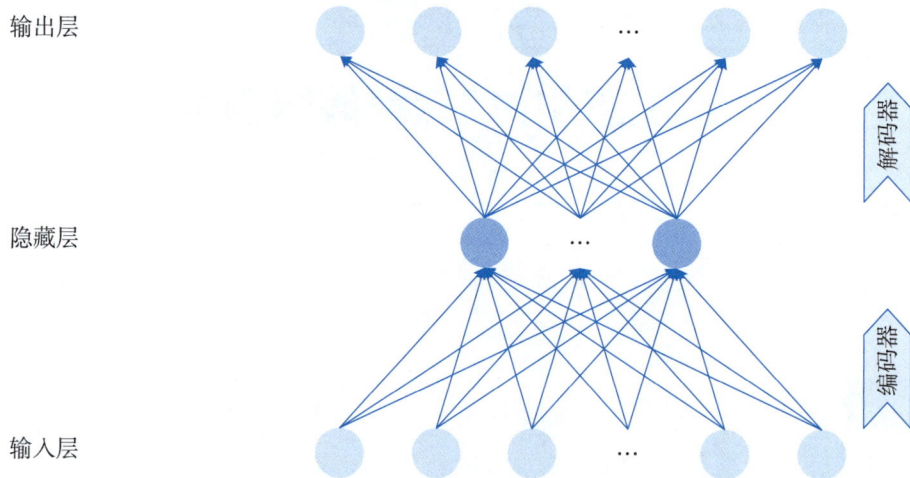

图 9-1　标准 AE 模型

在输入输出结构上，AE 和 PCA 是十分相似的，但 AE 具备更高的灵活性，这是因为它具备神经网络的特性，能够刻画输入与输出之间的非线性关系。下面以一个静态线性因子模型为例，说明 PCA 是 AE 的线性特例。考虑如下的静态因子模型：

$$r_t = \beta f_t + u_t$$

式中，r_t 是 t 期的股票超额收益向量；f_t 是 $K \times 1$ 维的因子收益向量；u_t 是 $N \times 1$ 维的股票特质收益（与因子 f_t 不相关）；β 是 $N \times K$ 维的因子暴露矩阵。

考虑时间序列，上述模型的矩阵表示为

$$R = \beta F + U$$

对于去均值的股票超额收益矩阵 $\overline{R}$ 进行奇异值分解，得到其 PCA 表示：

$$\overline{R} = \widehat{P} \Lambda \widehat{Q} + \widehat{U}$$

式中，$\overline{R}$ 和 $\widehat{Q}$ 分别是 $N \times K$ 和 $K \times T$ 维的奇异矩阵；$\widehat{U}$ 是 $N \times T$ 维的残差矩阵。由此得到的因子暴露矩阵和因子收益矩阵分别为

$$\widehat{\beta} = T^{-1/2} \widehat{P} \Lambda, \widehat{V} = T^{1/2} \widehat{Q}$$

考虑 AE，一个单层的、线性激活函数的 AE 可以如下表示：

$$r_t = b^{(1)} + W^{(1)} \left(b^{(0)} + W^{(0)} r_t \right) + u_t$$

式中，$W^{(0)}$ 和 $W^{(1)}$ 分别是隐藏层和输出层的权重，维度分别为 $K \times N$ 和 $N \times K$，其中 K 是

隐藏层的神经元个数；$\boldsymbol{b}^{(0)}$ 和 $\boldsymbol{b}^{(1)}$ 分别是隐藏层和输出层的偏差参数，维度分别为 $K \times 1$ 和 $N \times 1$。模型的拟合过程可以用如下优化问题表示：

$$\min_{\boldsymbol{b},\boldsymbol{W}} \sum_{t=1}^{T} \| \boldsymbol{r}_t - \left(\boldsymbol{b}^{(1)} + \boldsymbol{W}^{(1)} \left(\boldsymbol{b}^{(0)} + \boldsymbol{W}^{(0)} \boldsymbol{r}_t \right) \right) \|^2$$

$$= \min_{\boldsymbol{b},\boldsymbol{W}} \| \boldsymbol{R} - \left(\boldsymbol{b}^{(1)} \boldsymbol{\iota}' + \boldsymbol{W}^{(1)} \left(\boldsymbol{b}^{(0)} \boldsymbol{\iota}' + \boldsymbol{W}^{(0)} \boldsymbol{R} \right) \right) \|_{\mathrm{F}}^2$$

式中，$\boldsymbol{\iota}'$ 是由 1 组成的向量；下标 F 代表 Frobenius 范数。由 Gu 等（2021）证明的定理建立了 AE 与 PCA 之间的联系。

定理：上述优化问题的解为

$$\widehat{\boldsymbol{W}}^{(1)} = \widehat{\boldsymbol{P}} \boldsymbol{A}, \widehat{\boldsymbol{W}}^{(0)} = \left(\widehat{\boldsymbol{W}}^{(1)'} \widehat{\boldsymbol{W}}^{(1)} \right)^{-1} \widehat{\boldsymbol{W}}^{(1)'}, \widehat{\boldsymbol{b}}^{(1)}$$

$$= \bar{\boldsymbol{r}} - \widehat{\boldsymbol{W}}^{(1)} \widehat{\boldsymbol{b}}^{(0)} - \widehat{\boldsymbol{W}}^{(1)} \widehat{\boldsymbol{W}}^{(0)} \bar{\boldsymbol{r}}, \widehat{\boldsymbol{b}}^{(0)} = a$$

式中，$\boldsymbol{A}$ 是任意 $K \times K$ 非奇异矩阵；a 是常数；$\bar{\boldsymbol{r}}$ 是 $\boldsymbol{r}_t$ 的均值；$\widehat{\boldsymbol{P}}$ 对应 PCA 中的左奇异矩阵。

定理表明，一个由 K 个神经元组成的单层 AE 就是一个含 K 个因子的因子定价模型。模型生成的因子暴露是 $\widehat{\boldsymbol{W}}^{(1)}$，因子收益是 $\widehat{\boldsymbol{W}}^{(0)} \boldsymbol{R}$，两者张成的空间与 PCA 的结果 $\widehat{\boldsymbol{\beta}}$ 和 $\widehat{\boldsymbol{V}}$ 张成的完全相同。也就是说，PCA 是 AE 的线性特例，而如果在 AE 中引入非线性激活函数，它就能拟合变量间的非线性关系。

9.2　AE 代码

以一个单隐藏层的 AE 为例，介绍如何利用 TensorFlow 构建一个标准 AE 模型。代码如下。

```
import tensorflow as tf
from tensorflow.keras.models import Model
from tensorflow.keras import layers


class Autoencoder(Model):
  def __init__(self, latent_dim, output_dim):
    super(Autoencoder, self).__init__()
    self.latent_dim = latent_dim
    self.output_dim = output_dim
    self.encoder = tf.keras.Sequential([
      layers.Dense(latent_dim, activation='relu'),
    ])
    self.decoder = tf.keras.Sequential([
      layers.Dense(output_dim, activation='sigmoid'),
    ])
```

```
def call(self, x):
  encoded = self.encoder(x)
  decoded = self.decoder(encoded)
  return decoded
```

1）参数解析

latent_dim：隐藏层维度，即隐藏层神经元的个数。

output_dim：输出层维度，即输出向量的长度。

2）逐行解读

```
class Autoencoder(Model):
  def __init__(self, latent_dim, output_dim):
    super(Autoencoder, self).__init__()
    self.latent_dim = latent_dim
    self.output_dim = output_dim
```

这部分代码中，以类的形式定义了 AE 模型，并继承了 TensorFlow 的默认 Model 类。初始化时，传入两个参数 latent_dim 和 output_dim，分别代表隐藏层和输出层的维度。

```
self.encoder = tf.keras.Sequential([
  layers.Dense(latent_dim, activation='relu'),
])
self.decoder = tf.keras.Sequential([
  layers.Dense(output_dim, activation='sigmoid'),
])
```

这部分代码分别定义 encoder 和 decoder，在单隐藏层标准 AE 中，encoder 和 decoder 均为全连接层，由 tensorflow.keras.layers.Dense() 函数定义。其中，参数 activation 定义了激活函数，这里分别选择了 relu 和 sigmoid 函数。

```
def call(self, x):
  encoded = self.encoder(x)
  decoded = self.decoder(encoded)
  return decoded
```

这部分代码定义模型的前向传播机制，在单隐藏层标准 AE 中，直接依次传播 encoder 和 decoder 即可。不难发现，代码的结构与一个神经网络是十分类似的。

9.3 条件 AE 与金融中的因子定价模型

AE 的架构与因子定价模型非常相似，在因子定价模型中，因子收益本身就是个股收益的线性组合。因此与 PCA 类似，利用 AE 也能构建静态因子模型。而如果能够对一般的 AE 架构进行拓展，使得模型能够接收外部数据的输入（时变的公司特征等信息），那么利用 AE 架构就能构建一个类似 IPCA 的动态条件因子定价模型，并且具备 IPCA 所没有的刻画非线性关系的能力。Gu 等（2021）提出的条件 AE 模型很好地解决了上述问题。

条件 AE 模型的架构如图 9-2 所示。

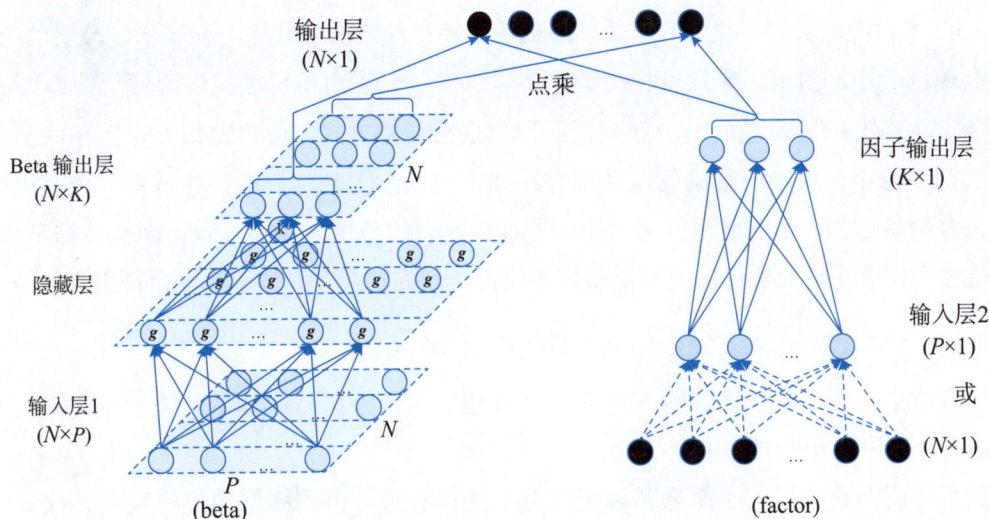

图 9-2　条件 AE 模型的架构

由图 9-2 可知，条件 AE 模型由两部分组成：因子收益（factor）和因子暴露（beta），整体架构可以由以下公式表示：

$$r_{i,t} = \boldsymbol{\beta}'_{i,t-1}\boldsymbol{f}_t + \boldsymbol{u}_{i,t}$$

式中，$r_{i,t}$ 是个股收益；$\boldsymbol{\beta}'_{i,t-1}$ 是因子暴露；$\boldsymbol{f}_t$ 是因子收益；$\boldsymbol{u}_{i,t}$ 是残差。因子暴露 $\boldsymbol{\beta}'_{i,t-1}$ 是上一期公司特征 $\boldsymbol{z}_{i,t-1}$ 的函数，其形式如图 9-2 左侧所示，是多层神经网络，具体定义如下：

$$\boldsymbol{z}^{(0)}_{i,t-1} = \boldsymbol{z}_{i,t-1} \tag{9.1}$$

$$\boldsymbol{z}^{(l)}_{i,t-1} = \boldsymbol{g}\left(\boldsymbol{b}^{(l-1)} + \boldsymbol{W}^{(l-1)}\boldsymbol{z}^{(l-1)}_{i,t-1}\right), l=1,2,\cdots,L_\beta \tag{9.2}$$

$$\boldsymbol{\beta}_{i,t-1} = \boldsymbol{b}^{(L_\beta)} + \boldsymbol{W}^{(L_\beta)}\boldsymbol{z}^{(L_\beta)}_{i,t-1} \tag{9.3}$$

式（9.1）是网络的初始化，即以公司特征 $\boldsymbol{z}_{i,t-1}$ 作为输入（矩阵大小为 $P \times N$，其中 P 是特征数量，N 是股票数量）。式（9.2）是网络中的隐藏层传播方式，是标准的全连接神经网络隐藏层，L_β 表示隐藏层的个数。式（9.3）是最后一个隐藏层到输出层的传播方式，最终输出 K 个因子暴露。

而在因子收益部分，如图 9-2 右侧所示，是一个标准的 AE 结构，将个股收益映射为因子收益。具体形式如下：

$$\boldsymbol{r}^{(0)}_t = \boldsymbol{r}_t \tag{9.4}$$

$$\boldsymbol{r}^{(l)}_t = \tilde{\boldsymbol{g}}\left(\tilde{\boldsymbol{b}}^{(l-1)} + \tilde{\boldsymbol{W}}^{(l-1)}\boldsymbol{r}^{(l-1)}_t\right), l=1,2,\cdots,L_f \tag{9.5}$$

$$f_t = \tilde{b}^{(L_f)} + \tilde{W}^{(L_f)} r_t^{(L_f)} \tag{9.6}$$

式（9.4）表示模型以个股收益 r_t 作为输入（矩阵大小为 $N \times 1$，N 是股票数量），式（9.5）表示隐藏层的传播方式，是标准的全连接神经网络隐藏层，L_f 表示隐藏层的个数。在后面的例子中，由于因子定价模型的经济学含义，只采用单层纯线性隐藏层，即 $L_f = 1$，$\tilde{g}(x) = x$。式（9.6）是最后一个隐藏层到输出层的传播方式，最终输出 K 个因子收益。然而在实际训练中，原始的股票收益数据存在如下问题：①股票数量往往较多，导致模型要训练的参数量过大，影响效率；②每个横截面中股票的数量往往不一致，面板数据不均衡。针对这两个问题，研究者提出，可以将因子收益一侧的输入改为如下的"特征组合收益"：

$$x_t = \left(Z'_{t-1} Z_{t-1} \right)^{-1} Z_{t-1} r_t$$

在降维后，因子收益侧的输入变成了 $P \times 1$ 维，P 是公司特征数量。这一步变换相当于构建了每个特征对应的排序多空组合。

最后，将两部分（因子暴露和因子收益）进行点乘，得到模型的最终输出。训练所采用的损失函数是正则化的均方误差，具体为

$$\mathsf{L}\,(\theta;\cdot) = \frac{1}{NT} \sum_{t=1}^{T} \sum_{i=1}^{N} \| r_{i,t} - \beta'_{i,t-1} f_t \|^2 + \phi(\theta;\cdot)$$

式中，$\phi(\theta;\cdot)$ 是正则化项，在后面的例子中采用 L1 正则。

9.4　条件 AE 代码

下面是利用 TensorFlow 构建条件 AE 模型架构的代码实例。

```
...
import tensorflow as tf
from keras.layers import Input, Dense, Dot, BatchNormalization
from keras.models import Model
from keras.regularizers import L1


def make_model(n_layers=1, hidden_units=(32,16,8), n_factors=3, l1_
penalty=0.001, learning_rate=0.005):
    input_beta = Input((n_tickers, n_characteristics), name='input_
beta')
    input_factor = Input((n_characteristics,), name='input_factor')

    hidden_layer = input_beta
    for _ in range(n_layers):
        hidden_layer = Dense(units=hidden_units[_], activation='relu',
kernel_regularizer=L1(l1_penalty))(
```

```
                hidden_layer)
        hidden_layer = BatchNormalization()(hidden_layer)

    output_beta = Dense(units=n_factors, name='output_beta', kernel_
regularizer=L1(l1_penalty))(hidden_layer)
    output_factor = Dense(units=n_factors, name='output_factor', kernel_
regularizer=L1(l1_penalty))(input_factor)
    output = Dot(axes=(2, 1), name='output_layer')([output_beta,
output_factor])

    model = Model(inputs=[input_beta, input_factor], outputs=output)

    optimizer = tf.keras.optimizers.Adam(learning_rate=learning_rate)
    model.compile(loss='mse', optimizer=optimizer)
    return model
...
```

1）参数含义

n_tickers：股票数量。

n_characteristics：公司特征数量。

n_layers：beta 侧隐藏层个数。

hidden_units：各隐藏层神经元数量列表（这里只考虑最大 3 层隐藏层，因此 hidden_units 长度为 3）。

n_factors：最终输出的因子个数。

l1_penalty：正则化强度。

learning_rate：学习率。

2）逐行解析

```
    input_beta = Input((n_tickers, n_characteristics), name='input_
beta')
    input_factor = Input((n_characteristics,), name='input_factor')
```

这段代码定义了输入层的维度，beta 侧为股票数量 × 特征数量，factor 侧为特征数量（采用输入特征组合的方案）。

```
...
    hidden_layer = input_beta
    for _ in range(n_layers):
        hidden_layer = Dense(units=hidden_units[_], activation='relu',
kernel_regularizer=L1(l1_penalty))(hidden_layer)
        hidden_layer = BatchNormalization()(hidden_layer)
...
```

这段代码是在循环进行隐藏层的传播，TensorFlow 中的全连接层由 Dense() 函数给出，其中，参数 units 为神经元个数，具体值从 hidden_units 中检索；参数 activation 为激活函数，在这里采用 relu 函数；参数 kernel_regularizer 为正则化选项，这里采用了 keras.regularizers. L1 类作为正则化项，并指定正则化强度为 l1_penalty。在每个隐藏层后还进行了批量标准化。

```
      ...
            output_beta = Dense(units=n_factors, name='output_beta', kernel_
      regularizer=L1(l1_penalty))(hidden_layer)
            output_factor = Dense(units=n_factors, name='output_factor', kernel_
      regularizer=L1(l1_penalty))(input_factor)
         output = Dot(axes=(2, 1), name='output_layer')([output_beta, output_
      factor])
      ...
```

这段代码进行两侧的输出，输出方式都是线性全连接层，并进行 L1 正则化，最终将两侧的输出进行点乘（keras.layers.Dot）作为模型的最终输出。

```
      model = Model(inputs=[input_beta, input_factor], outputs=output)
```

这一行代码定义了模型的输入输出结构，即模型从 input_beta 和 input_factor 开始，最终经过上述定义的运算得到 output。

```
      optimizer = tf.keras.optimizers.Adam(learning_rate=learning_rate)
      model.compile(loss='mse', optimizer=optimizer)
```

这两行代码首先定义了模型训练采用的优化器，这里采用的是 Adam 优化器，并在其中定义了学习率 learning_rate；然后对模型进行编译，在 model.complie() 函数中，参数 loss 为损失类型，这里定义为均方误差 mse；参数 optimizer 为优化器类型，这里选用刚刚定义的 Adam 优化器。至此，一个条件 AE 模型便定义完成了。

9.5　蒙特卡洛模拟

本节我们将在模拟数据中训练条件 AE 以拟合一个三因子模型。

我们以如下方式生成数据。

对于 $t = 1, 2, \cdots, T$：

$$r_{i,t} = \beta_{i,t-1} f_t + \varepsilon_{i,t},\ \beta_{i,t-1} = g \times (c_{j,t-1}; \theta),\ f_t = W x_t + \eta_t$$

式中，$c_{j,t-1}$ 是 $N \times P_c$ 维的公司特征矩阵；f_t 是 3×1 维因子收益向量；x_t 是 $P_x \times 1$ 维特征组合收益向量，W 是 $3 \times P_x$ 维因子权重矩阵，$\varepsilon_{i,t}$ 和 η_t 分别为 3×1 和 $P \times 1$ 维残差向量。在本例中，取 $N = 200$，$T = 180$，$P_c = P_x = 50$。选取 $x_t \sim N(0.03, 0.1^2 \times I_{P_x})$，$\eta_t \sim N(0, 0.01^2 \times I_3)$，$\varepsilon_{i,t} \sim t_5(0, 0.1^2)$，从而使得数据的整体 R^2 在 40% 左右。

接下来生成公司特征，对于每一个 $1 \leqslant i \leqslant N$ 和 $1 \leqslant j \leqslant P_c$，有

$$c_{ij,t} = \frac{2}{n+1} \text{rank}\left(\bar{c}_{ij,t}\right) - 1 \ , \ \ \bar{c}_{ij,t} = \rho_j \bar{c}_{ij,t-1} + \epsilon_{ij,t}$$

式中，$\rho_j \sim U[0.9,1]$，$\epsilon_{ij,t} \sim N(0,1)$，从而使公司特征在时间序列上保持了稳定性，且在截面上取值在 $[-1,1]$ 上。

将权重矩阵 W 定义如下：

$$\begin{bmatrix} 1 & 0 & 0 & \cdots & 0 \\ 0 & 1 & 0 & \cdots & 0 \\ 0 & 0 & 1 & \cdots & 0 \end{bmatrix}$$

函数 $g^*(\cdot)$ 定义如下：

$$g^*\left(c_{i,t}; \theta\right) = \left(c_{i1,t}^2, 2 \times \left(c_{i1,t} \times c_{i2,t}\right), 0.6 \times \text{sgn}\left(c_{i3,t}\right)\right)'$$

我们将用如下两个指标来评价模型。

（1）样本外解释 R^2：

$$R_{\text{total}}^2 = 1 - \frac{\sum\limits_{(i,t)\in \text{OOS}} \left(r_{i,t} - \hat{\beta}_{i,t-1}' \hat{f}_t\right)^2}{\sum\limits_{(i,t)\in \text{OOS}} r_{i,t}^2}$$

式中，$\hat{\beta}_{i,t-1}'$ 和 $\hat{f}_t$ 分别是模型在样本外估计的因子暴露和因子收益。这个指标衡量了模型对于整体方差的解释力度。

（2）样本外预测 R^2：

$$R_{\text{total}}^2 = 1 - \frac{\sum\limits_{(i,t)\in \text{OOS}} \left(r_{i,t} - \hat{\beta}_{i,t-1}' \hat{\lambda}_{t-1}\right)^2}{\sum\limits_{(i,t)\in \text{OOS}} r_{i,t}^2}$$

式中，$\hat{\lambda}_{t-1}$ 是 $1,2,\cdots,t-1$ 期的 $\hat{f}$ 的样本均值；$\hat{\beta}_{i,t-1}' \hat{\lambda}_{t-1}$ 是模型在 $t-1$ 期对于 $r_{i,t}$ 的预测，因此该指标衡量了模型的样本外预测能力。如果直接使用生成的 $\beta_{i,t-1}$ 和 f_t 数据作为模型结果，那么样本外解释 R^2 在 40% 左右，样本外预测 R^2 在 3% 左右，这是模型有可能达到的最好效果。

模型的训练代码（单次 MC 循环）如下。

首先生成数据（randomdata_generator 代码略），变量 r 为股票收益矩阵，c 是公司特征矩阵，x 是特征组合收益矩阵：

```
r, c, x = randomdata_generator(linear=False, px=n_characteristics, pc=n_characteristics, N=n_tickers, T=n_dates)
```

训练、验证、测试集划分：

```
X1_train, X2_train, y_train= c[:60], x[:60], r[:60]
```

```
X1_valid, X2_valid, y_valid= c[60:120], x[60:120], r[60:120]
X1_test, X2_test, y_test = c[120:], x[120:], r[120:]
```

模型训练：

```
from keras.callbacks import EarlyStopping

n_epochs = 100
n_factor = 3
model = make_model(n_factors=n_factor, l1_penalty=1e-4, learning_
rate=0.01)
model.fit([X1_train, X2_train], y_train,
        batch_size=1, epochs=n_epochs,
        validation_data=([X1_valid, X2_valid], y_valid),
        verbose=2, callbacks=[EarlyStopping(monitor='val_loss', min_
delta=0, patience=5)])
```

在这里，我们沿用 make_model() 函数来构建条件 AE 模型，并指定参数：生成 3 个因子，l1 正则化系数为 1e-4，学习率为 0.01。在 model.fit() 函数训练中，参数 batch_size 是模型每次迭代所采用的数据量，由于输入数据的第一个维度是时间，因此这里的 1 对应 1 天；参数 epochs 是模型训练的最大迭代次数，这里设置为 100，然而由于后面加入了早停机制，迭代次数往往不会达到这么多；参数 validation_data 是测试集数据；参数 verbose 是打印日志信息的选项，细节参见 TensorFlow 官方文档；值得注意的是，在参数 callbacks 中传入了一个早停回调函数。使用 TensorFlow 中的 EarlyStopping 类来避免模型的过拟合，在该类中，参数 monitor='val_loss' 表示回调器将监控验证集中的损失，参数 min_delta 和 patience 的含义：如果任意 patience 个连续的 epoch 训练不能使验证集损失下降 min_delta，则训练终止。

计算解释 R^2 和预测 R^2 的代码如下。

```
...
from keras import backend as K

ypred = model.predict([X1_test, X2_test])
total_r2 = 1 - ((ypred - y_test) ** 2).sum() / (y_test ** 2).sum()

output_beta = K.function([model.input], model.get_layer('output_beta').
output)
output_factor = K.function([model.input], model.get_layer('output_
factor').output)
ypred_oos = np.zeros((60,200))
for t in range(60):
    ypred_oos[t] = output_beta([c[[t+120]], np.zeros(x[[t+120]].shape)])
@ output_factor([np.zeros(c[:t+120].shape), x[:t+120]]).mean(axis=0)
pred_r2 = 1 - ((ypred_oos - y_test) ** 2).sum() / (y_test ** 2).sum()
...
```

解释 R^2 的计算较为简单，直接调用 model.predict() 函数并传入测试集数据即可得到模型在测试集上的估计。预测 R^2 的计算复杂一些，需要用到 TensorFlow 中的 backend 类来取出模型中特定层的参数。例如，在 output_beta 的定义行，利用 K.function() 函数得到了模型从输入到 beta 层输出的映射函数。K.function() 函数中将保留模型中从 input 层到 output_beta 层的所有参数，从而可以输入测试集数据，并得到测试集上的 beta 估计。注意到，在调用 output_beta 时传入两个 input，而后一个是 0 矩阵，这是因为函数语法要求传入原模型的全部参数，而 factor 一侧的输入并不参与 beta 的运算，因此只需要用 0 矩阵占位即可。在获取了测试集中 beta 层和 factor 层的输出后，依照公式中对 factor 的历史样本取平均，并与 beta 点乘得到模型的预测结果。

接下来，对上述代码进行 100 次蒙特卡洛模拟，并考查生成 1 ～ 6 个因子的情况，结果如表 9-1 所示。

表 9-1　条件 AE 模拟表现

因子数 / 个	1	2	3	4	5	6
样本内总体 R^2	11.46%	22.79%	29.95%	29.80%	29.64%	29.33%
预测 R^2	0.07%	1.56%	1.35%	1.62%	1.56%	1.21%

由于是按 3 因子的结构生成的随机数据，因此，模型在 1 个因子和 2 个因子区间表现较差，而在 3 个因子及以上部分有着良好的表现，模型的样本外解释 R^2 在 30% 左右，样本外预测 R^2 在 1.5% 左右。考虑到数据本身只有 40% 的解释 R^2 和 3% 的预测 R^2，模型的表现是不错的。

9.6　本章小结

本章通过介绍 AE 模型的基本原理和实现方法，帮助读者理解 AE 模型在金融智能中的重要性。通过对条件 AE 及其在金融因子定价模型中的应用探讨，以及实际代码示例和蒙特卡洛模拟，读者将掌握如何利用 AE 模型进行金融数据的分析和应用。

关键名词

AE、条件 AE、因子定价模型

复习思考题

（1）解释 AE 的基本概念和工作原理。

（2）描述 AE 模型在金融数据降维和特征提取中的应用。

（3）比较 AE 和条件 AE 的区别及其应用场景。

（4）讨论条件 AE 在金融因子定价模型中的具体应用。

（5）通过代码示例，实现一个 AE 模型，并解释每个步骤的具体作用。

（6）利用条件 AE 模型，进行金融因子定价模型的构建，并进行性能评估。

（7）解释蒙特卡洛模拟在金融智能中的应用，并举例说明如何与 AE 模型结合使用。

第 10 章
金融智能中的卷积神经网络模型

章前导读

卷积神经网络（convolutional neural networks，CNN）是一类重要的神经网络模型，主要应用于图像处理及识别领域。通过模拟生物的视觉原理，CNN 能够有效捕捉二维图像的特征与主要信息。基于 CNN 原理的改进模型也被广泛应用于文本及其他时序信息处理任务中。在金融智能领域，CNN 可以用于分析市场中的图像信息。

本章学习目标

首先，读者将理解 CNN 的基本概念和工作原理；其次，将详细介绍 CNN 算法的各个组成部分，包括卷积层和池化层的作用与实现；最后，通过案例分析，读者将掌握如何利用 CNN 模型进行 K 线图识别，并结合股票收益率预测，加深对 CNN 在金融分析中应用的理解。

10.1　CNN 方法概述

CNN 是一类前馈神经网络的统称，是目前应用最为广泛的深度学习方法之一，主要应用于图像处理，特别是图像识别等视觉领域。近年来，基于 CNN 的改进网络也逐渐被应用于自然语言处理、音频识别等领域，并取得了不错的效果。

传统的全连接网络在处理图像任务时存在以下三个主要问题：

（1）空间信息丢失；

（2）参数过多，训练困难；

（3）大量参数容易导致过拟合风险。

不妨用一个简单的例子来理解。

现在通常使用的图像为 RGB 图像。一幅 RGB 图像可以简单理解为一个大小为 $M \times N \times 3$ 的彩色像素数组。图像共有 $M \times N$ 个彩色像素点，每个像素点都可以分解为对应的红、绿、蓝三个分量。假设现在要处理一幅彩色风景图像，图片共有 32×32 个像素点 [1]。当使用全连接网络处理这幅二维图像时，需要将其展开为一维向量作为输入。在这个过程中，大量像素点之间的空间信息就被丢弃了。上述彩色图像共有 1024 个像素点。每个像素点有 RGB 三种颜色，共需要处理超过 3072 个维度。假设全连接网络有一个单隐藏层（有 500 个神经元），那么网络需要计算超过 1 500 000 个参数。对于更大的图像而言，这意味着巨大的计算量负担。此外，在过多的参数可能导致学习到的网络过于复杂，加大过拟合的风险。由此可见，用全连接网络处理图像存在许多困难。

CNN 使用了仿生学的方法，借鉴了猫视觉皮层的原理，引入了局部感知、全局共享的方式。相比于全连接网络，CNN 有以下两个特点。

（1）平移不变性：对于同一块图片区域，无论它在图片上的相对位置发生怎样的变化，神经网络都会对其产生相同的反应。

（2）局部感知：神经网络前几层中的单个神经元只关注图片局部区域的信息，而不会过度关注较远区域的信息。

通过局部感知，CNN 可以将图像局部的二维信息合并在一起，从而解决了空间信息丢失问题。层间稀疏连接和部分参数共享的方法解决了图像任务中参数过多的问题，提高了 CNN 的计算效率。此外，卷积也非常适合在 GPU 上并行计算，这些方法和特性都使得 CNN 能够更加高效和准确地处理图像领域的任务。通过对 CNN 网络进行细微的调整，新的网络结构也能够适应图结构数据、推荐系统、音频、文本等其他领域。

10.2　CNN 算法

CNN 的基本结构包括卷积层、激活函数、池化层、全连接层、输出层等。

如图 10-1 所示，最左侧是需要处理的彩色图像。CNN 通过一层卷积、一层池化的方式，将图像信息压缩到更小的二维矩阵中。经过多轮重复得到最终的二维矩阵，并展开为一维向量。这个向量保存了原有图像的特征，通过全连接层得到最终的分类或回归结果。

---

[1] 事实上，32 像素 ×32 像素是一幅非常小的图像。生活中常见的一寸照片的大小是 413 像素 ×295 像素。

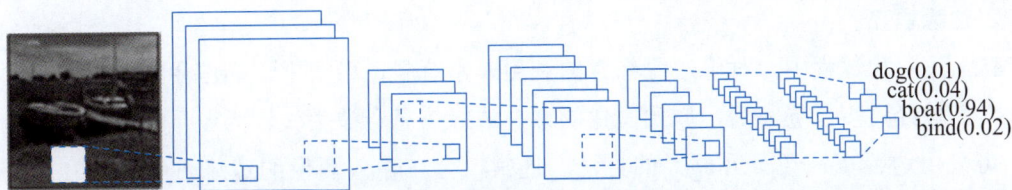

图 10-1　CNN 基本结构示意图

10.2.1　卷积层

1. 互相关运算

卷积层是 CNN 最重要的部分。虽然名为"卷积",但现代大多数神经网络都使用互相关运算(cross-correlation)代替了原本的卷积运算。如图 10-2 所示,先考虑一个简单的二维图像数据的卷积层运算。

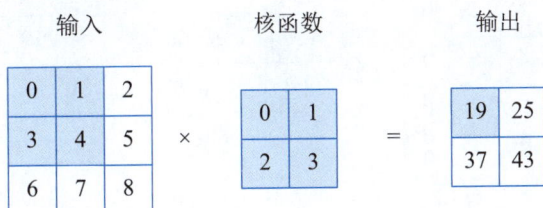

图 10-2　卷积层运算示意图

对于一个 3×3 的二维张量,采用一个 2×2 的卷积核,卷积窗口的大小与卷积核一致。在互相关运算中,卷积窗口从左到右、从上到下,以一定长度在输入的二维张量上滑动。滑动到一定位置时,将位于窗口内的图像张量与卷积核张量对应位置作积,就得到一个新的张量。对新张量作求和操作,就能得到对应位置的输出。以图中矩阵为例:

$$0 \times 0 + 1 \times 1 + 3 \times 2 + 4 \times 3 = 19$$

$$1 \times 0 + 2 \times 1 + 4 \times 2 + 5 \times 3 = 25$$

$$3 \times 0 + 4 \times 1 + 6 \times 2 + 7 \times 3 = 37$$

$$4 \times 0 + 5 \times 1 + 7 \times 2 + 8 \times 3 = 43$$

由上述计算可以得到右侧的输出矩阵。假设输入形状为 $n_h \times n_w$,卷积核形状为 $k_h \times k_w$,那么输出形状应为 $(n_h - k_h + 1) \times (n_w - k_w + 1)$。

上述卷积层的输出也被称为特征映射(feature map),因为它可以被视为一个输入映射到下一层的空间维度的转换器。在 CNN 中,对于某一层的任意元素,其感受野(receptive field)是指在前向传播期间可能影响计算的所有元素(来自所有先前层)。

2. 边缘填充

在上述卷积过程中，对于边缘像素的利用非常有限。事实上，当应用一个大于 1 的卷积核对图像经过多层卷积后，原始图像的许多边缘信息会被丢失。为了更好地应对这一问题，可采用边缘填充（padding）的方法。通常，会在输入图像的边缘进行填充（填充值通常为 0）。例如，在上述 3×3 张量的外围填充宽度为 1 的填充层，输出张量的大小就从 2×2 扩展到了 4×4（图 10-3）。

通常，我们会添加 p_h 行填充（一半顶部、一半底部）和 p_w 列填充（一半左边、一半右边）。这样，输出的高度和宽度就会分别增加 p_h 和 p_w。通常将卷积核大小设置为奇数，设置 $p_h = k_h - 1$，$p_w = k_w - 1$，从而使宽度和高度保持相同的大小。

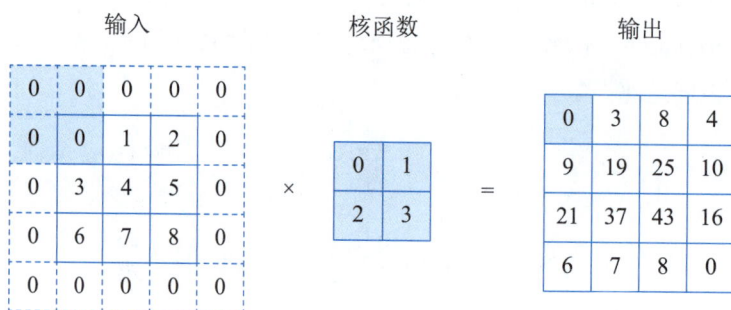

图 10-3 边缘填充示意图

3. 步长

此外，有时候为了高效计算或是缩减采样次数，卷积窗口可以跳过中间位置，每次滑动多个元素。将每次滑动元素的数量称为步长或步幅（stride）。如果滑动后无法填充窗口，则停止滑动。移动步长示意图见图 10-4。

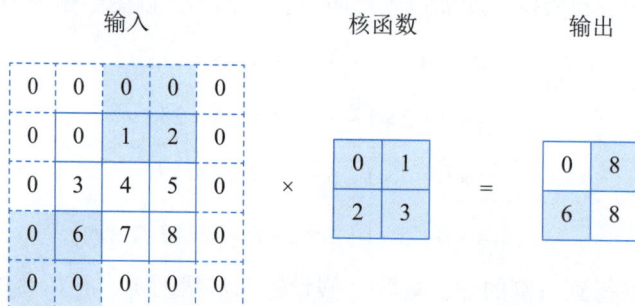

图 10-4 移动步长示意图

4. 多通道输入输出

截至目前，我们一直将图片视作二维数据。但正如我们在 10.1 节中介绍的，图像往往还具有代表色彩的第三维度。因此，我们也需要在网络中加入第三维度的概念，这就是通道。引入通道后，输入和隐藏层都从二维张量扩展为三维张量。例如，对于一张彩色图像，

形状为 $3 \times h \times w$，3 即为通道维度。

当输入包含多个通道时，卷积核也需要扩展到相同数量的通道。当输入通道 $c_i > 1$ 时，每个通道对应一个大小为 $k_h \times k_w$ 的卷积核张量，合在一起成为 $c_i \times k_h \times k_w$ 的卷积核。需要对每个通道的输入张量和其对应通道的卷积核作互相关运算，再将各个通道的结果相加，得到二维张量，作为最终的输出。多通道输入示意图见图 10-5。

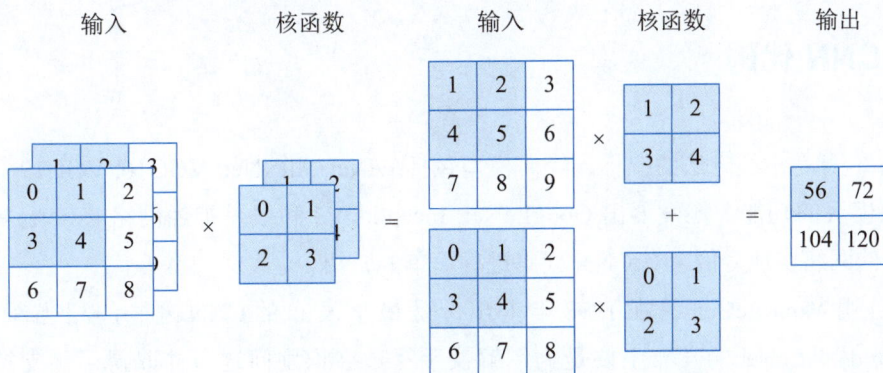

图 10-5　多通道输入示意图

考虑到一个输出通道可能对应着特殊的特征，在许多情况下我们还会在上述结构的基础上构建多输出通道的模型。对于 c_o 个输出通道的模型，需要的卷积核形状即为 $c_o \times c_i \times k_h \times k_w$。每个输出通道先获取所有输入通道的信息，再与输出通道对应的卷积核作互相关运算，得到该通道的输出结果。

10.2.2　池化层

在图像处理中，我们的关注对象通常是全局范围内的图像信息。因此，我们希望越接近输出层的神经元拥有越大的感受野（换句话说，我们希望它对应着输入层中更多的像素信息）。此外，在多张图片处理任务中，同样的物体可能会因为微小扰动而在不同的图片中有微小的位置移动。因此，我们希望在模型中加强图片分析的平移不变性。这就是池化层的两个主要目的：

（1）降低卷积层输出对局部图像位置的敏感性；

（2）降低后续神经元对空间采样表示的敏感性。

与卷积层中的计算类似，池化层运算符也由一个固定形状的窗口组成，该窗口根据其步幅大小在输入的所有区域上滑动，在窗口（有时称为汇聚窗口）遍历到的每个位置上计算一个输出。与卷积核有所不同的是，池化层运算符并不包含可变的参数，而是预设好输出窗口中的最大值或平均值（分别称为最大池化层（maximum pooling）和平均池化层（average pooling））。

与卷积层一样，池化层也可以设置一定的填充和步长。特别需要注意的是，默认情况下，深度学习框架中池化层的步长与窗口的大小相同。例如，如果使用形状为（3,3）的窗口，那么默认情况下的步长形状也为（3,3）。

在处理多通道输入数据时，汇聚层在每个输入通道上单独运算，而不是像卷积层那样在通道上对输入进行汇总。这意味着汇聚层的输出通道数与输入通道数相同。

10.3　CNN 代码

CNN 本身是一类方法的统称，经典模型包括 LeNet, AlexNet, VGG16, VGG19 等。通过增强卷积模块的功能，还发展出 GoogLeNet, InceptionV3 和残差神经网络 ResNet 等。在此以 LeNet 的网络实现为例，对 CNN 代码进行简单的介绍。

LeNet 由 Yann LeCun 等在 1998 年提出，是最早发布的 CNN 之一，相当于 CNN 的"HelloWorld"。LeNet 的发布主要是为了解决手写数字识别问题，并取得了与支持向量机（SVM）相近的效果，目前仍在不少场景中有广泛应用。LeNet 共有 7 层网络结构，包括 2 个卷积层、2 个池化层、2 个全连接层和 1 个输出层。详细架构如图 10-6 所示。

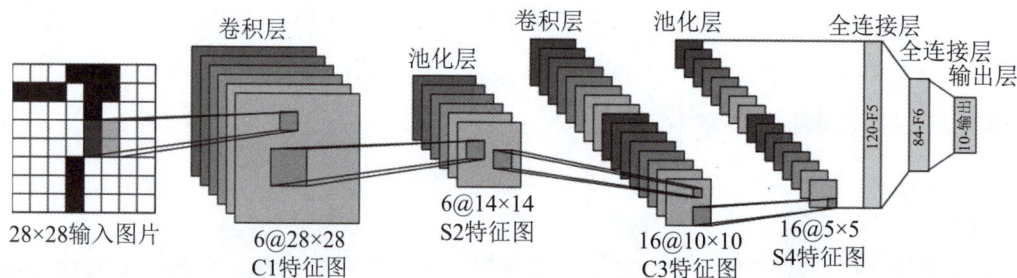

图 10-6　LeNet 架构示意图

1. 基于 Pytorch 的实现

```
...
#@tab pytorch
from d2l import torch as d2l
import torch
from torch import nn
net = nn.Sequential(
    nn.Conv2d(1, 6, kernel_size=5, padding=2), nn.Sigmoid(),
    nn.AvgPool2d(kernel_size=2, stride=2),
    nn.Conv2d(6, 16, kernel_size=5), nn.Sigmoid(),
    nn.AvgPool2d(kernel_size=2, stride=2),
    nn.Flatten(),
    nn.Linear(16 * 5 * 5, 120), nn.Sigmoid(),
    nn.Linear(120, 84), nn.Sigmoid(),
```

```
    nn.Linear(84, 10))
...
```

2. 代码解析

nn.Sequential：表示 pytorch 的包装容器，可以在其中按顺序组织神经网络的层结构。

nn.Conv2d（1, 6, kernel_size=5, padding=2）：Conv2d 是用于生成二维卷积层的函数。1 是 in_channels 数量，即输入数据的通道数，表示灰度图像。6 是 out_channels 数量，即卷积核的数量。kernel_size 是卷积核的大小，如果希望使用长宽大小不一样的卷积核，可以使用元组表示。padding 表示在输入的每一侧添加零值填充的数量。其余可修改的参数包括：stride（卷积的步长）、dilation（卷积核元素之间的间距）、groups（输入通道分组数，默认为 1，表示不分组）、bias（是否添加偏置，默认值为 True）。

nn.Sigmoid()：激活函数。

nn.AvgPool2d（kernel_size=2, stride=2）：2×2 平均池化层，用于降低特征图的空间维度。其余可修改参数包括：stride（池化窗口在输入上滑动的步长）、ceil_mode（当为 True 时，使用 ceil 而不是 floor 来计算输出形状。默认值为 False）、count_include_pad（默认值为 True，池化时会将填充值考虑在内）、divisor_override（通过除以 divisor_override 而不是窗口大小来计算池化的输出，默认为 None）。

nn.Flatten()：将输入的多维数据展平为一维。

nn.Linear（16 × 5 × 5, 120）：全连接层，输入特征数为 400（由前面的卷积和池化层得到），输出特征数为 120。

10.4 案例：K 线图识别与股票收益率预测

1. 背景

1）K 线图与股票收益率

K 线图又称为蜡烛图、阴阳图等。因其标画的独到之处，人们把它引入股票市场价格走势的分析中，目前被广泛应用于股票、期货、外汇、期权等证券市场。K 线形似一根蜡烛，通过阴阳区分涨跌（红色表示上涨，绿色代表下跌）。以日 K 线为例，一根 K 线可以反映出八种信息，包括开盘价、收盘价、最高价、最低价、实体、上影线、下影线、上涨或下跌，如图 10-7 所示。

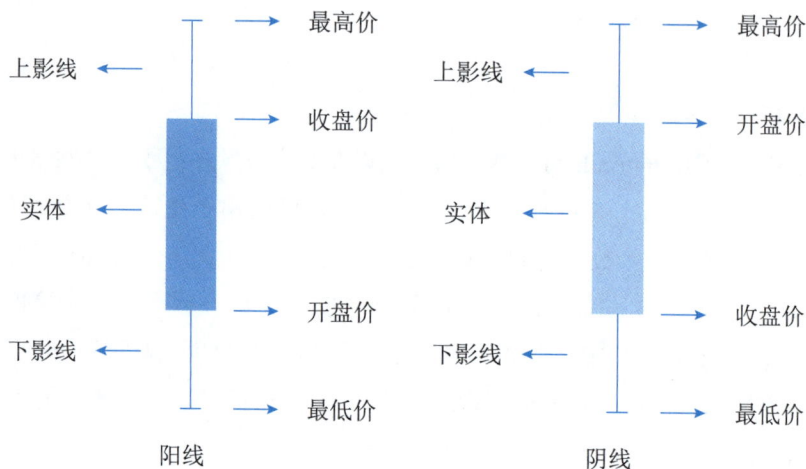

图 10-7　日 K 线示意图

根据 K 线的不同形状，又可分为大、中、小及十字星类四种类别。在 K 线图中，除去 K 线信息，通常还包含移动平均线信息。以日 K 线图为例，通常还包含五日均线（MA5），十日均线（MA10）等信息。如图 10-8 所示，粉色线即为五日均线，浅蓝色线为十日均线。五日均线表示该股票近 5 天的平均收盘价格，其他均线以此类推。取样的天数就是移动平均线的参数，通常取 5 天、10 天、30 天、120 天、250 天，等等。

根据取样天数的长短，可以将均线分为短期均线、中期均线和长期均线。

短期均线包括五日、十日均线。时间短的均线要比时间长的均线对价格或指数的波动反应灵敏，起伏变化比较快。在短线操作或弱势时，人们常把十日均线作为短线买卖的依据。

中期均线通常包括 20 日（月线）、30 日、60 日（季线）均线，其中以 30 日均线使用频率最高，也常被人们称为股市的生命线。在强势时，常把股价跌破 30 日均线或 30 日均线向下弯曲作为股票最后的止损位。也常把 60 日弯曲向上或向下作为牛市、熊市分界线。

长期均线包括 120 日（半年线）、250 日（年线）均线。

移动平均线可以用于多种股票价格的预测方法。其中比较简单的是趋势分析：当日价格大于移动均线，或短期均线超过长期均线时，可能代表短期内股票有上涨趋势，反之有下降趋势。具体如下所述。

（1）上升行情初期，短期移动均线从下向上突破中长期移动均线，通常称为黄金交叉。反之，当短期移动均线向下跌破中长期移动均线称为死亡交叉。

（2）在上升行情进入稳定期时，五日、十日、30 日移动均线从上而下依次顺序排列，向右上方移动，称为多头排列，预示股价将大幅上涨。在下跌行情中，五日、十日、30 日移动均线自下而上依次顺序排列，向右下方移动，称为空头排列，预示股价将大幅下跌。

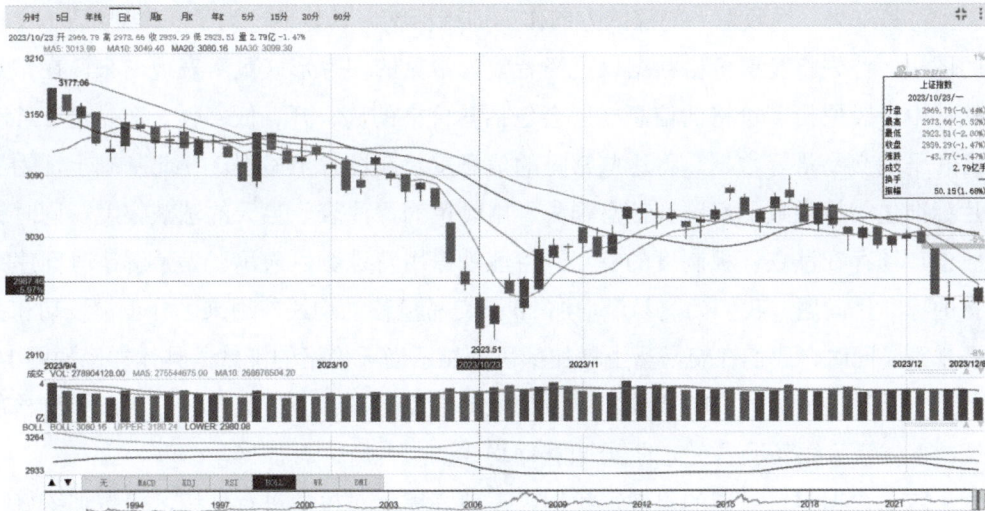

图 10-8　K 线图示意图

2）OHLC 图

OHLC 图也称为美国线，和蜡烛图的区别是表现形式不一致。O 为 open（开盘价），H 为 high（最高价），L 为 low（最低价），C 为 close（收盘价）。如图 10-9 所示，中央条的顶部表示当天的最高价格，中央条的底部表示当天的最低价格，中央条左侧的短水平线表示当天的开盘价，中央条右侧的短水平线表示当天的收盘价。

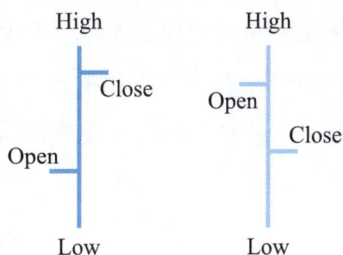

图 10-9　OHLC 示意图

3）案例介绍

如何从股票历史量价中寻找对未来收益率有预测能力的信息一直以来都是金融学者和金融业界从业人员们研究的重要问题。业界从业人员常常会基于过去的股票价格和成交量衍生出各种交易指标（例如移动均线、支撑位和阻力位等）进行投资决策。本书尝试基于 AI 技术来解决以上问题。具体来说，我们把股票的 OHLC 图和移动均线图作为输入，通过历史数据来训练 CNN 模型提取图中与未来收益率相关的信息，从而进行未来股价的涨跌预测。选用 OHLC 图的一个原因是相比于 K 线图，OHLC 图不依赖颜色来表示涨跌。这在我们后续的数据处理中更加方便，也更有利于神经网络进行学习。

我们的实证数据是中国股票市场上市公司数据。首先将样本随机分割为训练集和样本外测试集两个部分，测试集占样本总数的 20%。将前面介绍的股票一周的价格图片数据作为输入，将其未来一周收益率的涨跌方向作为训练标签。具体地，为了获得训练 CNN 模型所需的图片，首先将股票价格数据以投资者较为常见的图片形式重新表现出来。在常见的投资软件中，股票日度价格的信息一般会包括其价格的高、开、低、收、交易量、移动平均价格和平均交易量等数据。将这些常见的信息重新在图片上呈现。在此基础上，为了解决图片标准化缩放导致的涨跌幅信息损失，用颜色的深浅表示当天的涨跌幅度。同时针对中国股票市场存在涨跌停板制度的特点，将涨跌停用特殊颜色表示。为了解决时间序列上交易量的标准化问题，我们为交易量增加 20 天交易量移动均线，用来区分正常波动和突然的暴涨暴跌，同时，我们在交易量上增加颜色，显示当天价格的涨跌。具体样例如图 10-10 所示，上方是过去五天的 OHLC 图，下方为主动成交量图。上方紫色线表示股票价格的五日均线，下方紫色线表示成交量的 20 日移动均线。

为了防止数据窥探问题的出现，我们仅在训练集上对模型进行训练，模型训练好了之后，在所有样本外的测试集上使用模型进行样本外预测，并用输出的预测概率值作为信号，该信号代表着 CNN 模型认为该量价图片出现后，未来一周股票收益率为上涨的概率。

2. 案例代码及分析

1）模型构建

在本案例的场景中，我们最终需要完成一个基于 CNN 二分类任务，因此最终的输出的形状应为 $N \times 2$。模型输入选用了 $3 \times 32 \times 15$ 的彩色图像，通过两次卷积、池化操作后展开为一维向量。通过一层全连接层输出二分类结果，储存在 output 数组中。在本案例中，$output_{i,0}$ 即为模型根据第 i 张图片推测出股票上涨的概率，$output_{i,1}$ 为股票下跌的概率。Prediction 表示根据 $output_{i,0}$ 与 $output_{i,1}$ 中较大者作出的股票涨跌判断，通过与市场真实表现对比可以计算出模型预测的正确率。选取了交叉熵损失函数用来描述预测结果与真实结果的接近程度。模型架构如图 10-11 所示。

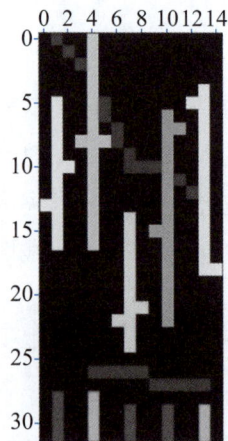

图 10-10　模型架构图

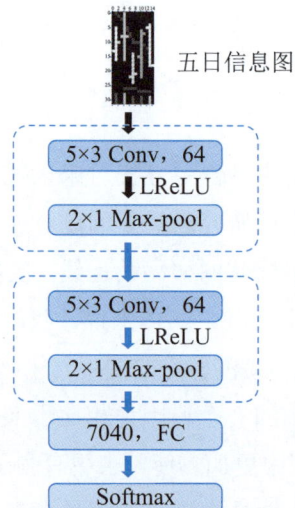

图 10.11　五日 OHLC 图样例

具体代码如下。

```
...
class Model(nn.Module):
    def __init__(self):
        super(Model, self).__init__()
        self.layer = nn.Sequential(
            nn.Conv2d(3, 64, (5,3)),
            nn.LeakyReLU(),
            nn.MaxPool2d(kernel_size=(2,1)),
            nn.Conv2d(64,128, (5,3)),
            nn.LeakyReLU(),
            nn.MaxPool2d(kernel_size=(2,1)),
            nn.Flatten(),
            nn.Linear(7040,2),
            nn.Softmax(dim=1)
        )
        self.loss = nn.CrossEntropyLoss()

    def forward(self, x, y=None):
        output = self.layer(x)
        prediction = torch.argmax(output, 1)
        if y is None:
            return prediction
        loss = self.loss(output, y)
        correct_flag = (prediction.int() == y.int())
        acc = correct_flag.float().mean()
        return loss, acc
...
```

2）数据预处理

由于原始数据是 JPEG 格式，需要将其读入并转化成可用于 CNN 训练的数据集，具体代码如下。

```
...
        img = Image.open(image_path)
        preprocess = transforms.Compose([
            transforms.Resize((32, 15)),
            transforms.ToTensor(),
             transforms.Normalize(mean=[0.485, 0.456, 0.406], std=[0.229,
0.224, 0.225])
        ])
        img = preprocess(img)
        img = img.unsqueeze(0)
...
```

上述代码中，preprocess 类将 jpeg 格式的图片转化成规定的大小，并存储为 Tensor 格式。对于读入的图片，我们采用 ImageNet 数据集的均值和方差进行标准化。

在获得全部的数据集后，我们采用随机分割的方式，将其中 80% 的数据作为训练集，20% 的数据作为测试集，代码如下。

```
...
train_images, test_images, train_labels, test_labels = train_test_split
(normalized_images, labels, test_size=0.2, random_state=42)
...
```

3）模型训练与评估

在模型的训练阶段，我们需要进一步将训练集分为训练集与验证集，仍然采用 4∶1 的比例，代码如下。

```
...
X_train, X_test, y_train, y_test = load_image_data(folder_path_ne,
folder_path_po)
    X_val, y_val = X_train[10276:], y_train[10276:]
X_train, y_train = X_train[:10276], y_train[:10276]
...
```

在本次模型中我们引入的超参数包括 batch_size（默认值为 256）和 learning rate（默认值为 5e-4）。实际训练过程中可以通过调整超参数的方法获取最优的训练结果，代码如下。

```
...
parser.add_argument('--batch_size', type=int, default=256)
parser.add_argument('--num_epochs', type=int, default=100)
parser.add_argument('--learning_rate', type=float, default=0.0005)
...
```

在模型训练过程中，一个完成的 epoch 代表使用完整的数据集在模型上进行一轮训练，包括训练过程与验证过程。通常而言，多轮训练后模型可能会逐步在训练集上发生过拟合。为了避免这种情况，一种方式是以模型在验证集上的表现作为考量，保存 best epoch 时的模型结果；另一种方式是引入早停机制，在模型表现出收敛特征时停止训练，代码如下。

```
...
for epoch in range(1, args.num_epochs+1):
        # 在训练集上进行训练
        train_acc, train_loss = train_epoch(cnn_model, X_train, y_train,
optimizer)
        # 在验证集上进行验证
        val_acc, val_loss = valid_epoch(cnn_model, X_val, y_val)
        if val_acc >= best_val_acc:
            best_val_acc = val_acc
            best_epoch = epoch
            test_acc, test_loss = valid_epoch(cnn_model, X_test, y_test)
...
```

3. 案例结果

本次实验中，模型共训练 60 个 epoch，模型基本收敛。最优结果出现在第 52 个 epoch，在验证集上取得了接近 90% 的正确率。具体结果如下。

Training loss	0.343109
Training accuracy	0.978516
Validation loss	0.418832
Validation accuracy	0.886719
Best epoch	52
Best validation accuracy	0.903125
Test loss	0.416784
Test accuracy	0.892904

从学习曲线（图 10-12）看，损失函数在训练集上的损失下降越来越少，正确率在训练集上逐渐升高，说明模型逐渐学到了训练数据中的信息。同时，在第 50 ～ 60 个 epoch 时，损失函数和正确率在验证集上基本不再变化，说明模型已经基本收敛，再进行训练可能会出现过拟合的情况。

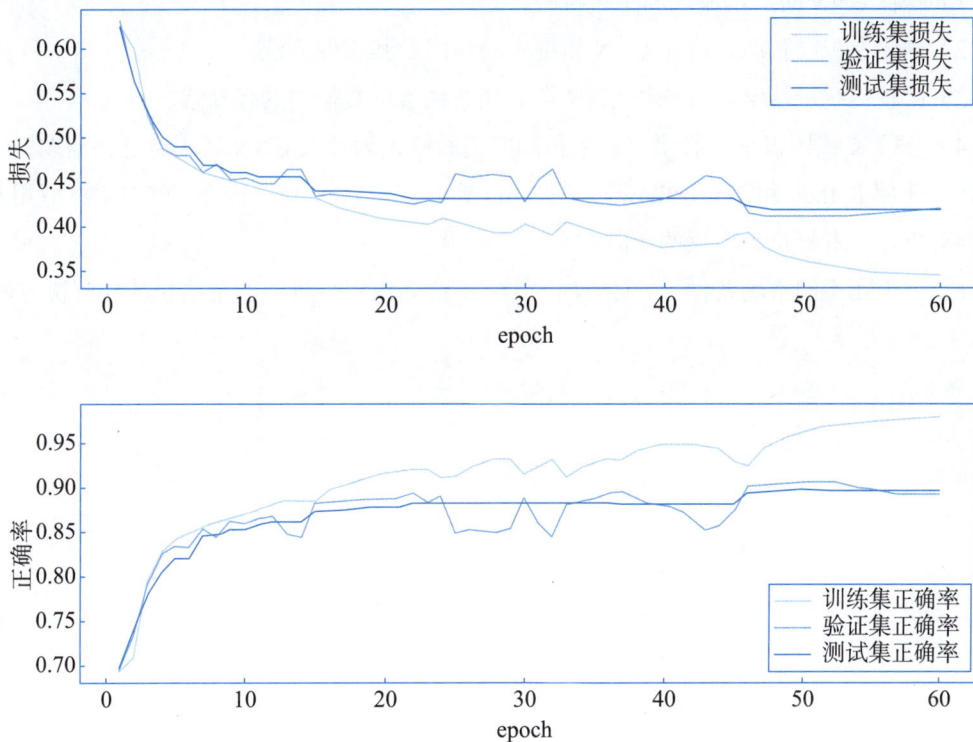

图 10-12　模型训练结果

10.5　本章小结

本章通过对 CNN 模型的深入探讨，帮助读者理解 CNN 模型在金融智能中的重要性和应用价值。读者通过案例分析了解了 CNN 在金融市场数据处理中的实际效果，并能够应用所学知识进行相关问题的解决。

关键名词

人工神经卷积神经网络、卷积层、池化层、K 线图

复习思考题

（1）解释 CNN 的基本原理和工作机制。

（2）描述卷积层和池化层在 CNN 模型中的作用及其实现方法。

（3）比较传统机器学习方法和 CNN 在处理金融市场数据中的优缺点。

（4）分析 K 线图识别与股票收益率预测的关联性，为什么 CNN 适用于这类问题？

（5）使用 Python 和 TensorFlow 或 PyTorch 等框架，实现一个简单的 CNN 模型用于金融数据分析，并解释每个步骤的实际意义。

（6）讨论在不同市场条件下，CNN 模型在 K 线图识别中可能面临的挑战和解决方法。

第 11 章
金融智能中的循环神经网络模型

章前导读

循环神经网络（recurrent neural network，RNN）模型作为序列模型的代表性模型，由于其网络连接中存在大量的循环，使得历史信息能够在信息传递中保留下来。因此，RNN 模型及其变形广泛地被应用到自然语言处理、时间序列预测等场景中。在金融智能中，由于金融市场的决策依赖过去的信息集，因此以长短期记忆（LSTM）模型为代表的模型被广泛地应用到收益率预测和风险管理中。

本章学习目标

首先，读者需要理解 RNN 模型的基本架构；其次，读者应能够在 Python 中实现基础的 RNN 模型；最后，读者应理解 RNN 模型在收益率预测中发挥的重要作用。

11.1　RNN 模型基础

11.1.1　RNN 模型概述

1. 定义与起源

RNN 的起源可以追溯到 20 世纪 80 年代。RNN 是一种专门设计来处理序列数据的神经网络，例如时间序列数据或自然语言。RNN 的核心思想是使用其内部状态（记忆）来处理输入序列中的信息，这使得它们能够在处理序列数据时考虑到前面的信息。

RNN 的早期版本可以追溯到 1982 年，当时由 John Hopfield 提出了 Hopfield 网络，这是一种可以作为内容寻址记忆系统的循环网络。随后在 1986 年，David Rumelhart、Geoffrey Hinton 和 Ronald Williams 通过引入反向传播（back propagation）算法来训练多层神经网络，这也为训练 RNN 奠定了基础。RNN 在 20 世纪 90 年代得到了进一步的发展，尤其是在自然语言处理领域。1997 年，Sepp Hochreiter 和 Jürgen Schmidhuber 提出了 LSTM，这是一种特殊类型的 RNN，旨在解决传统 RNN 在处理长序列时遇到的难题，比如梯度消失或梯度爆炸问题。LSTM 通过引入门控机制来控制信息的流入和流出，从而有效地保持和传递长期依赖信息。2014 年，Cho 等在论文中提出了在 RNN 模型中引入门控循环单元（gated recurrent units，GRU）机制，进而在某些特定任务上取得更好的表现。

到了 21 世纪，随着计算能力的提升和大数据的出现，RNN 和它的变体（如 LSTM 和 GRU）在许多领域，尤其是在语音识别和机器翻译等领域展现出了巨大的潜力。这些模型能够有效地处理和理解序列数据，为深度学习在处理复杂序列问题方面的应用提供了强有力的工具。

2. RNN 的基本结构

RNN 的结构是专门为处理序列数据而设计的，它的核心特征是网络中存在着循环的连接，允许信息随着时间步的传递而持续存在。这种结构使得 RNN 能够在当前的输入以及之前的状态信息上作出决策，非常适合于时间序列数据、自然语言处理等领域。RNN 结构的主要特点如下。

（1）循环单元（recurrent unit）：RNN 的基本单元，能够在序列的每个时间步上处理单个输入（例如，一个时间点的数据或一个单词），并保持一个内部状态。这个内部状态是网络的记忆，包含了过去信息的摘要。

（2）参数共享：在 RNN 中，同一组参数（权重和偏差）在所有时间步中共享。这与传统的前馈网络不同，其中每个输入都有独立的参数。参数共享减少了模型的复杂性和学习的参数数量。

（3）隐藏状态（hidden state）：隐藏状态是 RNN 的核心，它是网络在给定时间步的内部状态或记忆。这个状态根据当前输入和前一个时间步的隐藏状态计算得出。隐藏状态能够捕捉到目前为止的序列信息。

（4）输入和输出：在不同的应用中，RNN 的输入和输出结构可能会有所不同。例如，在语言模型中，输入可能是一系列单词，而输出是预测下一个单词的概率。在时间序列分析中，输入可能是过去的时间点数据，而输出是未来某个时间点的预测值。

（5）激活函数：RNN 通常使用非线性激活函数（如 tanh 或 ReLU 函数），来增加模型的表达能力。激活函数应用于隐藏层，帮助网络捕捉复杂的关系。

（6）前向传播和反向传播：在训练过程中，RNN 通过前向传播在时间步上依次处理数据，同时通过时间上的反向传播（back propagation through time，BPTT）来更新网络权重，以最小化预测误差。

RNN 的这种结构使其非常适合于处理有时间顺序关系的数据，如语音、文本或时间序列数据。但是，RNN 也有一些局限性，比如难以捕捉长期依赖关系，这主要是由于在训练过程中可能出现的梯度消失或梯度爆炸问题。为了解决这些问题，研究人员开发了 RNN 的一些变体，如 LSTM 和 GRU。

11.1.2 RNN 的核心原理

1. 状态与记忆的概念

在讨论 RNN 的核心原理时，理解"状态"和"记忆"的概念至关重要。这些概念是 RNN 区别于其他类型神经网络的核心特征，使其能够有效处理序列数据，如时间序列或自然语言。

图 11-1 是 RNN 的基本结构。最左边是一个统一的表现形式，右边则是对左边的展开图解。在这样的 RNN 中，当我们预测 o_t 时，不仅要使用 x_t 的信息，还要使用 x_{t-1} 的信息，因为在横轴路径上的隐藏层激活信息可以帮助我们预测 o_t。

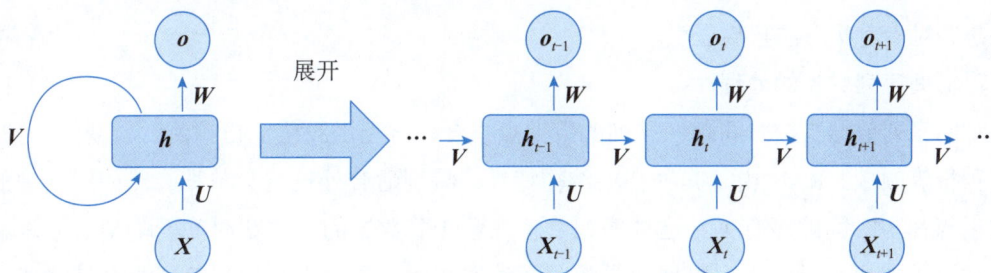

图 11-1　RNN 的基本结构

（图片来源：Wikipedia）

1）状态的概念

隐藏状态（hidden state）：RNN 中的每个单元（或称为结点）都维护一个"隐藏状态"（即 h_t），这是网络在某一时间点的内部状态。隐藏状态是 RNN 的记忆部分，包含了到目前为止序列中的信息汇总。

状态的更新：在序列的每个时间步，RNN 的隐藏状态会根据当前的输入和前一时间步的隐藏状态进行更新。这种更新机制使得网络能记住并利用历史信息来影响当前和未来的决策。

RNN 的核心在于其隐藏状态，该状态在每个时间步上更新。对于最简单的 RNN 形式，更新规则可以表示为

$$h_t = \tanh\left(W_{hh} h_{t-1} + W_{xh} x_t + b_h\right)$$

式中，h_t 是时间步 t 的隐藏状态；x_t 是时间步 t 的输入；W_{hh} 是隐藏状态到隐藏状态的权重矩

阵；W_{xh} 是输入到隐藏状态的权重矩阵；b_h 是隐藏状态的偏置项。在隐藏状态更新中，通常会使用激活函数，如 tanh 或 ReLU 函数，以引入非线性特征，通常的激活函数可以表示为

$$\tanh(x) = \frac{e^x - e^{-x}}{e^x + e^{-x}}$$

$$\text{ReLU}(x) = \max(0, x)$$

在每个时间步上，RNN 可以产生一个输出，输出的计算通常是基于当前的隐藏状态：

$$o_t = W_{ho}h_t + b_o$$

式中，o_t 是时间步 t 的输出；W_{ho} 是隐藏状态到输出的权重矩阵；b_o 是输出的偏置项。

2）记忆的概念

RNN 的隐藏状态充当短期记忆的角色，存储着对当前任务立即相关的信息。由于 RNN 在每个时间步上更新其状态，因此它能够捕捉到短期的、临时的依赖关系。虽然理论上 RNN 能够处理长期依赖问题，即在长序列中追踪信息，但在实践中常因梯度消失或梯度爆炸问题而难以实现。这意味着网络难以记住并利用序列早期的信息。关于在 RNN 中记忆的实现，RNN 通过权重矩阵和激活函数来控制信息在网络中流动。这些权重决定了新输入和过去状态对当前状态的影响程度。

2. 时间序列数据的处理

时间序列数据是按时间顺序排列的数据点集合，常见于股票价格预测、宏观经济预测、天气预报等领域。RNN 由于其独特的结构特性，特别适合处理这类数据。时间序列中的每个数据点都与时间顺序有关。这种序列依赖性意味着数据的顺序和时间间隔信息对理解整体模式至关重要。时间序列数据通常随时间动态变化，显示出某种趋势或季节性模式。此外时间序列数据中的模式可能非常复杂，包含非线性关系，这使得传统线性模型难以捕捉其全部动态。

关于 RNN 处理时间序列数据的方式，首先 RNN 将时间序列作为输入序列，每个时间点的数据依次输入网络中。RNN 在处理当前输入时通过其循环连接考虑前一时间步的隐藏状态。其次，RNN 在每个时间步更新其隐藏状态，这使得网络能够"记住"并综合前面时间步的信息。这种状态的持续更新对于理解和预测时间序列的未来趋势至关重要。这里需要指出的是，尽管理论上 RNN 能处理长期依赖，但在实践中可能遇到梯度消失或梯度爆炸的问题。因此，对于长序列，高级 RNN 结构（如 LSTM 或 GRU）可能更为合适。

11.1.3　RNN 与其他神经网络的比较

1. RNN 模型变体：LSTM 和 GRU

RNN、LSTM 和 GRU 是深度学习中处理序列数据的三种主要架构。它们之间的关系可以从它们的设计目标和演化历程来理解。

RNN 设计用于处理序列数据，如时间序列、语言文本等。它通过在每个时间步使用相

同的权重集，并保持一个内部状态来捕获序列中的时间动态。标准 RNN 在处理长序列时面临梯度消失或梯度爆炸的问题。这意味着在学习过程中，RNN 难以捕捉长距离依赖关系，因为在时间上回溯时梯度逐渐消失（或在某些情况下增长得过大）。

为了解决 RNN 的梯度消失问题，LSTM 被提出。LSTM 通过引入一个复杂的单元结构，包括遗忘门、输入门和输出门，有效地控制信息的流入、保留和流出。LSTM 能够维护一个长期的状态，称为单元状态（cell state），通过门控制来调节信息的流动，从而解决了梯度消失问题，并使网络能够学习和保持长期依赖。LSTM 示意图见图 11-2。

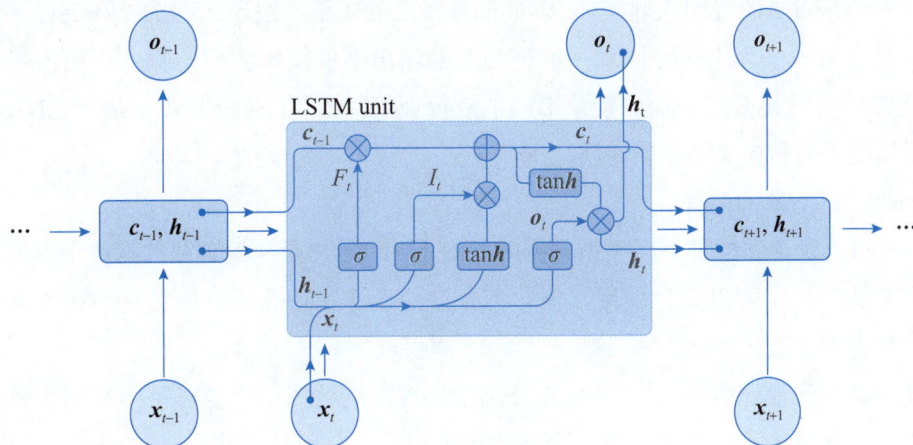

图 11-2　LSTM 示意图

GRU 是另一种旨在解决 RNN 梯度问题的架构。与 LSTM 相比，GRU 结构更为简单，它将 LSTM 中的遗忘门和输入门合并成一个单一的"更新门"。由于其结构简化，GRU 在某些任务中比 LSTM 更高效，尤其是在数据集较小或模型大小较为关键的情况下。然而，它是否优于 LSTM 通常取决于特定的任务和数据集。GRU 示意图见图 11-3。

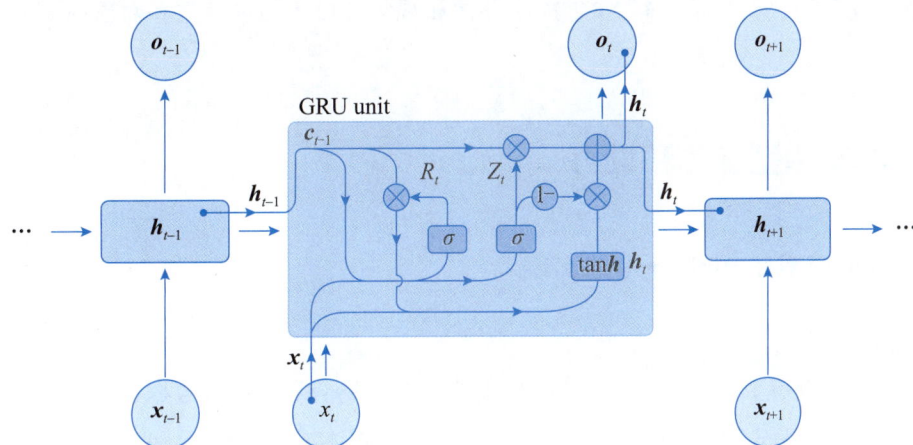

图 11-3　GRU 示意图

LSTM 和 GRU 可以看作对基本 RNN 架构的改进和扩展。它们保留了 RNN 的基本特点，即处理序列数据和维护内部状态，同时引入了新的机制来克服原始 RNN 的限制。在实际应用中，选择使用 RNN、LSTM 还是 GRU 取决于多种因素，包括数据的特性、所需的计算效率以及模型的复杂性。LSTM 和 GRU 通常在处理长序列数据时优于标准 RNN。

2. RNN 与传统神经网络的差异

前馈神经网络（FNN）的结构简单直接，数据在网络中从输入层流向隐藏层，最后到输出层，且每层之间为单向连接，没有循环或反馈，每个输入都独立处理，使用标准的反向传播算法进行训练。FNN 适用于静态输入输出映射的问题，如分类和回归问题，其中输入数据之间没有明显的时间关联。而 RNN 的独特之处在于网络层之间的循环连接。这种结构允许信息在时间序列中循环流动，使得当前的输出不仅依赖当前的输入，还依赖前一步的隐藏状态。由于其循环结构，使用 BPTT 进行训练，BPTT 在时间步上展开 RNN，但这也引入了梯度消失和梯度爆炸的问题。

3. RNN 与 CNN 的差异

在讨论机器学习和处理不同类型数据时，RNN 和 CNN 是两种重要的深度学习架构。尽管它们在某些应用中可以互换使用，但它们各自的设计和功能特点使得它们在处理特定类型的数据时更为有效。

从基本架构和设计哲学看，RNN 设计用于处理序列数据。通过在每个时间步使用相同的权重集，并保持一个内部状态来捕获序列中的信息，从而适应序列的时间动态。RNN 通过其循环连接特性能够处理序列中的时间依赖性。这意味着 RNN 能够记住并利用前面时间步的信息。RNN 特别适合于时间序列分析、语言建模和文本生成等任务。而 CNN 主要设计用于处理网格化数据，如图像（2D 网格）或声音频谱（1D 网格）。CNN 通过卷积和池化操作能够捕获输入数据的空间层次结构，这使得 CNN 在处理具有强空间相关性的数据（如图像中的像素）时非常有效。通过使用卷积层来提取局部特征，并通过层叠多个卷积层和池化层来逐渐捕获更高级别的特征，CNN 在图像和视频分析、图像分类和对象检测等任务中表现出色。

11.2　RNN 模型变体和训练

11.2.1　RNN 模型在 Python 中的实现

1. 模拟数据生成

为了进一步理解 RNN 模型在时间序列中的应用，我们基于模拟数据进行训练。我们假设模拟数据生成过程服从 ARMA（1,3）过程，模拟数据生成过程如下。

```
...
# Define ARMA(1,3) process parameters
# For ARMA(p,q), the AR part requires p+1 parameters (including zero
```

```
# lag) and the MA part requires q parameters
    ar_params = np.array([1, -0.5]) # AR parameter(phi), with 1 for zero lag
    ma_params = np.array([1, 0.5, -0.25, 0.75]) # MA parameters(theta)

    # Create ARMA process
    arma_process = ArmaProcess(ar_params, ma_params)

    # Generate synthetic ARMA(1,3) data
    np.random.seed(0)  # For reproducibility
    n_points = 100  # Number of data points
    data = arma_process.generate_sample(nsample=n_points)

    # Create a pandas DataFrame for time series
    dates = pd.date_range(start="2020-01-01", periods=n_points, freq='B')
# Business days
    arma_data = pd.DataFrame(data=data, index=dates, columns=['Value'])

    arma_data.head()  # Display the first few rows of the DataFrame
...
```

接下来为 RNN 模型训练准备数据，这里假设使用过去 3 期的历史信息来作滚动预测。

```
...
# Prepare the dataset for RNN
def create_dataset(data, time_step=1):
    X, Y = [], []
    for i in range(len(data)-time_step-1):
        a = data[i:(i+time_step), 0]
        X.append(a)
        Y.append(data[i + time_step, 0])
    return np.array(X), np.array(Y)

# Time steps for the RNN
time_step = 3
X, y = create_dataset(arma_data.values, time_step)
X = X.reshape(X.shape[0], X.shape[1], 1)
...
```

2. RNN 模型训练

在 TensorFlow 中，可以使用如下几个主要的 RNN 相关类和函数来构建 RNN 模型。SimpleRNN 是最基础的 RNN 单元，通常用于处理较短的序列数据。LSTM 是一种特殊类型的 RNN，能够学习长期依赖关系，通常用于更复杂或更长的序列。GRU 是另一种高级的 RNN，与 LSTM 类似，但结构更简单，参数更少，通常在某些任务上与 LSTM 有相似的表现。在 TensorFlow 中，RNN 模型通常通过 Sequential 模型构建，通过添加 RNN 层（如 SimpleRNN、LSTM 或 GRU）来创建。可以通过添加多个 RNN 层来构建更深的网络，以处理更复杂的任务。

首先导入如下与 RNN 模型相关的一些程序包。

```
...
from tensorflow.keras.models import Sequential
from tensorflow.keras.layers import SimpleRNN, Dense
from tensorflow.keras.layers import Masking
from tensorflow.keras.layers import LSTM, Dropout
from tensorflow.keras.optimizers import Adam
from tensorflow.keras.models import Sequential
from tensorflow.keras.layers import GRU, Dense
from tensorflow.keras.preprocessing.sequence import pad_sequences
...
```

基础 RNN 模型如下。

```
...
# Creating the RNN model
def create_rnn_model(input_shape, units=50, activation='tanh'):
    model = Sequential()
    model.add(SimpleRNN(units, activation=activation, input_shape=input_
shape))
    model.add(Dense(1))
    model.compile(optimizer='adam', loss='mean_squared_error')
    return model
model = create_rnn_model(input_shape=(time_step, 1))
# Training the model
model.fit(X, y, epochs=100, batch_size=32, verbose=1)
...
```

对于 LSTM 模型，可以通过如下的代码实现。

```
...
def create_enhanced_rnn_model(input_shape, units=50, activation='tanh',
dropout_rate=0.2):
    model = Sequential()
    # Adding an LSTM layer instead of SimpleRNN
    model.add(LSTM(units, activation=activation, input_shape=input_
shape, return_sequences=True))
    model.add(Dropout(dropout_rate))  # Dropout for regularization
    # You can add more LSTM layers if needed
    model.add(LSTM(units, activation=activation))
    model.add(Dropout(dropout_rate))
    model.add(Dense(1))  # Output layer
    # Using Adam optimizer with a specified learning rate
    optimizer = Adam(learning_rate=0.001)
    model.compile(optimizer=optimizer, loss='mean_squared_error')
    return model

# Adjust these parameters as needed
input_shape = (3, 1)  # Based on your data
units = 64  # Number of neurons in the LSTM layer
dropout_rate = 0.3  # Dropout rate
learning_rate = 0.001  # Learning rate
```

```
    batch_size = 16  # Batch size
    epochs = 200  # Number of epochs

    # Create and train the enhanced RNN model
    enhanced_rnn_model = create_enhanced_rnn_model(input_shape, units,
'tanh', dropout_rate)
    enhanced_rnn_model.fit(X, y, epochs=epochs, batch_size=batch_size,
verbose=1)
    ...
```

对于 GRU 模型，可以通过如下的代码实现。

```
    ...
    def create_gru_model(input_shape, units=50, activation='tanh'):
        model = Sequential()
        model.add(GRU(units, activation=activation, input_shape=input_shape))
        model.add(Dense(1))  # Adjust the number of neurons in the Dense
# layer according to your output needs
            model.compile(optimizer='adam', loss='mean_squared_error')  # Use
# appropriate optimizer and loss function
        return model
    # Create the GRU model
    gru_model = create_gru_model(input_shape)
    # Train the model
    gru_model.fit(X, y, epochs=100, batch_size=32, verbose=1)  # Adjust epochs
# and batch size as needed
    ...
```

接下来可以绘制上述三个模型的预测值和实际值的区别，代码如下。

```
    ...
    # Predicting using the model
    raw_predict= model.predict(X)
    train_predict = enhanced_rnn_model.predict(X)
    gru_predict= gru_model.predict(X)

    # Invert predictions, as our current predictions are scaled
    # If you have applied scaling to your data, you need to invert it to get
# actual values

    # Generate a time series for plotting
    time_series = range(len(train_predict))

    # Plotting the actual and predicted values
    plt.figure(figsize=(10, 6))
    plt.plot(time_series, y, label='Actual Values')
    plt.plot(time_series, train_predict, label='Predicted Values')
    plt.plot(time_series, raw_predict, label='LSTM Values')
    plt.plot(time_series, gru_predict, label='GRU Values')
    plt.title('time serires Prediction')
    plt.xlabel('Time')
```

```
plt.ylabel('Stock Price')
plt.legend()
plt.show()
...
```

图形结果如图 11-4 所示。

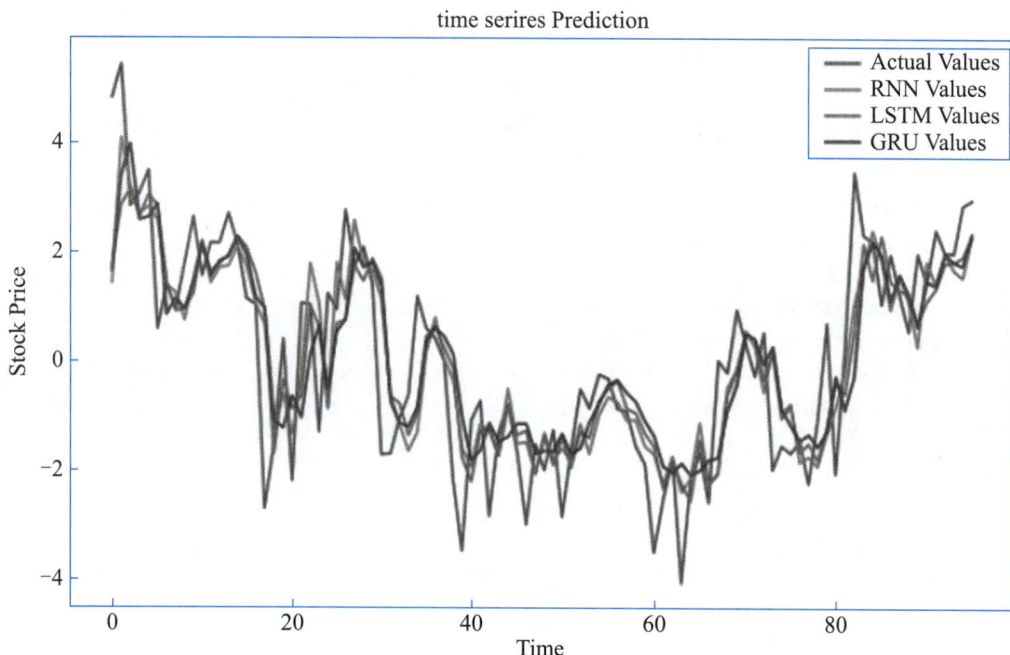

图 11-4　不同模型的图形

11.2.2　RNN 训练过程与参数调优

1. 数据预处理与模型配置

数据预处理是构建任何机器学习模型的首要步骤，对于 RNN 来说尤其重要。RNN 处理的序列数据通常需要特别的处理方法来确保模型能够有效地从中学习。首先，数据清洗阶段包括移除或填充缺失值、处理异常值、确保数据的一致性与准确性。接着，在数据标准化或归一化阶段，通过诸如 Z-score 标准化或最小 - 最大缩放等方法处理不同尺度的数据，以消除尺度差异对模型的影响。对于时间序列数据，还需确保数据按时间顺序排列且间隔均匀，并可以考虑季节性分解或趋势去除等处理方法。此外，在序列化处理中，需确定适当的序列长度，并将文本数据中的词转换为数字表示，如独热（one-hot）编码或词嵌入。数据分割步骤涉及将数据集划分为训练集、验证集和测试集，特别是在时间序列数据中，要确保数据独立分布并避免未来信息泄露。最后，在批量处理方面，选取适当的批量大小对于训练至关重要，特别是在处理长序列数据时可能需要采用截断的反向传播算法。这些预处理步骤的质量直接影响训练的顺利进行和最终模型的性能。

在 RNN 的训练过程中，模型的配置和初始化是确保有效学习和性能良好的关键。首先，在模型结构配置上，需要根据任务需求选择合适的 RNN 类型（标准 RNN、LSTM 或 GRU），其中，LSTM 和 GRU 更适合处理长序列数据。隐藏层的设置包括确定层数和单元数量，这影响模型的复杂度、学习能力、过拟合风险和计算成本。输出层应根据任务类型（分类或回归）选择适当的激活函数。其次，在参数初始化方面，权重通常采用小的随机数初始化，偏置可以初始化为零或小的正值，而在 LSTM 中，遗忘门的初始权重较高有助于信息保留。其次，选择合适的学习率和优化器（如 SGD、Adam 或 RMSprop）对模型的收敛和性能至关重要。最后，应用如 L1/L2 正则化和丢弃的正则化技术，以及梯度裁剪，都是防止过拟合和梯度问题的重要措施。这些配置和初始化设置对加速训练过程、提高泛化能力和避免梯度问题具有显著影响。

2. 超参数的选择

超参数的选择对 RNN 的性能和训练效率有着直接影响。合适的超参数设置可以加速模型训练，提高模型准确率，降低过拟合风险。接下来逐一介绍各个超参数。

（1）学习率

学习率是最关键的超参数之一。过高的学习率可能导致模型不稳定，而过低的学习率则会使训练过程过于缓慢。

可以考虑使用自适应学习率算法，如 Adam 算法，或者设置学习率衰减策略。

（2）隐藏层大小和数量

隐藏单元数量和隐藏层层数直接影响模型的复杂度。

更多的隐藏单元和隐藏层层数可以提高模型的学习能力，但也增加了计算负担和过拟合的风险。

（3）批量大小

批量大小决定了每次参数更新考虑的数据量。

较小的批量可以提供更频繁的更新，但可能导致训练不稳定；较大的批量稳定，但可能降低模型的泛化能力。

（4）序列长度

在处理序列数据时，需要确定输入序列的长度。

过长的序列可能导致梯度消失或梯度爆炸问题，而过短的序列可能不足以捕捉相关信息。

（5）优化器选择

不同的优化器（如 SGD、Adam、RMSprop）对模型的收敛速度和最终性能有不同的影响。

选择的优化器可以根据具体问题和数据类型进行调整。

（6）梯度裁剪

在 RNN 中，梯度裁剪是一种常用的技术，用以防止梯度爆炸。

设定一个阈值，当梯度的大小超过这个阈值时，将其缩放回阈值以下。

（7）初始化方法

权重的初始化方法（如 Xavier/Glorot 初始化或 He 初始化）也是一个重要的超参数。不同的初始化方法可能对模型的早期训练阶段和最终性能产生影响。

最后，超参数的选择往往需要基于实验。可以使用网格搜索、随机搜索或贝叶斯优化方法来寻找最优的超参数组合。此外，使用验证集来评估不同超参数设置下的模型性能，以避免在测试集上的过拟合。在工程实践上，我们也会通过逐步调整的方式，通常最好逐个调整超参数，以了解每个参数对性能的影响。超参数的选择对于构建一个高效且泛化能力强的 RNN 模型至关重要。通过精心调整这些参数，可以显著提升模型在实际任务中的表现。

3. 其他实际挑战及解决方法

在训练 RNN 时，梯度消失和梯度爆炸是两个主要挑战，尤其是在处理长序列数据时。梯度消失是指梯度在传播过程中变得非常小，导致网络前层学习缓慢或无效；解决方法包括使用 LSTM 或 GRU、选择合适的激活函数，以及梯度剪裁。梯度爆炸则是梯度变得异常大，可能导致模型无法收敛；解决方案是梯度剪裁、调整学习率和使用正则化技术。此外，适当的权重初始化和监控梯度大小也有助于预防和及时发现这些问题。

长期依赖问题指 RNN 难以学习和保留序列中早期时间步的信息。标准 RNN 在处理长序列时可能失去对早期输入的记忆，影响模型在需要长时间跨度信息的任务中的表现。解决长期依赖的方法包括使用 LSTM 和 GRU、引入注意力机制、构建层次化 RNN、序列分割和使用外部记忆机制。这些策略和技术的运用极大地提升了 RNN 处理长序列数据的能力和效率。

11.3　RNN 在金融智能中的应用

案例　RNN 模型与有效市场假说

1. 有效市场假说

有效市场假说（efficient market hypothesis，EMH）是金融学中的一个重要理论，由尤金·法玛（Eugene Fama）在 20 世纪 70 年代初期提出。这一假说主要关于资本市场的信息处理效率，其核心观点是，金融市场是有效的，市场价格在任何给定时间都准确地反映了所有可用信息。根据这个假设，没有投资者能够通过分析历史股价或市场信息来获取超额收益，因为这些信息已经被市场充分消化并体现在当前的股价中。

有效市场假说主要有三种形式。①弱式有效（weak-form efficiency）市场：这是最基本的形式，主张市场价格已经反映了所有历史交易信息，包括股票价格和交易量等。在这种市场中，技术分析（基于历史价格和交易量的分析）不能产生超额回报。②半强式有效（semi-strong form efficiency）市场：在这种形式的市场中，股价不仅反映了所有历史交易信息，还包括了所有公开可用的信息。这意味着基于公开信息的基本面分析也无法产生超额回报。③强式有效（strong-form efficiency）市场：这是最严格的形式，它认为市场价格反映了所有信息，包括公开的和非公开的（内幕）信息。在这种市场中，即使拥有内部信息，也无法实现超额回报。

有效市场假说对投资策略、资产定价和金融市场监管等方面产生了深远的影响。然而，这个假说也受到了一些批评和质疑，特别是在实证研究中发现的市场异象、行为金融学的观点，以及金融危机期间市场的非理性行为等，这些都挑战了市场效率的假设。尽管如此，有效市场假说仍然是现代金融理论和实践中的一个基石。

2. 弱式有效市场的检验

Murray 等（2023）在金融学顶级期刊 *Journal of Financial Economics* 上发表了基于一系列深度学习算法重新检查技术分析在股票横截面收益率预测上的应用。在对技术分析指标的构造上，作者构造了 12 个过去累计收益率的指标，分别是 CR1 ～ CR12。其中，CR1 代表过去 1 个月的累计收益率，CR2 代表过去 2 个月的累计收益率，以此类推。为了实现收益率预测的目标，作者考虑了 96 种不同的 ML 模型，这些模型是由四种神经网络架构（FNN、CNN、LSTM 和结合了 CNN 与 LSTM 的网络（CNNLSTM））、两种损失函数（MSE 和 MAE）、三种加权方案（EW、EWPM 和 EWPMVW）以及四种不同的预测变量处理方式的所有组合构成的。最终，他们选择了一种结合了 CNN 和 LSTM 的 ML 架构（CNNLSTM），使用 MSE 作为损失函数，对每月的观察结果分配相同的总权重，并对每月的每只股票分配相等权重。

在横截面收益率预测中，FNN 的模型架构如图 11-5 所示。

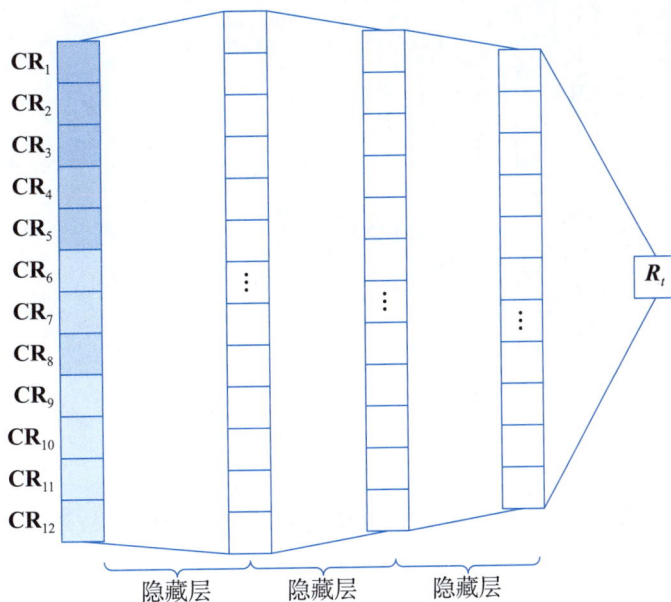

图 11-5 FNN 的模型架构

CNN 的模型架构如图 11-6 所示。

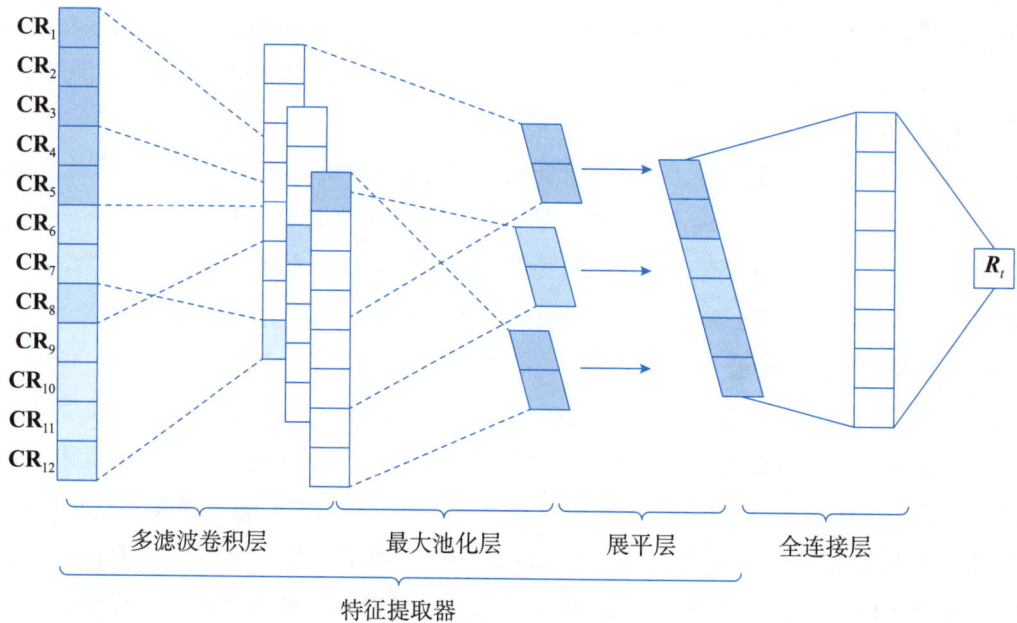

图 11-6　CNN 的模型架构

LSTM 的模型架构如图 11-7 所示。

此外，作者还考虑将 CNN 模型和 LSTM 模型进行结合，其模型架构如图 11-8 所示。

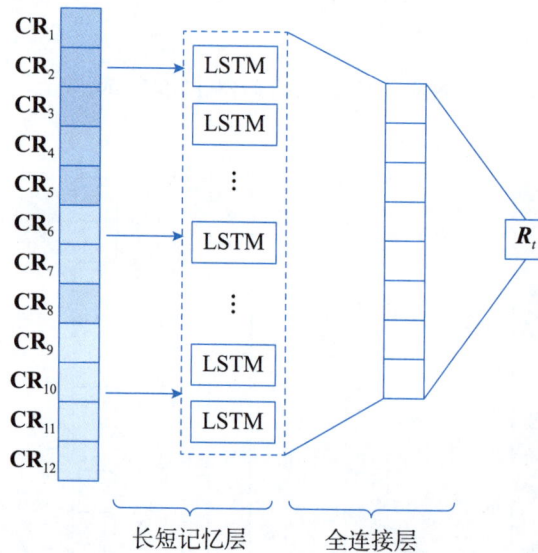

图 11-7　LSTM 的模型架构

　　论文中的模型训练采用了多次拟合和验证，以及样本外性能的评估，确保了模型预测的准确性和稳定性。通过这种方法，可以有效地利用大量数据进行训练和验证，同时通过对多个预测结果的平均来提高预测的准确性。研究结果表明，基于 ML 的预测方法能够成功预测股票横截面收益，这些发现对有效市场假说提出了挑战，并表明技术分析和图表分析具有实际价值。总体来说，这项研究展示了使用先进的 ML 技术进行股票市场分析和预测的潜力，并对现有的市场理解和投资策略提供了新的视角。

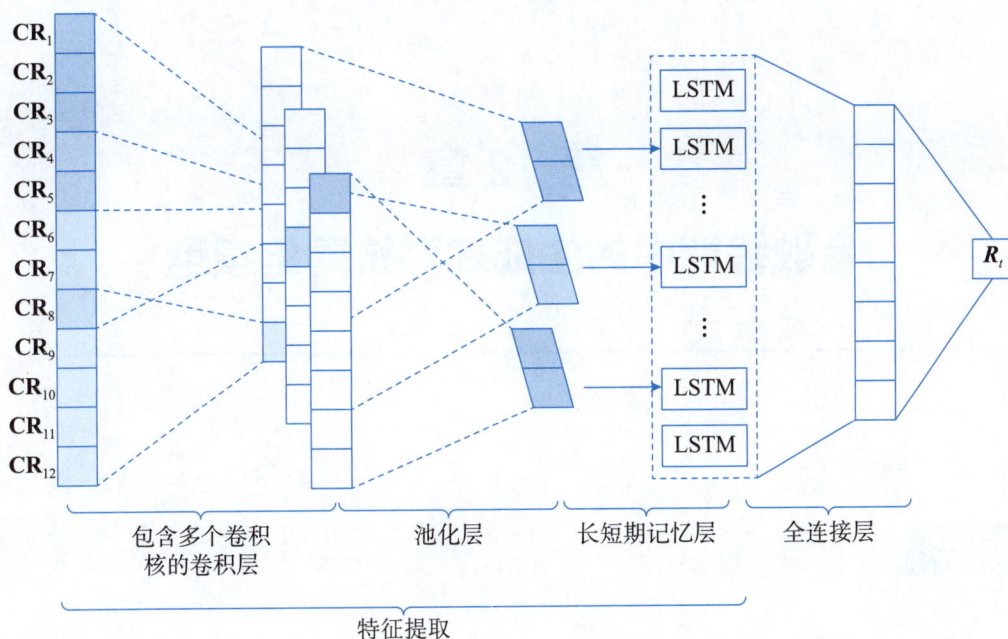

图 11-8　CNN 和 LSTM 模型结合架构

11.4　本章小结

本章详细探索了 RNN 在处理金融时间序列数据中的应用和优势。从 RNN 的基本概念、结构和与传统神经网络的对比入手，深入讨论了 RNN 的核心原理，如状态和记忆的处理、时间序列数据分析，以及前向和反向传播机制；接着，着重介绍了在 Python 中 RNN 模型的实现；最后，通过金融市场预测的案例，展示了 RNN 在金融智能领域的实际应用和潜力，强调了 RNN 在金融数据分析和预测中的重要性。

关键名词

RNN 模型、LSTM 模型、GRU、有效市场假说、收益率预测

复习思考题

解释 RNN 的核心原理，包括其状态和记忆的处理方式，以及前向和反向传播机制。基于这些原理，讨论 RNN 如何特别适用于处理金融时间序列数据。举例说明 RNN 在金融市场预测或其他金融应用中的一个具体应用场景，并分析其优势和潜在的局限性。

第 12 章

金融智能中的生成式对抗网络模型

章前导读

生成式对抗网络（generative adversarial networks, GAN）模型作为无监督深度学习的代表，被广泛应用于图片生成和视频生成等领域。在 GAN 的框架中，生成器和鉴别器作为相互对抗的模型，使得对抗网络模型具备了进化的特点。在金融智能中，以收益率预测为例，生成器可以基于一系列特征对未来收益进行预测，而鉴别器则通过比较真实收益和预测收益，使得生成器完成参数更新。相较于传统的神经网络，GAN 最终生成的结果会更接近收益率的真实分布。

本章学习目标

首先读者需要理解 GAN 模型的基本架构；其次能够在 Python 中实现 GAN 模型的训练和优化；最后理解 GAN 模型在资产定价领域的一些潜在应用。

12.1　GAN 模型基础

12.1.1　GAN 模型概述

1. 定义与起源

GAN 模型是一种深度学习模型，它在金融智能和许多其他领域有着广泛的应用。GAN 最初由 Ian Goodfellow 于 2014 年提出。GAN 的设计初衷是为了提高生成模型的性能，特别是在图像生成方面。GAN 是由两部分组成的深度学习框架，包括一个生成器（generator）和一个鉴别器（discriminator）。生成器负责生成尽可能逼真的数据，而鉴别器的任务是区分生成的数据和真实数据。

GAN 模型的对抗过程可以被描述为生成器和鉴别器在训练过程中相互对抗。生成器试图产生越来越逼真的数据，而鉴别器则努力更准确地区分真实数据和生成数据。最终目标是使生成器能够生成与真实数据无法区分的结果，而鉴别器也达到极致的鉴别能力。

GAN 的提出被认为是深度学习领域的重大突破，尤其在生成逼真图像、视频、声音等方面表现出色。在金融智能领域，GAN 可以用于风险管理、欺诈检测、算法交易、资产定价等多方面。GAN 模型由于其独特的生成对抗机制，为金融智能提供了新的视角和方法，尤其在数据生成、模式识别和预测分析等方面展现了巨大的潜力。

2. GAN 的基本构成

GAN 的核心结构由两部分组成：生成器和鉴别器。这两部分通过相互对抗的方式共同进化，提升整个网络的性能。GAN 的结构见图 12-1。

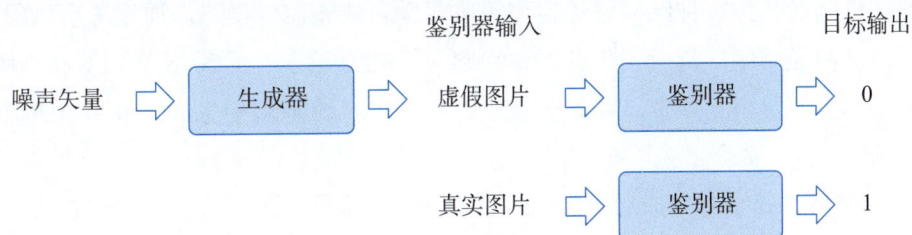

图 12-1　GAN 的结构

（图片来源：Wikipedia）

（1）生成器

生成器的主要任务是创建逼真的数据。它从随机噪声开始，通过学习真实数据的分布特征，生成与真实数据相似的输出。在实践中，通常使用深度神经网络来构建生成器，通过不断优化网络参数，使生成的数据越来越接近真实数据的分布。

（2）鉴别器

鉴别器的任务是区分输入数据是来自真实数据集还是生成器产生的。它的目标是准确识别出生成器制造的数据。鉴别器同样基于深度神经网络，通过学习区分真实数据和生成数据的特征，来提高鉴别能力。

（3）对抗过程

在 GAN 的训练过程中，生成器和鉴别器处于一种动态的对抗关系。生成器不断学习如何产生更逼真的数据，而鉴别器则努力提高它区分真伪的能力。理想状态是达到纳什均衡，即生成器生成的数据让鉴别器难以区分真伪。

GAN 的训练通常涉及对抗损失（adversarial loss），它反映了生成器和鉴别器之间的对抗性能。生成器和鉴别器各自有不同的损失函数，它们通过优化各自的损失来提升性能。GAN 的具体网络架构可以有多种变体，如卷积神经网络（CNN）用于图像相关的任务，循环神经网络（RNN）用于序列数据处理等。

3. GAN 与其他神经网络的比较

GAN 在深度学习领域是一个独特的存在，通过与其他常见的神经网络进行比较，可以更好地理解 GAN 的特点和应用范围。CNN 通常用于图像处理任务，如图像分类、对象检测等，通过层级结构逐渐提取图像的特征。尽管 GAN 中的生成器和鉴别器经常使用 CNN 架构，但 GAN 的目标是生成数据，而不是分类或识别。RNN 适用于处理序列数据，如文本或时间序列，能够处理变长的输入序列。虽然 GAN 主要用于生成数据，但它不专门针对序列数据。在生成序列数据方面，GAN 通常需要特定的架构调整，也可以在生成器和鉴别器中使用 RNN 架构。自编码器主要用于数据压缩和解压缩，通过学习输入数据的压缩表示来重构输入。与自编码器不同，GAN 专注于从噪声中生成新的、逼真的数据，而不是重构输入数据。

在训练机制上，传统神经网络通常使用监督学习或无监督学习，通过最小化预测误差来训练。传统神经网络广泛应用于分类、回归、聚类等任务。而 GAN 采用对抗训练机制，其中生成器和鉴别器相互竞争，以此来提升性能。GAN 更适用于生成任务，如图像和音频的生成、风格转换、数据增强等。

GAN 的独特性在于其生成对抗的训练机制和在生成任务上的优势。尽管它在训练稳定性和易用性方面可能不及传统神经网络，但它在创造性和生成能力上展现出巨大的潜力。

12.1.2　GAN 的核心组成

1. 生成器的原理

生成器是 GAN 架构中的关键组件，它的核心任务是生成与真实数据几乎无法区分的虚假数据。这一过程的起点是随机噪声，可以理解为数据生成的初始"种子"。生成器本身是一个复杂的深度神经网络，负责学习和模仿真实数据的分布特性。

在训练开始时，生成器接收随机生成的噪声作为输入。这个噪声是一系列随机数，为生成器提供了数据生成的初始点。生成器的网络结构由多层神经元组成，每一层都对输入数据进行转换，逐步将其塑造成最终输出。这些转换包括各种数学操作，如加权和、非线性激活函数等，旨在模拟真实数据的复杂特性。

随着训练的进行，生成器通过反向传播算法和梯度下降（或其变体）不断调整其内部参数（如权重和偏置）。这一优化过程的目标是最小化生成器的损失函数，后者通常设计为衡量鉴别器判断其输出为真实数据的概率。生成器的最终目标是生成足以欺骗鉴别器的数据，使其无法轻易区分真假数据。

在实际应用中，为了防止过拟合和确保训练的稳定性，可能会引入各种正则化和稳定化技术。这些技术包括但不限于丢弃法、批量归一化等，都是为了改善网络的泛化能力和训练的稳定性。

生成器的应用非常广泛，尤其在图像生成领域表现出色。例如，在有限的训练数据条件下，生成器能够创造新的图像实例，从而增强数据集。这些应用不仅限于图像生成，还包括其他领域，如音频生成、文本生成等，展示了 GAN 在模拟和创造真实世界数据方面的巨大潜力。

2. 鉴别器的作用

在 GAN 中，鉴别器的主要作用是区分输入数据是否来自真实数据集或生成器。这一过程对于指导和优化生成器的训练至关重要。鉴别器的核心任务是通过学习真实数据的特征来识别生成器产生的数据。它通常构建一个深度神经网络，能够处理来自数据集的真实数据和生成器生成的数据两种类型的输入。鉴别器通过神经网络分析这些数据，并输出数据真伪的概率评估。

在 GAN 的训练过程中，鉴别器和生成器之间形成对抗性学习的关系。生成器试图生成越来越逼真的数据来"欺骗"鉴别器，而鉴别器则努力提高鉴别真伪的能力。这种对抗性学习是通过优化鉴别器的损失函数来实现的，目的是最大化其正确识别真实和生成数据的能力。为了确保有效训练，需要平衡生成器和鉴别器之间的性能，以避免一方过于强大导致训练失败。

鉴别器在 GAN 中的作用远超过一个简单的分类器。它是生成器性能提升的关键动力，直接影响生成数据的质量。此外，鉴别器在识别和理解数据模式方面也展示了潜力，这对于整个 GAN 系统生成更加逼真的数据至关重要。总体来说，鉴别器通过与生成器的对抗性学习，促进了 GAN 整体向生成更加逼真数据的方向发展。

3. 对抗训练机制

对抗训练机制是 GAN 的核心，它定义了生成器和鉴别器之间基于博弈论的动态互动过程。这一机制涉及生成器努力产生逼真数据以欺骗鉴别器，与此同时，鉴别器则不断提高其识别真假数据的能力。

在训练流程中，生成器从随机噪声出发，生成数据的目的在于迷惑鉴别器。而鉴别器则接收来自生成器的数据和真实数据作为输入，学习如何有效区分两者。对抗训练的损失函数设计至关重要：鉴别器的损失通常采用二元交叉熵，以最大化区分真假数据的准确率；生成器的损失则旨在使其产生的数据被鉴别器误判为真实数据的概率最大化。

理想的对抗训练结果是达到纳什均衡状态，即生成器生成的数据无法被鉴别器区分。然而，实际达到这一平衡点非常具有挑战性。训练过程中可能出现的挑战包括模式坍塌（生成器只生成有限种类型的数据）和训练不稳定性。

为应对这些挑战，通常会采取优化策略，如调整学习率和其他超参数，以及应用正则化和稳定化技术来减轻不稳定性和模式坍塌问题。通过这些策略，GAN 能够学习生成高质量、多样化的数据，使其在图像生成、数据增强、艺术创作等领域表现出色。对抗训练机制的这种独特性是 GAN 在多个领域应用成功的关键所在。

GAN 的总体目标可以通过以下损失函数表示：

$$\min_G \max_D V(D,G) = E_{x \sim p_{dt}(x)}\Big[\log D(x)\Big] + E_{z \sim p_z(z)}\Big[\log\big(1 - D(G(z))\big)\Big]$$

式中，$\min_G \max_D V(D,G)$ 表示生成器 G 尝试最小化而鉴别器 D 尝试最大化的值函数；$E_{x \sim p_{dt}(x)}\Big[\log D(x)\Big]$ 是鉴别器 D 评估真实数据 x 的期望对数似然；$E_{z \sim p_z(z)}\Big[\log\big(1 - D(G(z))\big)\Big]$ 是鉴别器 D 评估由生成器 G 生成的假数据的期望对数似然。这个损失函数揭示了 GAN 的训练动态：鉴别器 D 试图区分真实数据和生成器 G 生成的假数据，而生成器 G 则试图生成尽可能逼真的数据以欺骗鉴别器 D。

生成器 G 的目标是最小化其生成的样本与真实样本的区别，其更新可以用以下方式表示：

$$\nabla_{\theta_g} \frac{1}{m} \sum_{i=1}^{m} \log\Big(1 - D\big(G(z^{(i)})\big)\Big)$$

式中，θ_g 是生成器的参数；$z^{(i)}$ 是随机噪声输入；m 是样本数量。

鉴别器 D 的目标是区分真实数据和生成器产生的假数据。其更新公式可以表示为

$$\nabla_{\theta_d} \frac{1}{m} \sum_{i=1}^{m} \Big[\log D\big(x^{(i)}\big) + \log\big(1 - D(G(z^{(i)}))\big)\Big]$$

式中，θ_d 是鉴别器的参数；$x^{(i)}$ 是真实数据的样本。

上述公式展示了 GAN 中的两个核心组件（生成器和鉴别器）是如何通过梯度下降法进行训练和优化的。

12.2　GAN 模型的训练与优化

12.2.1　GAN 模型在 Python 中的实现

1. 数据预处理

MNIST 数据集是机器学习和计算机视觉领域中极为知名和广泛使用的基准数据集，主要包含 60000 个训练样本和 10000 个测试样本，这些样本都是规范化和中心对齐的 28×28 像素手写数字灰度图像。自 20 世纪 90 年代推出以来，由于其简单性和普遍适用性，MNIST 数据集已成为评估数字识别和图像分类算法的标准工具，特别适合于入门级机器学习和深度学习项目。我们使用 MNIST 数据集来举例，利用 GAN 模型来生成图像。代码如下。

```
...
import tensorflow as tf
```

```
from tensorflow.keras.layers import Dense, Flatten, Reshape
from tensorflow.keras.models import Sequential
import matplotlib.pyplot as plt
import numpy as np

# 加载 MNIST 数据集
mnist = tf.keras.datasets.mnist
(train_images, _), (_, _) = mnist.load_data()
train_images = train_images.reshape(train_images.shape[0], 28, 28,
1).astype('float32')
train_images = (train_images - 127.5) / 127.5  # 将图片标准化到 [-1, 1]
...
```

2. GAN 模型训练

在提供的 GAN 代码中，我们设定了以下几个关键参数来构建和训练模型。

（1）输入噪声维度：设置了 noise_dim 为 100，这意味着生成器将接收一个 100 维的随机噪声向量作为输入。这个噪声向量是生成图像过程中的起始点，为生成器提供了必要的随机性。

（2）神经网络结构：生成器由一个序列化深度神经网络组成，包括两个全连接层。第一个层有 128 个神经元并采用 LeakyReLU 激活函数，而第二个层负责将这些特征转换为 28×28 像素的图像。鉴别器也是一个序列化深度网络，包含一个将图像展平的层和两个全连接层，最终输出一个标量值来表示图像的真实性。

（3）优化器：生成器和鉴别器分别使用了学习率为 0.0001 的 Adam 优化器。Adam 是一种流行的优化算法，特别适合处理大规模数据和参数的情况，有助于加速训练过程。

（4）损失函数：选择二元交叉熵作为损失函数，用于衡量鉴别器对真实图像和生成图像分类准确性的差异。

（5）批量大小和训练次数（epoch）：批量大小设置为 256，这意味着每次训练时会从数据集中随机选择 256 个样本。epoch 设定为 50，即模型将遍历整个数据集 50 次。

（6）数据预处理：为了适应生成器输出层的 tanh 激活函数，将 MNIST 数据集中的图像标准化到 [−1, 1] 的范围。这有助于模型训练的稳定性和效率。

模型的具体代码如下。

```
...
# 构建生成器
def make_generator_model():
    model = Sequential()
    model.add(Dense(128, use_bias=False, input_shape=(100,)))
    model.add(tf.keras.layers.LeakyReLU())
    model.add(Dense(28 * 28 * 1, use_bias=False, activation='tanh'))
    model.add(Reshape((28, 28, 1)))
    return model
```

```
# 构建鉴别器
def make_discriminator_model():
    model = Sequential()
    model.add(Flatten(input_shape=(28, 28, 1)))
    model.add(Dense(128))
    model.add(tf.keras.layers.LeakyReLU())
    model.add(Dense(1))
    return model

# 编译模型
generator = make_generator_model()
discriminator = make_discriminator_model()
generator_optimizer = tf.keras.optimizers.Adam(1e-4)
discriminator_optimizer = tf.keras.optimizers.Adam(1e-4)
cross_entropy = tf.keras.losses.BinaryCrossentropy(from_logits=True)

# 定义训练步骤
def train_step(images):
    noise = tf.random.normal([BATCH_SIZE, noise_dim])

    with tf.GradientTape() as gen_tape, tf.GradientTape() as disc_tape:
        generated_images = generator(noise, training=True)

        real_output = discriminator(images, training=True)
        fake_output = discriminator(generated_images, training=True)

        gen_loss = cross_entropy(tf.ones_like(fake_output), fake_output)
        disc_loss = cross_entropy(tf.ones_like(real_output), real_output) +
cross_entropy(tf.zeros_like(fake_output), fake_output)

            gradients_of_generator = gen_tape.gradient(gen_loss, generator.
trainable_variables)
            gradients_of_discriminator = disc_tape.gradient(disc_loss,
discriminator.trainable_variables)

            generator_optimizer.apply_gradients(zip(gradients_of_generator,
generator.trainable_variables))
            discriminator_optimizer.apply_gradients(zip(gradients_of_
discriminator, discriminator.trainable_variables))

# 定义训练过程
def train(dataset, epochs):
    for epoch in range(epochs):
        for image_batch in dataset:
            train_step(image_batch)

# 设置训练参数
EPOCHS = 50
```

```
BATCH_SIZE = 256
BUFFER_SIZE = 60000
noise_dim = 100

# 准备训练数据集
train_dataset = tf.data.Dataset.from_tensor_slices(train_images).shuffle
(BUFFER_SIZE).batch(BATCH_SIZE)

# 开始训练
train(train_dataset, EPOCHS)

# 保存和展示原始图片
def save_original_images(images, n_images=16):
    fig = plt.figure(figsize=(4, 4))
    for i in range(n_images):
        plt.subplot(4, 4, i+1)
        plt.imshow(images[i, :, :, 0] * 127.5 + 127.5, cmap='gray')
        plt.axis('off')
    plt.savefig('original_images.png')
plt.close()
...
```

3. GAN 模型训练结果

比较一下原始图片和 GAN 生成图片的区别。从中看到，基于 50 轮训练生成的图片，
距离真实图片的质量还有相当的距离。感兴趣的读者可以继续对参数进行调整，同时增大
训练次数，从而获取更高质量的图像。相关的 Python 代码如下。

```
...
def compare_generated_to_original(generator, original_images, test_input,
n_images=16):
    predictions = generator(test_input, training=False)
    fig = plt.figure(figsize=(8, 16))  # 增加画布尺寸

    for i in range(n_images):
        # 显示原始图片
        plt.subplot(8, 4, 2*i+1)  # 修改网格大小
            plt.imshow(original_images[i, :, :, 0] * 127.5 + 127.5,
cmap='gray')
        plt.axis('off')
        # 显示生成的图片
        plt.subplot(8, 4, 2*i+2)  # 修改网格大小
        plt.imshow(predictions[i, :, :, 0] * 127.5 + 127.5, cmap='gray')
        plt.axis('off')
    plt.show()

# 保存和展示原始图片
save_original_images(train_images)
# 生成噪声并比较图片
```

```
noise = tf.random.normal([16, noise_dim])
compare_generated_to_original(generator, train_images, noise)
...
```

输出结果如下。

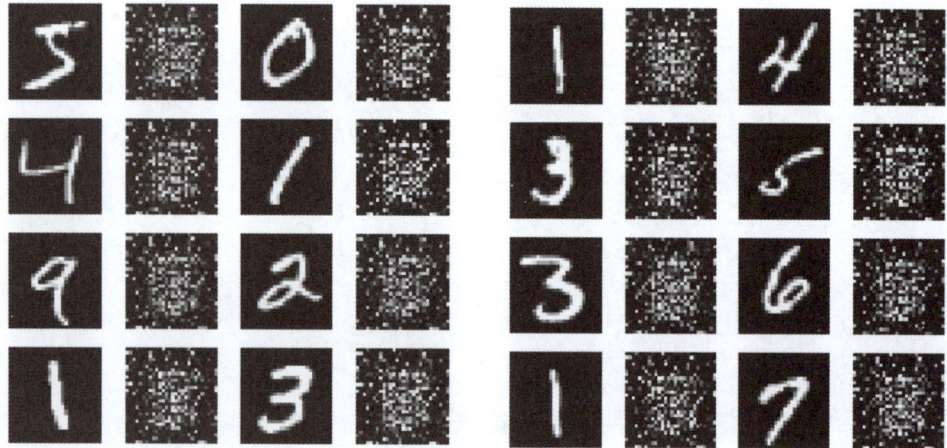

12.2.2 GAN 的参数调优与稳定性问题

1. 超参数的选择与调整

在 GAN 的训练中，超参数的选择和调整对于模型的性能和稳定性至关重要。正确调整超参数可以显著提高 GAN 的训练效果和输出质量。

（1）学习率：学习率是影响 GAN 训练最重要的超参数之一。过高的学习率可能导致训练不稳定，而过低的学习率则可能导致训练速度过慢。通常从较低的学习率开始，并根据训练过程中的性能逐步调整。

（2）批量大小（batch size）：批量大小会影响模型训练的稳定性和收敛速度。较小的批量可能导致训练过程不稳定，较大的批量则可能增加训练的内存需求。选择合适的批量大小需要在计算资源和训练稳定性之间找到平衡。

（3）优化器：不同的优化器对 GAN 的训练效果有不同的影响。常用的优化器包括 Adam、RMSprop 等。优化器的参数，如动量（momentum）和衰减率（decay rates），也需要根据具体情况进行调整。

（4）生成器与鉴别器的平衡：为了有效训练 GAN，需要确保生成器和鉴别器之间的相对能力平衡。可以通过调整二者的学习率或改变每个网络的训练频率来实现这一平衡。

（5）稳定性技巧：为了防止梯度爆炸，可以对梯度进行裁剪。此外，还可以引入正则化方法，如批量归一化（batch normalization）或层归一化（layer normalization），有助于提高训练的稳定性。

（6）实验性调整：由于 GAN 的训练具有高度不确定性，经常需要通过多次实验来找到最优的超参数组合。详细记录不同超参数设置下的训练结果，分析哪些变化对模型性能有积极影响。

超参数的正确选择和调整是 GAN 训练成功的关键。由于 GAN 的对抗性质，这一过程可能需要比训练传统神经网络更多的实验和调整。

2. 训练稳定性的挑战

在 GAN 的训练过程中，维持训练的稳定性是一个主要挑战，这些挑战源于 GAN 独特的对抗性训练机制。首先，模式坍塌是其中之一，当生成器开始生成相似或相同的输出时，失去了多样性，这可能是因为生成器倾向于重复欺骗鉴别器的特定模式。

其次，训练的不稳定性也是一个问题，GAN 的训练过程可能会出现振荡，即生成器和鉴别器的性能波动很大，这可能由于两个网络之间的过度优化循环引起。此外，梯度消失或梯度爆炸是另一个挑战，梯度可能在训练过程中变得微小或巨大，这与神经网络的深度和激活函数等因素有关，影响了模型的学习过程。此外，鉴别器过于强势也是一个问题，如果鉴别器性能远超过生成器，它可能轻易识别出所有生成数据，导致生成器无法有效学习。

最后，超参数敏感性是一个挑战，不恰当的参数设置可能导致训练失败，因为 GAN 对参数调整非常敏感，这增加了训练的复杂性和调试难度。解决这些挑战需要深入理解 GAN 的工作原理，并采取多种技术和策略，如改进网络架构、调整训练策略、使用不同的损失函数等，这些方法可以提高模型的稳定性和生成数据的质量。

3. 提高生成质量的方法

在 GAN 的训练中，生成数据的质量至关重要。首先，通过改进网络架构，包括增加深度和宽度，以及使用专门设计的 GAN 架构（如 DCGAN），可以提高生成图像的质量。此外，使用高质量的数据集，并进行数据清洗和多样性的考虑，有助于 GAN 学习到更广泛的数据特征。

创新的对抗损失是提高生成质量的关键因素。尝试不同的损失函数，如 Wasserstein 损失，可以增强训练的稳定性和生成数据的质量。同时，条件生成对抗网络（cGAN）可以根据给定条件生成特定类型的数据，进一步增加了模型的灵活性。

为了保持训练的稳定性，采用一系列训练技巧和策略至关重要。这包括梯度裁剪和正则化，以防止梯度消失或梯度爆炸，以及确保生成器和鉴别器的相对平衡，避免一方过于强势。此外，使用多尺度生成方法，如 Progressive GAN，可以逐步提高生成图像的细节和质量。

12.3　GAN 在金融智能中的应用

案例　**GAN 与 SDF 估计**

1. SDF 的估计

资产定价理论中的 SDF 代表 Stochastic Discount Factor（随机贴现因子）。这个概念是在金融经济学中用来解释和衡量资产价格的模型之一。假设未来的现金流为 x，随机贴现因子为 m，那么当前的价格可以被写成

$$E(mx) = p$$

随机贴现因子也被称为定价核（pricing kernel）。我们常见的因子模型，如 CAPM 模型、Fama-French 三因子模型，也经常被视为 SDF 的线性形式。

资产定价的根本问题是解释不同资产的平均回报差异。资产之间的预期回报差异是因为它们在 SDF 的风险敞口不同。实证资产定价领域一直在寻找一个能够解释资产预期回报的 SDF，特别是线性模型领域出现的 "Factor Zoo"，如 Fama-French 5 因子模型、Q- 因子模型。Chen 等（2023）提出了 SDF 估计中出现的四个主要挑战：① SDF 可能根据其构造方式依赖于所有可用信息，这意味着 SDF 可能是一个包含大量变量的函数；② SDF 的功能形式是未知的，可能非常复杂；③ SDF 可能具有复杂的动态结构，个体资产的风险敞口可能会随着经济状况和资产特定属性的变化而变化；④个别股票的风险溢价具有低信噪比，这使得解释所有股票的预期回报的 SDF 估计变得更加复杂。上述挑战凸显了资产定价领域的复杂性，而以 GAN 为代表的深度学习提供了更多的可能性来解决上述挑战。

2. GAN 模型与 SDF 的估计

Chen 等（2024）在管理科学顶级期刊 *Management Science* 上发表了基于深度神经网络估计股票回报的资产定价模型（即 SDF）。模型的训练架构如图 12-2 所示。图中展示了具有 LSTM 单元的 RNN 的 GAN 模型架构。SDF 网络包括两个部分：①一个 LSTM 网络用于估计少数几个宏观经济状态；②这些状态与公司特征一起用于 FFN，以构建给定一组测试资产的候选 SDF。条件网络也包括两个网络：①创建自己的宏观经济状态集；②将这些状态与公司特征组合在一起，通过 FFN 寻找给定 SDF 下被错误定价的测试资产。SDF 网络和条件网络竞争直到收敛，即既不能改进 SDF，也不能改进测试资产。

该模型利用了大量的条件信息，保持了完全灵活的形式，并考虑了时间变化。该模型的关键创新在于将基本无套利条件作为准则函数，采用对抗性方法构造最具信息量的测试资产，并从众多宏观经济时间序列中提取经济状态。该资产定价模型在夏普比率、解释方差、定价误差等方面在样本外胜过所有基准方法，并确定了影响资产价格的关键因素。

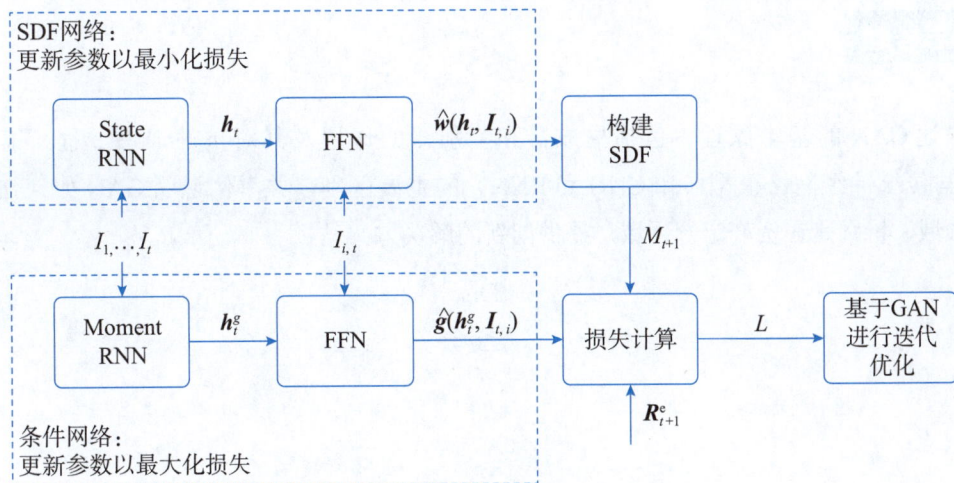

图 12-2　GAN 模型架构

为了应对 SDF 估计过程中的挑战，本研究提出了非线性资产定价模型，利用深度神经网络估计所有美国股票数据，并利用了大量的宏观经济和公司特征。主要的创新点在于将无套利条件作为神经网络算法的一部分。作者利用机器学习技术，如深度神经网络，处理问题的高维度和复杂的函数依赖关系。与现成的方法相比，将无套利约束纳入学习算法中显著改善了风险溢价的估计，并能够解释个股的回报。实证结果证明，该模型在样本外胜过了领先的基准方法，并清楚地揭示了定价核和系统风险的结构。

参考文献

Chen L, Pelger M, Zhu J. Deep learning in asset pricing[J]. Management Science, 2024.70（2）:714-750.

12.4　本章小结

本章深入讨论了 GAN 及其在金融智能领域的应用。从 GAN 的基本概念、结构（包括生成器和鉴别器）及其与其他神经网络模型的比较入手，探讨了 GAN 的核心原理和对抗训练机制。详细介绍了 GAN 模型在 Python 中的实现。通过案例分析展示了 GAN 如何在实证资产定价中估计 SDF。

关键名词

生成器、鉴别器、GAN、SDF

复习思考题

描述 GAN 的基本原理，包括生成器和鉴别器的作用及其对抗性训练过程。请讨论 GAN 与传统神经网络模型（如 CNN 和 RNN）的主要区别，并举例说明 GAN 如何在金融智能领域，特别是在资产定价领域，提供创新的解决方案。

第 13 章
金融智能中的自然语言处理方法

章前导读

　　自然语言处理（NLP）是人工智能领域的一个重要分支，它使计算机能够理解、解析和生成人类语言。在金融智能领域，NLP 技术通过处理和分析大量的文本数据，如新闻、报告、社交媒体评论等，为金融机构提供了前所未有的洞察力和决策支持。这不仅有助于提高金融机构的运营效率，还能显著降低风险，提升客户满意度。

本章学习目标

　　首先，读者将了解文本分析方法的概述及其在金融领域中的典型应用场景；其次，学习语素与分词，理解它们在文本预处理中的作用；然后，探讨词袋模型和词向量模型的原理及其在文本表示中的应用；接着，深入研究 TF-IDF 算法及其在关键词提取中的实际应用；最后，介绍主题模型（如 LDA 算法）的基本原理，并通过 Python 实战演示如何应用这些技术解决金融领域的问题。

13.1　文本分析方法概述及其运用场景

　　金融智能中，NLP 作为一种关键技术，正逐步深入并改变着金融行业的面貌。在智能客服方面，利用 NLP 技术，金融机构可以构建智能客服系统，自动回答客户的问题，提供 24h 不间断的服务，不仅能够提高客户满意度，还能降低人力成本。在风险评估方面，利用 NLP 技术能够分析公司财务报表、行业动态、市场评论等文本数据，评估企业的信用风险、操作风险等，为金融机构的风险管理提供有力支持。在投资策略方面，通过分析市场新闻、公告、社交媒体情绪等，NLP 技术可以帮助投资者识别投资机会，制定更加科学合理的投资策略。在金融欺诈检测方面，利用 NLP 技术能够识别文本数据中的异常模式，如不寻常的交易描述、可疑的账户活动等，从而及时发现并预防金融欺诈行为。在市场预测方面，结合历史数据和实时信息，NLP 技术可以辅助金融机构预测市场趋势，为投资决策提供参考。NLP 在金融智能领域的应用前景广阔，将为金融机构带来更加高效、精准和智能的决策支持和服务体验。在本节中，我们将介绍一些围绕文本分析的主要概念及其流行的应用场景，其中着重介绍在金融领域的相关应用。

13.1.1 文本分析概述

在现实世界中，大部分可获取的信息是以文本形式存储在文本数据库中，由来自各种数据源的大量文档组成，如新闻文档、研究论文、书籍、数字图书馆资源、电子邮件和 Web 页面等。自 21 世纪以来，随着互联网信息技术的发展，电子形式的文本信息呈海量增长的趋势，对文本数据的分析一直是信息时代的研究热点。尤其是在当下的人工智能时代，面对庞大的数据量，传统的信息检索技术显得力不从心。因此，文本挖掘作为一种能够从大量文本数据中发现潜在的有价值知识的高效人工智能技术，重要性日益凸显。

文本分析，也称为文本挖掘，是一种计算机技术处理手段，旨在从文本数据中提取有价值的信息和知识。它涉及对文本内容的深入理解、处理和分析，以揭示其中的模式、趋势和关联。

与传统数据挖掘手段相比，文本分析具有几个独特性。

首先，数据结构方面。文本数据通常是半结构化或非结构化的，如新闻报道、社交媒体帖子、电子邮件等。这些数据没有固定的格式或结构，这使得文本分析比传统数据挖掘更具挑战性。传统数据挖掘主要处理结构化数据，如数据库中的表格数据，其中的数据已经按照一定的格式和组织方式存储。

其次，语义理解方面。文本数据包含丰富的语义信息，如词汇、语法和上下文关系。文本分析需要理解这些语义信息，以便准确地提取和解释文本中的知识。而传统数据挖掘主要关注数据之间的统计关系和模式，不涉及对数据的语义理解。

再次，预处理步骤方面。由于文本数据的复杂性和多样性，文本分析通常需要进行一系列的预处理步骤，如分词、词性标注、去除停用词等，以便将文本转换为适合分析的格式。这些预处理步骤在传统数据挖掘中通常不是必需的。

最后，特征和模式提取方面。文本分析需要从文本数据中提取有意义的特征和模式，如关键词、短语、主题等。这些特征和模式对于理解文本内容和进行进一步的分析至关重要。而传统数据挖掘主要关注数据之间的关联和规则，不涉及对特征的提取和解释。

从文本中建模和提取信息，主要用于如探索性、描述性和预测性分析，文本分析主要的应用方向非常多，包括但不限于以下几方面。

（1）文本分类：将金融领域的文本数据按照特定主题或类别进行分类，如新闻分类、评论情感分类等。

（2）情感分析：判断文本数据中表达的情感倾向，如正面、负面或中性，这对于理解市场情绪、评估客户反馈等具有重要意义。

（3）实体识别：从文本数据中识别出具有特定意义的实体，如公司名称、股票代码、金融术语等，为后续的信息抽取和知识图谱构建奠定基础。

（4）信息抽取：从非结构化的文本数据中提取结构化信息，如事件、关系等，便于后续的存储、查询和分析。

（5）语义理解：深入理解文本数据的含义和上下文关系，实现更加精准的文本分析和处理。

13.1.2　文本分析的应用场景

目前，文本分析或文本挖掘的各种应用日益普遍，其中不乏成熟且主流的商业和产业上的应用，例如垃圾邮件检测、新闻文章分类、社交媒体分析和监控、生物医学、安全情报、营销和客户关系管理、情感分析、广告投放策略定制，以及聊天机器人开发等。这里我们将重点介绍文本分析在金融领域的相关应用。

在金融领域，文本分析指运用特定的方法挖掘文本信息内容，从而对文本的可读性、情绪语调、语义特征以及相似性等文本特征进行分析。通过对上市公司披露文本、财经媒体报道、社交网络文本（如股吧、微博）等文本大数据进行挖掘和分析，研究者能够从文本的披露行为、文本的情绪和语调以及文本信息的市场反应等方面展开研究，从而为金融领域提供更丰富的研究内容和新颖的研究视角。

传统金融领域的研究文献大多局限于财务报表数据、股票市场数据等结构化数据。然而，在大数据时代，随着计算机技术的不断进步，数据类型更加丰富。文本大数据已经成为计算机可以解读和分析的数据，使得对非传统领域的经济现象展开研究成为可能。这种非结构化数据在公司对外披露信息以及股票市场中所占的比重较大，传递形式和表达方式更为多样化。已经有一些学者对此作了很好的梳理[1]，这里仅举几例予以说明。

如何追踪和实时预测经济周期是经济学中的一个重要问题。由于衡量经济活动的主要变量 GDP 增长率无法实时观测，传统做法是使用市场上存在的一些即时指示变量，如金融市场、劳动力市场的数据等，来作为反映经济活动的一致性指标。但这些方法存在的问题是，一方面这些指示变量和 GDP 增长率之间的关系不稳定，另一方面使用高频金融数据只能反映经济层面的一部分信息，很难判断是何种信息因素在影响或反映经济变动状况。与传统数据相比，新闻数据覆盖领域广泛，信息可以被广泛获取，并且新闻内容可能与当前

[1]　沈艳，陈赟，黄卓. 文本大数据分析在经济学和金融学中的应用：一个文献综述，经济学（季刊），2019（4）.

和未来经济状态密切相关。

基于这一思想，Bybee 等（2024）探讨了通过文本分析《华尔街日报》（WSJ）文章来测量经济状态及预测宏观经济动态的新方法。该研究利用 1984—2017 年间约 80 万篇 WSJ 文章的全文，通过隐含狄利克雷分配（latent dirichlet allocation, LDA）主题模型将商业新闻进行降维处理，将高维的文本数据转换为相对低维的主题空间，概括为可解释的主题，并量化每个主题随时间变化的新闻关注度。同时，估计每篇文章中各个主题的比例，量化新闻对每个主题的关注度。研究发现，WSJ 新闻可以分解为 180 个易于解释的主题，这些主题具有直观的时间序列模式，且大多表现出强烈的时间序列持续性。例如，"石油市场"和"恐怖主义"等主题的时间序列动态与原油价格波动和恐怖袭击事件紧密相关。通过 LASSO 回归分析，作者发现新闻主题与一系列经济活动指标（如工业产出增长、就业增长、股票市场波动等）密切相关，新闻关注度能够解释高达 25% 的股票市场波动变化。在向量自回归（VAR）模型中引入"衰退"新闻主题显著提高了对未来产出和就业预测的准确性。基于 LDA 主题模型的在线学习方法（online LDA）避免了预测回归中的前瞻偏差，其择时策略显著优于多种基准策略，包括买入并持有策略和经济政策不确定性（EPU）指数策略。将样本扩展至 1890 年，通过 WSJ 前页标题和摘要构建的"衰退"主题时间序列，进一步验证了新闻关注度对未来经济动态的预测能力。

又例如传统的公司披露研究多侧重于信息供给方，即公司管理层如何决定披露的时机和内容，而较少关注投资者在日常交易中的信息需求和处理成本。Lee 等（2022）分析了中国互动式投资者平台（IIPs）上的投资者提问和管理层回复，揭示了投资者在信息整合过程中遇到的问题及其对交易行为和市场价格的潜在影响。研究数据来源于 2010—2017 年间中国两大证券交易所（深圳证券交易所和上海证券交易所）推出的 IIPs 上的投资者提问和管理层回复记录。通过网站提取技术，作者收集了超过 250 万个投资者问题和相应的回复，并使用 BERT 文本分析算法对这些提问进行了系统分类。研究发现，首先，投资者信息处理成本较高，大多数投资者问题反映了他们在处理公开信息时遇到的困难，尤其是关于公司运营、财务报告和公司治理等方面的问题。这表明投资者在信息整合过程中面临显著的信息处理成本。其次，在控制了其他公司信息事件后，较高的 IIPs 活动水平与市场交易量增加、收益率波动增大、市场流动性提升以及价格信息含量提高显著相关，IIPs 活动有助于降低投资者的信息处理成本，进而改善股票价格的形成。最后，在 IIPs 活动更为频繁的季度，股票价格对未来盈利意外（SUE）的预测能力更强，这表明 IIPs 活动加速了价格发现过程，使得股票价格更加充分地反映了未来盈利信息。

总结来看，文本分析作为一种前沿的研究方法，引入了文本这一非结构化数据类型，极大地丰富了数据生态的多样性。传统上，经济、会计和金融研究多依赖于结构化数据，如财务报表和市场交易数据，而文本分析的加入，扩展了研究对象的边界，使得研究者能够触及隐藏在字里行间的微妙信息和深层次含义，从而拓宽了研究视野和深度。此外，文本大数据的崛起进一步推动了跨学科研究的融合，特别是在语言学与会计学、金融学的交叉领域。通过引入语言学的研究方法和工具，研究者可以开展可读性分析、情感分析等创新性研究，探索文本表达如何影响信息传递和市场反应，这无疑是对原有研究边界的有力拓展。文本分析还为学术研究提供了新颖的工具、变量和指标。这些新兴指标，如基于主题模型的新闻关注度、情感得分等，能够捕捉传统财务数字难以反映的市场动态和公众预期变化，为经济预测、风险管理等领域带来了全新的视角和洞见。

然而，利用文本分析研究会计和金融问题并非毫无挑战。首要挑战在于文本信息的模糊性和主观性。与精确的财务数字不同，文本信息需要研究者进行深入加工和解读，这一过程中不可避免地会引入噪音甚至错误，从而影响研究结果的准确性和可重复性。此外，文本数据处理的复杂性和多样性也增加了研究实施的难度，对研究者的综合能力提出了更高要求。另一个不容忽视的问题是文本信息可能存在的操纵性。在会计和金融领域，管理层有时会通过精心设计的语言来影响市场预期或掩盖不利信息，这使得文本分析在揭示真实情况的同时，也可能成为管理层误导市场的工具。因此，在进行文本分析时，研究者需要保持高度警惕，结合其他数据源和验证方法，以确保研究结论的稳健性和可靠性。

13.1.3 文本数据处理一般流程

应用文本分析进行会计和金融研究的主要步骤如下：文本数据获取、数据预处理（清洗数据、文本规范化）、文本挖掘（分词、词性标注、停用词去除等）、文本特征提取、构建模型等。

1. 文本数据获取

早期文本数据获取的方式是手工收集。然而，该过程需要消耗大量的时间和人力成本。因此目前网络爬虫日益成为主要的文本数据获取方法。大多数学者选择运用 Python 直接从网络中爬取文本大数据。一方面能够及时地获取文本信息，另一方面还可以通过编程语言对文本格式和内容等进行整理，以便进行下一步分析。网络爬虫技术通常可以分为四类：通用网络爬虫（general purpose webcrawler，也称全网爬虫）、聚焦网络爬虫（focused crawler，也称主题网络爬虫）、增量式爬虫（incremental web crawler）和深层网络爬虫（deep web crawler）。分别适用于不同的需求场景，实际的网络爬虫系统通常是由几种爬虫技术相结合而成。关于更丰富的爬虫基础技术，可参见其他更为专业的技术书籍。

2. 文本数据预处理和文本挖掘

在获取文本数据后，研究者需要对文本数据进行预处理和数据挖掘，基本的预处理技术包括分词（tokenization）、词干提取、词形还原等，并且中文的 NPL 过程和英文稍微不同。此外针对不同应用场景还需执行一些基本的常规操作，例如处理拼写错误的文本、乱码，删除停用词，以及根据需要处理其他不相关的成分。预处理是文本分析中所有程序的重要组成部分，其主要原因是在预处理之后获得的所有文本组件是下一阶段程序输入的基本构件，用于后续程序执行更复杂的分析与应用。以下是文本数据预处理和文本挖掘的几个主要步骤。

（1）文档解析

一般情形下获取的语料文档并不意味着机器可以自动处理，实现"机器可阅读"。信息披露的电子化文档包含文本段落、表格、图表等多种内容模态，通常会组织为层次化的目录结构，并经过美化的排版和格式处理以呈现给读者阅读。从文档的格式来看，绝大多数金融市场要求的信息披露文档是 PDF 格式。因此，解析富格式文档经常是进行文本数据预处理的第一步，即获取其中的信息内容，通常将 PDF 格式转换为 txt 文本格式。

（2）文本定位与数据清洗

研究者需要运用计算机程序对文本信息进行定位。例如可以运用正则表达式来定位财务报告正文中的开头和结尾或需要关注的部分，将该部分内容提取出来。此外，研究者还需要对文本中被视为噪音的内容进行清洗和删除，主要包括超文本标记语言（HTML）、脚本语言（JavaScript）等特殊代码以及其他图片等。

（3）文本的分词

分词技术是文本分析的重要内容，这里进行简述，下一节将进行重点描述。在英文文本中，单词被空格分开就自动完成了分词。此外，还可以通过词形还原（lemmatization）和词干提取（stemming）对单词进一步地划分。但是，中文文字之间没有空格切分，而且词语才是能够独立运用的最小语言单位。因此，研究者需要对中文文本进行专门的分词处理。目前已有的常见分词工具包括 Python 软件包 jieba 分词、基于 TensorFlow2.0 的 HanLP 分词、清华大学自然语言处理与社会人文计算实验室研制的 THULAC，此外还有 SnowNLP、盘古分词、庖丁解牛分词、ICTCLAS（现已发展为 NLPIR）、Ansj 等多种中文分词工具可供选择，它们各有优势和特点，用户可以根据实际需求选择合适的工具。对于一般应用，jieba 分词工具相对便利，是一种免费开源的分词工具。

需要注意的是，金融等特定领域的文本包含一些对信息提取比较重要的专有词语（如上市公司名称、金融术语等），因此常常需要根据研究问题拓展现有词典，以提高软件识别和分割词语的准确度。目前，jieba 中文分词模块常用来对企业财务报告、年度业绩说明会以及股票论坛帖子进行分词。中文文本分词存在三个难点，即字（词）界限模糊、歧义词的切分和新词的识别。字（词）界限模糊时容易破坏词语的意思。例如，容易将"机器学习"切分成"机器"和"学习"。针对歧义词，则应该选择合适的分词模式。例如，在使用 jieba 分词时，为了提高分词的精确度，应当选择精准分词模式。针对新词（如实体名称、专有名词以及关键人物姓名），用户可以自定义词典以便帮助分词软件对新词进行识别。

（4）词性的标注

词性是识别语义信息的重要语法特征，例如名词、动词、形容词等，词性标注就是对切分后词语的词性做标记。通过词性标注，计算机能够识别词语的种类、消除词语歧义，进而识别语法结构，降低计算机语义分析的难度。中英文在词性标注方面具有较大差异，英文单词在词性划分方面较为严谨，能通过词尾变换来揭示词性的变化，例如"–ing"、"–ness"和"–ment"等均对确认词性给予了具体的提示。但是，中文词语未对词性做出明确规范，主要靠语法和语义来识别词性，即"英语重形合、汉语重意合"。

（5）停用词去除

为了提高文本挖掘信息的精度，还需要对文本中的停用词进行剔除。停用词是指对句子语法结构很重要但本身传达意义较少的词语，它增加了文本数据的维度，提高了文本分析的成本。在英文文本中，停用词主要包括冠词（the，a）、连词（and，or）以及动词"to be"等。但在中文文本中，应当根据中文的语言习惯确定停用词，除了标点符号和特殊符号以外，文本中存在着大量与文章主题无关的字母、标点、助词等，如"你"、"了"、"的"等，还包括表示逻辑关系的连接词（和、然而等）以及俚语等。进行预处理时需将这些删除以免对文本分类结果造成影响。另外，停用词还需要根据研究的内容来决定。例如，当研究文本情感时，保留语气词以及特定的标点符号，均有利于衡量文本的情感程度。

13.2 语素与分词

分词技术隶属于 NLP 技术的基础研究部分，西方英语书写时每个词之间有间隔，而中文书写习惯是将它们连起来，因此中文分词的核心是将每句话的字段转换为词串，以一定的标准将词语进行区分，词语组成长句，长句组成文章段落。中文信息处理的一大难题就是汉语分析中对词语的处理。要想解决这个问题，就要把握好词的粒度，但这种处理方式的结果因人而异，带有较强的主观性，此外中文语言博大精深，相同的语句在不同环境下的含义有所区别，甚至可能截然相反，在这样的情况下分词可能会使结果出现偏差。因此，了解关于语素和分词的基本原理非常重要。

13.2.1 语素

NPL 方法涉及了很多语言学本身的知识，诸如音素（phonemes）、语素或词素（lexicons、morphemes）等概念。语言学认为语法单位有大有小，最大的语法单位是句子，比句子小的语法单位，依次是短语、词、语素。人类的语言是有声音、有意义的，是语音和语义的结合体，这便是语法单位的基本特点。

语素是最小的语法单位，也就是最小的语音、语义结合体。语素不是独立运用的语言单位，它的主要功能是作为构成词语的材料。说它是语音、语义结合体，有意义的语言单位，目的是把它跟音节区分，不属于独立运用的语言单位。对于表音文字如英语，可以简单地理解为前缀、词干、后缀等。以英语单词"love"为例，它的多种词性变化分别代表不同的含义，后缀 ing 表示动作进行中，后缀 s 指代主语是第三人称，等等。有些语言，如土耳其语、阿拉伯语等，在一个单词中有很多的语素，而英语，通常每个单词中的语素很少。又如以英语单词 insignificantly 为例，文本分析目标之一是要收集关于这个单词的一些信息（描述它的情感、寻找它的定义等）。前缀"in"表示的是一种相对立的或相反的概念，后缀"ly"能够限定这个单词的词性，单词主干部分"significant"代表主要含义。

13.2.2 分词

在进行文本挖掘的时候，首先要进行的预处理就是分词。英文单词有空格隔开，故容易按照空格分词，但是有时候也需要把多个单词作为一个分词，比如"Finance Artificial Intelligence"等专有名词，需要作为一个词看待。由于中文中的汉字为连续序列，分析文本就需要按照一定的规范将汉字序列切分成词或词组，即中文分词。

根据分割原理，可将现有的分词方法归纳为字符串匹配、基于理解和基于统计这三类。字符串匹配法将待分析的汉字串与前定的词典词条匹配，若某个字符串可在词典中找到，则记为识别出一个词。该方法的好处是简便快速，但忽略了歧义问题。基于理解的分词方法则在分词的同时进行句法、语义分析，以改进对歧义词的处理。基于统计的分词方法则先用机器学习模型学习已经切分好的词语的规律，进而实现对未知文本的切分，常用方法包括最大概率分词法和最大熵分词法等。

对于文本挖掘中需要的分词功能，一般会用现有的工具。简单的英文分词不需要任何工具，通过空格和标点符号就可以分词，而进一步的英文分词推荐使用 Python 的 nltk 库。对于中文分词，则推荐用 jieba 分词库。

NLP 中除了分词，简要介绍下另外两个 NLP 中的基础技术——词性标注（part-of-speech tagging，POS tagging）和命名实体识别（named entities recognition，NER）。词性一般是指动词、名词、形容词等。词性标注的目的是表征词的一种隐藏状态，隐藏状态构成的转移就构成了状态转移序列。例如：我 /v 爱 /v 北京 /ns 天安门 /ns。其中，ns 代表名词，v 代表动词，这就是词性标注。关于词性标注的方法比较多，包括基于规则的词性标注方法、基于统计模型的词性标注方法、基于统计方法与规则方法相结合的词性标注方法、基于深度学习的词性标注方法等。词性标注就是在给定句子中判定每个词的语法范畴，确定其词性并加以标注的过程，这也是 NLP 中一项非常重要的基础性工作，中文词性标注的难点在于汉语是一种缺乏词形态变化的语言，词的类别不能像印欧语那样，直接从词的形态变化上来判别。

命名实体识别是指从文本中识别具有特定类别的实体（通常是名词），例如人名、地名、机构名、专有名词等。在英文中，命名实体一般具有较为明显的形式标志（如英文实体中的每个词的首字母要大写），因此其实体边界识别相对容易很多，主要重点是在对实体类型的确定。而在汉语中，相较于实体类别标注子任务，实体边界的识别更加困难。

13.2.3　分词代码

案例 1. 使用 nltk（Natural Language Toolkit）库对英文文本进行分词

```python
import nltk
# 首次使用需要下载 punkt 资源，用于分词
nltk.download('punkt')

# 示例文本
text = "Hello, how are you? I hope everything is going well."

# 使用 nltk 的 word_tokenize 方法进行分词
tokens = nltk.word_tokenize(text)

print(tokens)
['Hello', ',', 'how', 'are', 'you', '?', 'I', 'hope', 'everything', 'is',
'going', 'well', '.']
```

在这个例子中，nltk.word_tokenize 方法成功地将文本分割成了单词和标点符号，这是进行进一步文本分析的基础。

案例 2. 使用 jieba 库对中文文本进行分词

```python
import jieba

# 示例中文文本
text = "央行宣布自 10 月 20 日起上调金融机构人民币存贷款基准利率。"

# 使用 jieba 的 cut 方法进行分词，默认是精确模式
tokens = jieba.cut(text)

print("精确模式：", "/ ".join(tokens))

# 使用全模式进行分词
tokens_full = jieba.cut(text, cut_all=True)
print("全模式：", "/ ".join(tokens_full))

# 使用搜索引擎模式进行分词
tokens_search = jieba.cut_for_search(text)
print("搜索引擎模式：", "/ ".join(tokens_search))
精确模式：央行 / 宣布 / 自 / 10/ 月 / 20/ 日起 / 上调 / 金融机构 / 人民币 / 存贷款 / 基
准利率 / 。
全模式：央行 / 宣布 / 自 / 10/ 月 / 20/ 日 / 起 / 上调 / 金融 / 金融机构 / 机构 / 人民
/ 人民币 / 存贷 / 存贷款 / 贷款 / 基准 / 基准利率 / 利率 / 。
搜索引擎模式：央行 / 宣布 / 自 / 10/ 月 / 20/ 日起 / 上调 / 金融 / 机构 / 金融机构 / 人
民 / 人民币 / 存贷 / 贷款 / 存贷款 / 基准 / 利率 / 基准利率 / 。
```

这段代码会输出文本在三种不同分词模式下的结果。精确模式会尝试将句子最精确地切开，适合文本分析；全模式会将句子中所有可能是词的字符串都切开，速度非常快，但不

能解决歧义问题；搜索引擎模式是在精确模式的基础上，对长词再次切分，适合用于搜索引擎分词。

13.3　词袋模型与词向量模型

词袋模型与词向量模型本质上是属于特征工程或特征提取的方法。因此有很多特征提取技术可以应用到文本数据上，但在深入学习之前，先思考特征的意义，为什么我们需要这些特征？它们如何发挥作用？数据集中通常包含很多数据。一般情况下，数据集的行或列代表了数据集的不同特征或属性。在机器学习术语中，特征的概念非常重要。特征的提取和选择过程被称为特征工程，是机器学习的重要步骤。

13.3.1　词袋模型

词袋模型与词向量模型对文本建模是一个比较具有挑战性的问题。一般机器学习算法无法直接使用原始文本，文本必须先转换为数字，具体而言，是数字的向量。在 NPL 中，向量从文本数据导出，以反映文本的各种语言属性，这称为特征提取或特征编码。使用文本数据进行特征提取的一种流行且简单的方法称为文本的词袋模型（bag-of-words，BoW），该模型将文本视为一个"袋子"，其中装着文本中出现的所有词，而不考虑这些词的顺序和语法结构。

BoW 模型是一种从文本中提取特征的方法，该方法非常简单和灵活，并且可以以多种方式用于从文档中提取特征。它将文本数据转换为一种数学形式，即一个词汇表和一个或多个文档的词频向量。词汇表包含了文本数据集中出现的所有唯一词语，而词频向量则是一个数组，其中每个元素对应词汇表中的一个词语，元素的值表示该词语在文档中出现的频率。文档中词的顺序或结构的任何信息都被丢弃。该模型仅关注文档中是否出现已知词，而不是词在文档中的位置。也就是说，BoW 模型假定对于一个文档，忽略它的词顺序和语法、句法等要素，将其仅仅看作是若干个词的集合，文档中每个词的出现都是独立的，不依赖于其他词是否出现。

可以想象在一个巨大的文档集合 D 中一共有 M 个文档，而文档里面的所有词提取后，一起构成一个包含 N 个词的词典，利用 BoW 模型，每个文档都可以被表示成为一个 N 维向量。词变为 N 维向量之后，计算机可以很方便地处理数值向量，如可以通过余弦来求两个文档之间的相似度。举例如下。

句子 1：小孩喜欢吃零食。
句子 2：小孩喜欢玩游戏，不喜欢运动。
句子 3：大人不喜欢吃零食，喜欢运动。
根据上述 3 句话中出现的词，我们能构建一个字典（dictionary）：

```
{"小孩":1，"喜欢":2，"吃":3，"零食":4，"玩":5，"游戏":6，"大人":7，"不":8，
"运动":9}
```

该字典中包含 9 个词，每个词有唯一索引，注意它们在字典中的顺序和出现在句子中的顺序没有关联。根据这个字典，我们能重新表达为下述 3 个向量。

```
句子 1：[1,1,1,1,0,0,0,0,0]
句子 2：[1,2,0,0,1,1,0,1,1]
句子 3：[0,2,1,1,0,0,1,1,1]
```

这 3 个向量共包含 9 个元素，其中第 i 个元素表示字典中第 i 个词在句子中出现的次数。因此 BoW 模型可认为是一种统计直方图，在文本检索和处理应用中，可以通过该模型很方便地计算词频。显然在构造文档向量的过程中可以看到，该方法虽然简单易行，但是存在如下三方面的问题。

（1）忽略上下文信息：BoW 模型无法捕捉词语之间的语义关系和上下文信息，导致在某些任务中表现不佳。

（2）对稀有词语的表示能力较弱：BoW 模型对于词汇表中稀有词语的表示能力较弱，可能导致在涉及稀有词语的任务中表现不佳。

（3）对长文本数据的处理能力有限：随着文本长度的增加，BoW 模型的维度也会迅速增长，导致计算和存储成本增加，且可能面临"维度灾难"的问题。

13.3.2 词向量模型

为什么要进行词的向量化？这是本节首先需要探讨的问题。简要地说，自然语言理解的问题要转换为机器学习的问题，首要的问题是把这些人类的文字符号数字化。文本是一种典型的非结构化数据，将词汇字符串按照向量的方式表示是进行文本数据分析的基础。

得益于近年来 NLP 技术的快速发展，目前主要的词汇向量化方法非常多，可以将这些方法笼统分为浅层学习和深层学习两大类。前者包括独热、LSA、pLSA、LDA、word2vec、Glove、fastText 等浅层学习模型，后者包括当今最前沿的 ELMO、GPT（generative pre-training transformer）、GPT-4、ChatGPT、BERT（bidirectional encoder representations from transformers）等深度学习模型。其中，独热的表示方法是最简单的一种，实际上就是词典表示法，向量的长度与词典大小相同。其他几种是间接表示法，对于 LDA，word2vec，后文将会重点介绍。

1. 独热表征

独热表征或编码，也被称为独热编码或一位有效编码，是一种将分类变量转换为数值向量的表示方法。在 NLP、机器学习和其他领域中，独热表征常用于表示词语、类别等离散数据。这种方法把每个词表示为一个很长的向量。这个向量的维度是词表大小，其中绝大多数元素为 0，只有一个维度的值为 1，这个维度就代表了当前的词。例如，某语料库的词表为 {I, like, finance, economics, fintech, AI}，它对应的独热表征的表达方式为

```
[1 0 0 0 0 0] -> I
[0 1 0 0 0 0] -> like
[0 0 1 0 0 0] -> finance
[0 0 0 1 0 0] -> economics
[0 0 0 0 1 0] -> fintech
[0 0 0 0 0 1] -> AI
```

独热表征用来表示词向量非常简单，但是却有很多问题。最大的问题是词表一般都非常大，比如数量达到百万级别，这样每个词都用百万维的向量来表示简直是内存的灾难。这样的向量除了一个位置是1，其余的位置都是0，表达的效率不高，并且这种表示方法还存在一个重要的问题就是"词汇鸿沟"现象：任意两个词之间都是孤立的，只从两个向量中看不出两个词是否有关系。

最早由 Hinton 在 1986 年提出的分布式表征（distributed representation）可以解决独热表征的问题。基本思路是通过训练，将每个词都映射到一个较短的词向量。所有这些词向量就构成了向量空间，进而可以用普通的统计学方法来研究词与词之间的关系。这种思想实际上就是线性代数中的任一向量可以用基向量来表示。这种将单词映射到一个新的空间中，并以多维的连续实数向量进行表示有时也叫词嵌入（word embedding）。

分布式表征的方法给出了一组良好的正交基，可以用来作为向量空间模型（vector space model）的基。一个词就是这个空间中的一个向量，如图 13-1 所示，D1、D2、D3、D4 是四个词，其坐标就是 $w1$，$w2$，$w3$ 三个基向量词的权重表示。

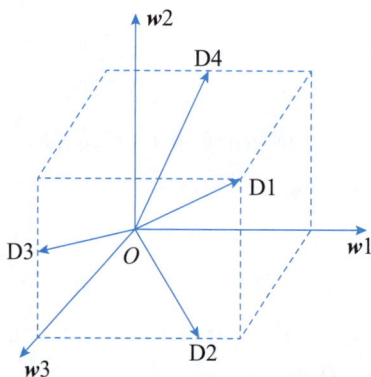

图 13-1　分布式表征示意图

分布式表征最大的贡献就是让相关或者相似的词，在距离上更接近。向量的距离可以用最传统的欧氏距离来衡量，也可以用余弦夹角来衡量。用这种方式表示的向量，当两个单词的含义越接近，它们在 SVM 中的坐标也越接近。

词向量的发展趋势由早先的稀疏表示法过渡到现在的低维空间中的密集表示法。用稀疏表示法在解决实际问题时经常会遇到维数灾难，并且语义信息无法表示，无法揭示词之间的潜在联系。而采用低维空间中的密集表示法，不但解决了维数灾难问题，并且挖掘了词之间的关联属性，从而提高了向量语义上的准确度。

2. word2vec

word2vec 是一种基于浅层神经网络训练的自然语言模型，由谷歌公司于 2013 年开源推出，word2vec 的核心思想是通过词语的上下文信息来学习词语的向量表示，使得相似的词在向量空间中距离更近，从而捕获单词之间的语义关系和语法信息。

word2vec 本质上也属于词嵌入表征的一种，只不过这种向量化表征需要经过神经网络训练得到，利用机器学习和训练，把对文本内容的处理简化为 K 维向量空间中的向量运算，而向量空间上的相似度可以用来表示文本语义上的相似度。word2vec 采用一个三层的神经网络，输入层 - 隐层 - 输出层，通过训练神经网络得到一个关于输入和输出之间的语言模型，这个模型的权重就是用来对输入词汇的向量化表示。也就是说，这个三层神经网络本身是对语言模型进行建模，但也同时获得一种单词在向量空间上的表示，而这个副产出才是 word2vec 的真正目标。一旦获得训练语料所有词汇的词向量，进一步开展 NLP 研究工作就相对容易了，比如聚类、找同义词、词性分析等。

word2vec 使用的词向量不是独热表征那种词向量，而是分布式表征的词向量表示方式。其基本思想是通过训练将每个词映射成 K 维实数向量（K 一般为模型中的超参数），通过词之间的距离（比如余弦相似度、欧氏距离等）来判断它们之间的语义相似度。其中涉及的核心技术是根据词频用霍夫曼编码，使得所有词频相似的词隐藏层激活的内容基本一致，出现频率越高的词语，激活的隐藏层数目越少，这样有效地降低了计算的复杂度。

具体地说，word2vec 实际上是两种不同的方法：连续词袋模型（continuous bag of words（CBOW））和跳跃元语法（skip-gram）。CBOW 的目标是根据上下文来预测当前词语的概率。跳跃元语法刚好相反，它根据当前词语来预测上下文的概率。这两种方法都利用人工神经网络作为它们的分类算法。起初，每个词都是一个随机 N 维向量。经过训练之后，该算法利用 CBOW 或者跳跃元语法获得了每个词的最优向量。CBOW 运行的具体步骤为将目标词的上下文若干个词对应的离散词向量输入模型，输出词表中所有词出现的概率，最终将神经网络中的参数作为目标词的词向量。两种算法的网络结构见图 13-2。

选择使用哪种算法的一个依据是取决于手头的语料库。CBOW 是基于概率的算法，因此选择在特定上下文中出现概率最高的词。这意味着它通常只预测常见和频繁的词，因为这些词具有最高的概率，而罕见和不频繁的词永远不会由 CBOW 产生。跳跃元语法用于预测上下文，因此当给定一个词时，它将把该词作为一个新的观察，而不是把它与一个具有相似含义的现有词进行比较。正因为如此，罕见的词将不会被避免或忽略。这也意味着跳跃元语法需要大量的训练数据才能有效工作。因此，应该根据手头的训练数据和语料库，来决定使用哪种算法。

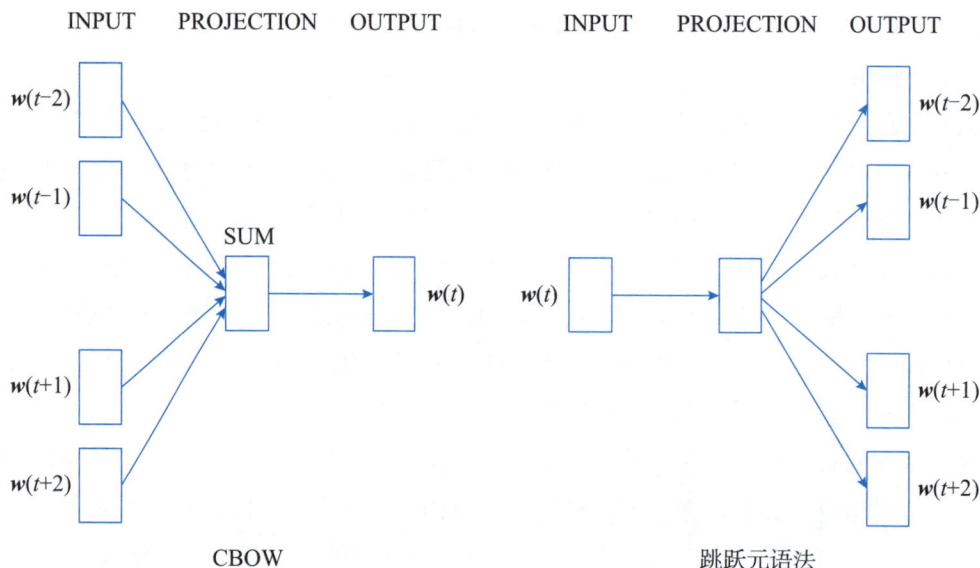

图 13-2　word2vec 两种算法的网络结构

当词向量已经捕捉到上下文的信息时，可以利用基本代数公式来发现词之间的关系。该模型的优点在于不仅考虑了语境信息还压缩了数据规模。因为神经网络可以替我们提取这些特征的信息，所以仅需要做很少的手动工作。但是由于文本的长度各异，我们可能需要利用所有词向量的平均值作为分类算法的输入值，从而对整个文本文档进行分类处理。

由于需要进行大量的文本训练，为了提高速度，word2vec 经常采用两种加速方式：负采样（negative sample），hierarchical softmax。负采样通过只更新一小部分负样本（噪声词）的向量表示，降低计算开销，使得在大规模语料上的训练更为高效。hierarchical softmax 将传统的 softmax 层替换为一个霍夫曼树，用于简化计算，提高训练速度。

13.3.3　词向量模型代码

word2vec 是一种计算词向量的模型，它能够将词映射到一个高维向量空间中，向量之间的距离反映了词之间的语义关系。Python 中可以使用 gensim 库来实现 word2vec 模型。以下是一个简单的 word2vec 代码案例。

```
from gensim.models import Word2Vec
import logging

# 启用日志记录以了解训练进度
logging.basicConfig(format='%(asctime)s : %(levelname)s : %(message)s',
level=logging.INFO)

# 示例文本列表，每个元素代表一个文档
sentences = [
    ['央行', '宣布', '上调', '金融机构','人民币存贷款基准利率'],
```

```
    ['央行', '制定', '今年', '货币政策',' 预期目标'],
    ['货币政策', '开始', '改变', '基调']
]

# 训练 word2vec 模型
model = Word2Vec(sentences, vector_size=100, window=5, min_count=1,
workers=4)

# 使用训练好的模型
# 获取词汇 '货币政策' 的向量
vector = model.wv['货币政策']
print(vector)

# 找出与 '货币政策' 最相近的词汇
similar_words = model.wv.most_similar('货币政策', topn=3)
print(similar_words)

[('金融机构', 0.21617145836353302),
('制定', 0.09291718155145645),
('宣布', 0.07963486760854721)]
```

13.4　TF-IDF 算法

在 NLP 领域，处理海量的文本文件最关键的步骤是提取用户最关心的问题。无论是长文本还是短文本，通常只需要几个关键词来窥探整个文本的主题思想。同时，无论是基于文本的推荐还是基于文本的搜索，对文本关键词的依赖也很强，关键词提取的准确程度直接关系到推荐系统或者搜索系统的最终效果。因此，关键词提取在文本挖掘领域是一个很重要的部分。

关键词提取算法可分为监督学习和无监督学习。本节将重点介绍常用的无监督关键词提取算法，包括 TF-IDF 算法和主题模型算法 LDA。

13.4.1　关键词提取概述

关键词是代表文章重要内容的一组词。对文本聚类、分类、自动摘要等起重要的作用。利用关键词人们可以便捷地浏览和获取信息。现实中大量文本不包含关键词，自动提取关键词技术也因此具有重要意义和价值。

类似于其他的机器学习方法，关键词提取算法一般也可以分为有监督、无监督、半监督三类。有监督的关键词提取方法主要是通过分类的方式进行，通过构建一个较为丰富和完善的词表，然后通过判断每个文档与词表中每个词的匹配程度，以类似打标签的方式，达到关键词提取的效果。有监督的方法能够获取较高的精度，但缺点是需要大批量的标注数据，人工成本过高。另外，现在每日信息量增加过多，会有大量的新信息出现，一个固定的词表有时很难将新信息的内容表达出来，但是要人工维护这个受控的词表却要很高的人力成本，这也是使用有监督方法来进行关键词提取的一个比较大的缺陷。

半监督的关键词提取算法只需要少量的训练数据，利用这些训练数据构建关键词提取模型，然后使用模型对新的文本进行关键词提取，再对这些关键词进行人工过滤，将过滤得到的关键词加入训练集，重新训练模型。

相对于有监督和半监督的方法而言，无监督的方法对数据的要求较低。既不需要一张人工生成、维护的词表，也不需要人工标准语料辅助进行训练。因此，这类算法在关键词提取领域的应用更为广泛。关键词提取算法既然是提取"词"，那么这与基础的任务，如中文分词、词性标注以及命名实体识别等一样，都与提取效果息息相关，因此，在进行关键词提取之前，一定要做好分词等基础工作。

无监督关键词提取算法可以分为三大类：基于统计特征的关键词提取、基于词图模型的关键词提取和基于主题模型的关键词提取。

基于统计特征的关键词提取算法的思想是利用文档中词语的统计信息提取文档的关键词。通常将文本经过预处理得到候选词语的集合，然后采用特征值量化的方式从候选集合中得到关键词。基于统计特征的关键词提取方法的关键是采用什么样的特征值量化指标的方式，目前常用的有以下几种。

词权重：包括词性、词频、逆向文档频率（IDF）、相对词频、词长等。这些特征量化方式基于文章不同位置的句子对文档的重要性不同的假设，例如文章标题、摘要、段首、段尾等位置的词通常具有更高的代表性。

词的关联信息：如互信息、hits 值、贡献度、依存度、TF-IDF 值等。互信息用于度量变量之间的相互依赖程度，TF-IDF 则结合了词频（TF）和 IDF 两个因素，以评估一个词在文档中的重要性和区分度。

词频与位置：词频简单地统计了词在文本中出现的次数，但通常还需要结合词的位置信息（如标题、首句等）来综合评估关键词。

词跨度：指一个词或短语在文中首次出现和末次出现之间的距离，词跨度越大说明该词对文本越重要。

基于词图模型的关键词提取算法首先要构建文档的语言网络图，然后对语言进行网络图分析，在图上寻找具有重要作用的词或者短语，这些短语就是文档的关键词。语言网络图中的节点基本都是词，根据词的链接方式不同，语言网络的主要形式分为共现网络图、语法网络图、语义网络图。

基于主题关键词提取算法主要利用主题模型中关于主题的分布的性质进行关键词提取。主题模型是一种文档生成模型，对于一篇文章，我们的构思是先确定几个主题，然后根据主题想好描述主题的词，将词按照语法规则组成句子、段落，最后生成文章。基于这个思想，主题模型认为文档是一些主题的混合分布，主题又是词的概率分布，因此如果确定了文档的主题，然后主题中有代表性的词就能表示这篇文档的核心意思，就是文档的关键词。主题模型包括 LSA、LSI、LDA 等几种算法。

13.4.2 TF-IDF 算法

TF-IDF 算法是一种基于统计的计算方法，常用于评估在一个文档集中一个词对某份文档的重要程度，可以作为文档关键词提取的一种算法。简单地说，就是一个词对文档越重要，越可能是文档的关键词。TF-IDF 算法的优点是简单快速，而且容易理解，缺点是有时候用词频来衡量文章中一个词的重要性不够全面，有时候重要的词出现次数可能不够多，而且这种计算无法体现位置信息，无法体现词在上下文的重要性。

定义上，TF-IDF 算法由两部分构成：TF 算法和 IDF 算法。

其中，TF 描述的是一个词在某个文档中出现的频率。一般来讲，一个词在一个文档中出现的频率越高，则该词对于当前文档越重要。比如，对一篇以"金融智能"为主题的文章进行词统计，发现"金融智能"是一个高频词，可以被定义为文章的关键词。但我们同时发现，一些通用词的出现频率同样很高，常见的一些虚词、连词、副词、介词等，比如"是"、"的"、"如果"、"很"、"在"，这类词虽然属于高频词，但几乎在所有文章中都会出现，因此并不具备文档区分能力，因此不能作为关键词使用。

TF 算法是统计一个词在一篇文档中出现的频次，但因为文档的长度对词出现的频次影响很大，因此需要对词频进行归一化，计算公式如下：

$$词频\ (TF) = \frac{某个词在文章中的出现次数}{文章的总词数}$$

为了尽量减少通用词的干扰，这里引入"IDF"概念。IDF 代表了词对于文档的区分度，如果一个词在一篇文章中出现，并且在其他文章中很少出现，则认为该词对于当前文档的区分能力较强，即 IDF 值较大，否则认为该词对文档的区分能力较差。对于"的"、"是"、"如果"等通用词，由于它们几乎会出现在任何一篇文档中，因此这些词的 IDF 值很小。

IDF 算法是统计一个词在文档集的多少个文档中出现，基本思想：如果一个词在越少的文档中出现，则它对文档的区分能力越强。计算公式如下：

$$逆文档频率\ (IDF) = \log\left(\frac{语料库的文档总数}{包含该词的文档数 + 1}\right)$$

分母加 1 是采用了拉普拉斯平滑，避免有部分新的词没有在语料库中出现过而导致分母为 0 的情况出现。

TF-IDF 算法就是把 TF 算法和 IDF 算法进行综合使用，关于两种算法的组合，最常用的是下面这种相乘的方式：

$$TF - IDF = 词频\ (TF) \times 逆文档频率\ (IDF)$$

TF-IDF 算法综合考虑了"词的重要性与它在文档中出现频率成正比，与该词在全部文档中出现频率成反比"两方面因素，来衡量一个词的重要程度。如果一个词的 TF 和 IDF 值都很高，说明该词既是一个高频词又不是通用词，对于当前文档而言是一个重要的词。

TF-IDF 算法的实现逻辑清晰，且实现起来简单快速，在很多实际场景中都取得了较好的应用效果，主要包括①文本分类，在文本分类任务中，TF-IDF 算法常被用来表示文档中每个词的重要性，以便于分类器进行区分。例如，关键词提取，通过计算文档中每个词的 TF-IDF 值，可以找出对文档内容具有重要贡献的词，这些词往往能够反映文档的主题或核心内容。②相似度计算，当需要计算文本之间的相似度时，可以使用 TF-IDF 算法将文本转换为向量表示，然后计算两个向量之间的余弦相似度或欧几里得距离等指标。

TF-IDF 算法的优点：相对简单，易于实现，且计算效率较高；能够有效地反映词在特定文档中的重要性，对于文本分类、关键词提取等任务有很好的效果；可以应用于多种语言和文本类型，具有较好的通用性。缺点：仅仅基于词频统计，不考虑词之间的语义关系，因此可能无法准确捕捉文本的深层含义；对长文本处理不佳，在长文本中，一些重要的词可能因为文档长度较长而使其 TF-IDF 值相对较低，从而影响关键信息的提取；对停用词敏感，虽然 IDF 可以在一定程度上降低常用词（如"的"、"是"等）的权重，但对于一些领域特定的常用词或停用词，TF-IDF 可能无法完全消除其影响；未考虑词语顺序，不考虑词在文本中的顺序，这可能导致丢失一些重要的上下文信息。

13.4.3　TF-IDF 算法代码

在 Python 中，我们可以使用 Sklearn 库中的 TfidfVectorizer 类来实现 TF-IDF 算法。以下是使用 TfidfVectorizer 的一个简单例子。

```python
from sklearn.feature_extraction.text import TfidfVectorizer

# 示例金融文本
texts = [
    "金融 人工智能 信用记录 控制风险",
    "金融 欺诈 人工智能 行为",
    "大模型 金融 人工智能 应用场景"
]

# 初始化 TF-IDF 向量化器
vectorizer = TfidfVectorizer()

# 将文本转换为 TF-IDF 特征矩阵
tfidf_matrix = vectorizer.fit_transform(texts)

# 获取词表
```

```
feature_names = vectorizer.get_feature_names_out()

# 查看 TF-IDF 特征矩阵
print ( tfidf_matrix.toarray() )

# 查看词与索引的对应关系
print ( feature_names )
[[0.35959372 0.6088451  0.    0.   0.6088451  0.   0. 0.35959372]
 [0.35959372 0.    0.    0.   0.6088451  0.6088451  0.35959372]
 [0.35959372 0.  0.6088451  0.6088451  0.   0.   0. 0.35959372]]
['人工智能' '信用记录' '大模型' '应用场景' '控制风险' '欺诈' '行为' '金融']
```

这段代码首先导入 TfidfVectorizer 类，然后创建了一个文本列表 texts。接着，它初始化了一个 TfidfVectorizer 对象，并使用 fit_transform 方法将文本列表转换为 TF-IDF 特征矩阵。最后，打印出特征矩阵和词表。

TfidfVectorizer 有很多参数可以调整，比如 max_df、min_df、max_features、stop_words 等，可以根据具体需求调整这些参数来优化模型的表现。

13.5　主题模型

一般来说，TF-IDF 算法就能满足大部分关键词提取任务。但是在某些场景，基于文档本身的关键词提取还不是非常足够，有些关键词并不一定会显式地出现在文档当中，如一篇讲金融智能的科普文，通篇介绍了大数据、人工智能、区块链等技术在银行、保险、证券等金融机构中的应用，但是文中并没有显式地出现"金融智能"关键词。这种情况下，TF-IDF 算法显然不能提取出金融科技这个隐含的主题信息，这时候就需要用到主题模型。

13.5.1　主题模型概述

主题模型（topic modeling）通过分析原始文本的语词，以发现贯穿其中的主题。主题建模相对于其他文本分析方法优势明显，它可以克服传统文本分析局限于文本数量和主题遗失的不足，同时能够在海量数据中找出文字间的语义主题。因此，在金融研究中得到广泛应用。

TF-IDF 算法是直接根据词与文档的关系，对关键词进行提取。这种方法仅用到了文本中的统计信息，而对文本中丰富的信息无法充分地利用，尤其是其中的语义信息，对文本关键词的提取显然是一种非常有用的信息。与前面两种模型不同的是，主题模型认为词与文档之间没有直接的联系，应当还有一个维度将它们串联起来，主题模型将这个维度称为主题。每个文档都应该对应着一个或多个的主题，而每个主题都会有对应的词分布，通过主题，就可以得到每个文档的词分布。文档 - 主题 - 词模型见图 13-3。

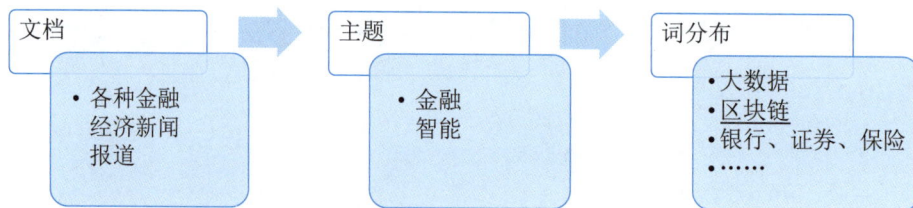

图 13-3 文档 - 主题 - 词模型

　　如何计算这个词分布信息？现在常用的方法就是潜在语义分析（latent semantic analysis，LSA）和 LDA。其中，LSA 主要是采用奇异值分解（SVD）的方法进行暴力破解，而 LDA 则是通过贝叶斯学派的方法对分布信息进行拟合。

　　LSA 通过"矢量语义空间"来提取文档与词中的"概念"，进而分析文档与词之间的关系。LSA 的基本假设是，如果两个词多次出现在同一文档中，则这两个词在语义上具有相似性。LSA 使用大量的文本构建一个矩阵，这个矩阵的一行代表一个词，一列代表一个文档，矩阵元素代表该词在该文档中出现的次数，然后在此矩阵上使用 SVD 来保留列信息的情况下减少矩阵行数，之后每两个词的相似性则可以通过其行向量的余弦值来进行标示，此值越接近于 1 则说明两个词越相似，越接近于 0 则说明越不相似。

　　LSA 是通过 SVD 暴力求解，简单直接地求解出近似的词 - 文档 - 主题分布信息。LSA 方法的优点包括①低维空间表示可以刻画同义词，同义词对应着相同或者相似的主题；②降维可以去除部分噪声；③充分利用冗余数据；④无监督和完全自动化。但是它作为一个初级的主题模型，仍然存在着许多的不足：①没有刻画出词项出现次数的概率模型；②无法解决多义词的问题；③特征向量的方向没有对应的物理解释；④ SVD 的复杂度很高，当有新的文档时，如要更新模型，需要重新训练数据，非常耗时。

　　概率潜在语义分析（probabilitistic latent sematic anlysis，pLSA）算法，相对于 LSA 使用矩阵表示的方式，pLSA 使用的是概率的方法，通过使用 EM 算法对分布信息进行拟合，替代了使用 SVD 暴力破解，从一定程度上解决了 LSA 的部分缺陷，但是也有其他缺陷，如①概率模型不够完备，在文档层面上没有提供合适的概率模型，使得 pLSA 并不是完备的生成模型，而必须在确定文档的情况下才能对模型进行随机抽样；②随着文档和词数的增加，pLSA 模型线性增加，变得越来越庞大；③ EM 算法需要反复迭代，故需要很大的计算量。

　　针对 pLSA 模型的缺点，通过不断探索，学者们又在 pLSA 的基础上，引入了贝叶斯模型，实现了现在主题模型的主流方法 LDA。

13.5.2　LDA 算法

　　在经济和金融领域的一个应用需求往往是在没有事先标注集的情况下，对文本按主题分类。由于一篇文本的主题可能有多个，这类分类问题不同于按照事先标注集、将一篇文本仅归入一类的应用。该应用场景下，2003 年由 David M 等提出的一种主题模型——LDA

模型，可以较好地解决该问题。

LDA 是一种常见的文本挖掘模型，用于挖掘和识别目标文档主题。主题模型是一种无监督的学习方法，大多数无监督方法主要基于先前输入的概率模型。LDA 方法基于狄利克雷分布的贝叶斯统计原理，通过提取文档的隐含语义结构以对文档作出合理性解释，其基本思想为生成文档 - 主题矩阵以及主题 - 词语矩阵，即基于各文档在主题上的概率分布以及词语在主题上的概率分布来阐述文档的主要含义。

文档的生成模型可以用图 13-4 所示模型表示。

图中，α 和 η 为先验分布的超参数，β 为第 k 个主题下的所有单词的分布，θ 为文档的主题分布，w 为文档的词，z 为 w 所对应的主题。

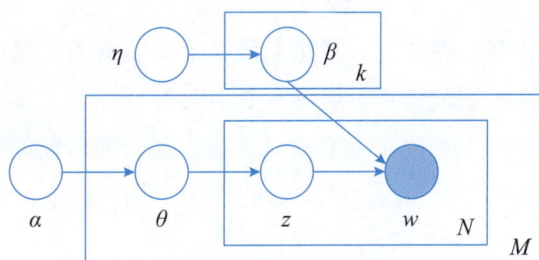

图 13-4　文档的生成模型

LDA 方法是在大规模语料集中提取主题信息的无监督机器学习方法，它假设文档生成包括以下两个步骤：

第一步，假定每个文档均有对应的主题分布，在文档的主题分布中提取一个主题；

第二步，假定每个主题都有对应的词分布，从第一步提取的主题所对应的词分布中抽取一个词。

通过将这两步迭代拟合到文档中的每个词，即可得出每个文档的主题分布和每个主题的词分布。LDA 模型是一种典型的词袋模型，即一篇文档是由一组词构成，词与词之间没有先后顺序的关系。此外，一篇文档可以包含多个主题，文档中每一个词都由其中一个主题生成。

人类生成文档是基于概率选取主题及其对应词的方式，即一篇文章的每个词都是通过"以一定概率选择了某个主题，并从这个主题中以一定概率选择某个词"这样一个过程得到。那么 LDA 要做的就是通过文档反推主题。文档到主题服从多项式分布，主题到词服从多项式分布。每一篇文档代表了一些主题所构成的一个概率分布，而每一个主题又代表了很多词所构成的一个概率分布。

通常我们可以定义主题是一种关键词集合，如果一篇文章出现这些关键词，我们可以直接判断这篇文章属于某种主题。比如一篇文章出现了某个球星的名字，我们只能说有很大概率文章属于体育的主题，但也有小概率属于娱乐的主题。同一个词，在不同的主题背景下，它出现的概率是不同的。LDA 认为文章都是由基本的词组合而成，LDA 通过词的概率分布来反映主题。

由此可以定义 LDA 的生成过程：

（1）对每篇文档，在主题分布中提取一个主题；

（2）对提取的主题所对应的词分布中随机提取一个单词；

（3）重复上述过程直至遍历整篇文档中的每个词；

（4）经过以上三步后，计算两个分布的乘积，是否符合给定文章的分布，以此来调整。

LDA 的训练就是根据现有的数据集生成文档 - 主题分布矩阵和主题 - 词分布矩阵。所以 LDA 的核心，其实就是如下公式：

$$P(词|文档) = \sum_{主题} P(词|主题) \times P(主题|文档)$$

LDA 模型具有以下优势：首先，该模型克服了手动编码的局限性，能够对大量文本文档进行分类；其次，LDA 模型能够提供可靠且具有可复制性的文本主题分类，排除了人工文本分类的主观性；最后，LDA 模型不需要研究者为划分类别预先指定相应的规则和关键词。然而，该模型的局限性在于预设主题个数的方式中加入了人的主观因素，这会影响主题个数的选择，进而影响主题的生成和文本的主题归类。

13.5.3　LDA 代码

以下是一个基于 Python 和 gensim 库的 LDA 主题模型实现案例，该案例将详细展示数据预处理、模型训练、主题提取和结果分析的过程。

第一步，数据预处理，我们需要准备文本数据并进行预处理，包括分词、去除停用词、去除标点符号等。

第二步，LDA 模型训练，我们使用 gensim 库中的 LdaModel 类来训练 LDA 主题模型。

第三步，在这个例子中，我们设置了 num_topics=3，意味着我们希望从文本数据中提取 3 个主题。参数 passes 控制了训练的迭代次数，这里设置为 15。参数 random_state 用于确保结果的可重复性。

```
import jieba
from gensim import corpora, models

# 金融文本数据
texts = [
    " 人工智能分析借款人信用记录行为模式评估还款能力风险等级帮助金融机构更好控制风险 ",
    " 金融欺诈是问题人工智能技术帮助金融机构检测和预防欺诈行为 ",
    " 人工智能金融领域是智能投资机器学习大数据分析 AI 系统能够快速精准分析金融市场海量数据识别趋势模式交易机会 ",
    " 本期活动以 " 大模型时代 AI 前沿与金融应用 " 为主题邀请多位行业专家学者分享趋势洞察探讨 AI 技术前沿与金融落地实践 ",
    " 大模型实践应用中金融行业由于具备数字化程度高商业化应用场景潜在价值高等优势成为 AI 大模型落地应用的最佳场景之一 "
```

```
    ]

    # 中文分词
    texts_processed = [[word for word in jieba.cut（text）if word.strip()] for
text in texts]

    # 创建字典
    dictionary = corpora.Dictionary（texts_processed）

    # 创建语料库（词袋模型）
    corpus = [dictionary.doc2bow（text）for text in texts_processed]

    # 训练 LDA 模型
    lda_model = models.LdaModel（corpus=corpus, id2word=dictionary, num_
topics=3, passes=15, random_state=42）

    # 打印主题
    topics = lda_model.print_topics（num_words=4）
    for topic in topics:
        print（topic）
```

结果分析：训练完成后，我们可以查看每个主题下的关键词，从而理解每个主题的含义。

输出的主题如下：

```
（0，'0.035*"人工智能" + 0.034*"风险"+ 0.034*"分析"+ 0.034*"模式"'）
（1，'0.048*"金融" + 0.034*"AI" + 0.033*"欺诈" + 0.033*"技术"'）
（2，'0.060*"应用" + 0.042*"大" + 0.042*"模型" + 0.042*"场景"'）
```

从输出可以看出，Topic 0 与人工智能相关，Topic 1 与金融 AI 相关，而 Topic 2 则与大语言模型应用场景相关。

13.6 本章小结

本章通过对 NLP 方法的全面介绍，帮助读者理解如何利用文本分析技术处理和分析金融文本数据。读者将通过 Python 代码实战，掌握关键技术的具体实现，为深入探索金融智能中的 NLP 应用打下坚实基础。

关键名词

自然语言处理、文本分析（挖掘）、分词、词向量、TF-IDF、主题模型、LDA 模型、word2vec

复习思考题

（1）解释文本分析在金融领域中的主要应用场景，并举例说明其重要性。

（2）比较语素和分词技术在文本预处理中的作用和区别。

（3）描述词袋模型和词向量模型的原理及其在文本表示中的优缺点。

（4）分析 TF-IDF 算法在关键词提取中的工作原理，并举例说明它在金融文本分析中的应用场景。

（5）解释主题模型（如 LDA 算法）在文本分析中的作用，以及如何通过 LDA 模型发现文本数据中的潜在主题。

（6）使用 Python 和相关库（如 NLTK、jieba），实现一个简单的文本分析流程，包括分词、TF-IDF 计算和主题模型分析，并解释每个步骤的实际意义。

（7）讨论 NLP 技术在金融智能中的挑战和未来发展方向。

第 14 章
金融智能中的强化学习算法

章前导读

强化学习使得算法能够在一个特定的环境中通过试错来学习作出最佳的决策。智能体（例如一个学习算法）通过与环境的交互，接收来自环境的反馈（通常是奖励或惩罚），并根据这些反馈来调整其行为策略。强化学习的关键特点是学习过程是在一系列的决策中进行的，而不是对单一的事件做出反应。这使得强化学习非常适合于那些需要连续决策或对策略进行长期规划的场景，如游戏、自动驾驶汽车、机器人控制以及在金融领域的算法交易等。强化学习的核心挑战在于平衡探索（尝试新策略）和利用（采用已知有效的策略）之间的关系，以及如何有效地在复杂、不确定的环境中学习最优策略。

本章学习目标

首先读者需要理解强化学习模型的基本架构；其次能够在 Python 中以股票交易过程为例来实现强化学习模型；最后理解强化学习在金融智能领域的一系列应用。

14.1 强化学习算法基础

14.1.1 强化学习概述

1. 定义与起源

强化学习（reinforcement learning，RL）是机器学习的一个关键分支，专注于指导智能体根据环境反馈作出决策。这个过程中，智能体通过与环境的互动学习如何实现特定目标，主要特征包括试错和延迟奖励的概念。它的定义涵盖了智能体在给定状态下选择行动以最大化累计奖励的目标。

作为起源于心理学的行为心理学理论，强化学习的发展经历了重要的转变，特别是在20世纪80年代和90年代随着计算机科学的发展。它融合了动态规划、蒙特卡洛方法和时序差分学习等技术。与监督学习和无监督学习相比，强化学习的独特之处在于它不依赖于标记的训练数据，而是通过与环境的交互和获得的奖励来学习，关注在特定环境下学习最佳行动策略。

强化学习在多个领域都有显著应用，包括在围棋、象棋等游戏中的突破，机器人领域的自主控制和决策，以及金融领域的算法交易和资产管理。作为一种独特的学习范式，强化学习为从经验中学习最优策略提供了方法，展现了在各种复杂和动态环境中的广泛应用潜力。

2. 在金融智能中的重要性

强化学习在金融智能领域的应用正迅速增长，其重要性主要体现在决策优化方面。在金融市场这种高度动态和不断变化的环境中，强化学习能够持续学习并优化决策策略，尤其适合于实时数据流中的快速决策，比如高频交易。这种能力使得强化学习成为应对金融市场动态性的有效工具。

在风险管理与量化交易方面，强化学习的应用同样显著。它能自动发现有效的交易策略，这些策略可能超越传统分析方法的限制。同时，强化学习也有助于金融风险的评估和管理，尤其在复杂市场条件下表现出色。此外，在个性化金融产品和服务领域，强化学习可以学习客户行为模式，为财富管理和个人金融规划提供定制化的投资建议。

强化学习在金融领域的应用不限于交易和投资，它还涉及自动化交易系统的开发、金融机构内部运营的优化，以及金融模型创新。这些应用展现了强化学习在处理动态决策、解决复杂问题（如资产配置和风险调整回报最大化）方面的能力。除此之外，强化学习还在信用评分、欺诈检测、保险产品定价等多方面展现出巨大的潜力和广泛的应用前景。

14.1.2 强化学习的核心组件

强化学习的核心组件见图14-1。

1. 代理与环境

在强化学习框架中，代理（agent）与环境（environment）是两个核心组件，它们相互作用形成了强化学习的基本结构。

（1）代理

在强化学习中，代理是指能够观察环境、作出决策并执行行动的实体。代理的目标是学习最佳策略，即在给定

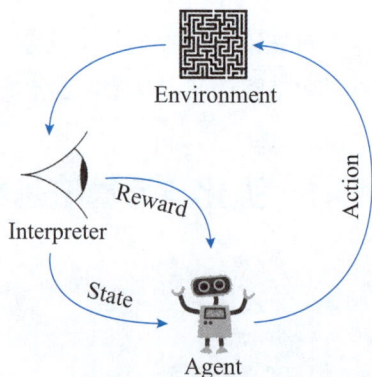

图14-1 强化学习的核心组件

（数据来源：Wikipedia）

环境中采取行动以最大化累积奖励。代理需要能够感知环境状态，作出决策（选择行动），并从环境反馈（奖励）中学习。在金融应用中，代理可能是执行交易的算法，决策包括买入、卖出或持有某种资产。

（2）环境

环境是代理所处的外部世界，它定义了代理可以观察到的状态空间、采取的行动空间以及行动的后果（奖励）。环境对代理的行动作出反应，并提供新的状态和奖励。这种反馈是代理学习的基础。在金融领域，环境可能是股票市场，状态可以包括市场指标、价格走势等，而行动的后果则体现在投资收益或损失上。

（3）代理与环境的相互作用

代理在每个时间步观察环境的当前状态，基于其策略作出行动，环境根据这些行动提供下一个状态和相应的奖励。代理的目标是通过这种交互过程学习最优策略，即一系列行动，这些行动能够在长期内最大化获得累积奖励。

（4）代理的决策制定

代理的策略是一个从状态到行动的映射。在强化学习中，策略可能是确定性的（直接映射到一个行动）或随机性的（给出多个行动的概率分布）。代理必须平衡探索（尝试新的或不确定的行动以获得更多信息）和利用（基于已有知识采取最佳行动）。

在强化学习中，理解代理和环境的角色、功能以及它们之间的相互作用对于设计有效的强化学习系统至关重要。这种理解有助于在实际应用中，如金融智能领域，构建更加高效和适应性强的强化学习模型。

2. 状态、动作与奖励

在强化学习中，状态（state）、动作（action）和奖励（reward）是构成学习过程的三个基本元素，它们共同定义了强化学习问题的结构。

（1）状态

状态是对环境当前情况的描述。它提供了代理需要的信息，以便作出决策。

状态可以是完全观察到的（代理可以访问环境的全部信息），也可以是部分观察到的（代理只能访问环境的部分信息）。在金融市场中，状态可能包括股票价格、市场指标、经济新闻、技术指标等信息。

（2）动作

动作是代理在给定状态下可以执行的行为。它是代理对环境施加影响的方式。动作可以是离散的（如买入、卖出、持有）或连续的（如调整投资组合中的资产比例）。在算法交易中，动作可能是买入特定数量的股票、调整投资组合或执行特定的交易策略。

（3）奖励

奖励是环境对代理执行特定动作的即时反馈。它是强化学习中代理学习的主要信号。代理的目标是最大化在整个学习过程中获得的累积奖励。在金融决策中，奖励可能是基于动作产生的利润或损失，或其他风险调整后的回报指标。

在强化学习框架中，状态提供了决策的基础，动作则是代理对环境的干预，而奖励则是评价这种干预好坏的标准。代理的学习过程是通过不断尝试不同的动作，并根据奖励来调整其行为策略，以达到最大化长期奖励的目标。

3. 策略与价值函数

在强化学习中，策略（policy）和价值函数（value function）是决定代理如何行动和评估其行为的重要组成部分。

（1）策略

策略是代理根据当前状态决定其行动的规则。它是状态到动作的映射，可以是确定性的（给定状态下指定特定行动）或随机性的（给出在给定状态下采取各个可能行动的概率分布）。策略可以通过查找表格、决策树或更复杂的函数（如神经网络）来实现。在算法交易中，策略可能指定在特定市场条件下进行买入或卖出操作。

（2）价值函数

价值函数估计在特定策略下从某状态开始的预期累积奖励。它帮助代理评估在给定状态下采取不同行动的长期效益。价值函数的类型主要包括状态价值函数和动作价值函数。其中，状态价值函数（state value function, $V(s)$）是指预测在状态 s 下遵循特定策略的预期回报；动作价值函数（action value function, $Q(s, a)$）是指预测在状态 s 下采取行动 a 并遵循特定策略的预期回报。在金融市场中，价值函数可以用来评估持有某种资产或执行特定交易策略的预期回报。

策略决定了代理的行为，而价值函数评估这些行为的长期效益。通过学习和改进价值函数，代理可以改善其策略。在许多强化学习问题中，目标是找到最优策略，即最大化价值函数的策略。通过交替执行策略评估（更新价值函数）和策略改进来找到最优策略。通过迭代更新价值函数并根据价值函数来改进策略。策略和价值函数是强化学习中代理学习和决策的基础。在金融智能应用中，正确地定义和优化这两个元素是实现有效决策和自动化交易的关键。

14.1.3 强化学习与其他学习方法的对比

1. 与监督学习和无监督学习的比较

强化学习、监督学习和无监督学习在机器学习领域中各自具有独特的特点和应用场景。与监督学习相比，强化学习不依赖于标签数据，而是通过与环境的交互获取奖励信号。监督学习主要适用于分类和回归问题，如图像和语音识别，而强化学习更适合于需要序列决策的任务，例如游戏、机器人导航和某些金融应用。

与无监督学习相比，强化学习的目标是学习一种策略以最大化累积奖励，这涉及决策过程和奖励的获得，而无监督学习则旨在发现数据的内在结构或模式，如聚类和降维。无

210

监督学习适用于数据探索和特征提取等，而强化学习适用于自动控制、游戏玩法和实时决策等领域，这些领域需要考虑动作的后果。

学习过程的不同也是这三种方法的关键区分点。监督学习依赖于大量标注数据进行预测和模拟，无监督学习则关注于探索数据的隐藏结构，而强化学习通过与环境的交互学习决策过程，依赖于试错逐步优化策略。在数据依赖性方面，监督学习需要大量标注数据，无监督学习虽不需要标注数据但需要足够的数据量，而强化学习则依赖与环境的互动。总体而言，强化学习在学习方法和应用方面与监督学习和无监督学习有显著的不同，提供了一种在不确定性环境中通过交互学习最优策略的途径。

2. 序列决策问题中的应用

强化学习特别适合于解决序列决策问题，即在一系列时间步骤中连续作出决策的场景。这类问题涉及一连串的决策，其中每个决策都可能影响未来的状态和结果。在序列决策中，当前的决策不仅影响当前的奖励，还可能影响未来可获得的奖励。此外，由于环境可能随时间变化，这要求策略具有适应性和预测性。

在金融智能等领域中，强化学习在解决序列决策问题上的应用日益增多。例如，在算法交易中，强化学习可以用来连续调整投资组合以响应市场变化。在自动控制领域，如自动驾驶车辆，强化学习能根据连续的传感器输入不断调整控制决策。同样，在游戏和模拟领域，如棋类游戏，强化学习能够帮助制定每一步棋的下法，影响游戏的最终结果。

强化学习在序列决策问题中面临的挑战包括长期回报的最大化、不确定性的处理以及策略的适应性。它通过平衡探索（尝试新策略）和利用（采用已知最佳策略）的方法，能够有效地处理不确定性，并根据环境的变化动态调整策略。在实际应用中，如投资组合优化和市场影响最小化，强化学习的策略已被用来动态调整资产配置和交易策略，减少对市场价格的影响。强化学习在序列决策问题中的应用为金融智能领域带来了更加动态和自适应的解决方案，提升了决策的质量和效率。

3. 优势和局限性

强化学习作为一种独特的机器学习方法，在特定类型的问题解决上展现出显著优势，同时也存在一些局限性。理解这些优缺点对于有效应用强化学习至关重要。其优势包括优化决策过程，特别是在连续决策和长期目标方面表现出色；在动态和不确定的环境中具有良好的适应性，使策略能随环境变化而调整；不同于监督学习，强化学习无须标注的训练数据，通过与环境的交互学习能够平衡探索未知策略和利用已知策略，优化长期回报。

然而，强化学习也存在一些局限性。它通常需要大量交互样本来学习有效策略，在实际应用中可能成为限制因素；其训练过程由于试错性质可能不稳定，特别是在复杂环境中；合理设计奖励函数可能具有挑战性，不恰当的设计可能导致不良学习结果；强化学习算法尤其在高维状态空间中可能需要显著的计算资源；强化学习模型在训练环境之外的泛化能力可能有限。

在金融领域的应用中，强化学习能够适应市场的动态性，为算法交易等应用提供有效的决策工具。然而，需要小心设计奖励函数，确保不仅追求收益最大化，还要考虑风险控制。总体而言，强化学习是一种强大且灵活的工具，适用于需要连续决策和自适应环境策略的领域。但在应用强化学习时，需要考虑其局限性，并采取适当的策略来应对这些挑战。

14.2 强化学习算法及其训练

14.2.1 主要强化学习算法

1. 基础算法

在强化学习领域，Q 学习和 SARSA 是两种基本且广泛使用的算法。它们都是基于价值的方法，旨在学习一个策略，该策略能告诉代理在给定状态下采取哪个动作能获得最大的预期回报。

Q 学习是一种离策略（off-policy）学习算法，它学习的是在给定状态下采取特定动作的预期效用（即 Q 值）。Q 值的更新规则可以被表示为

$$Q(s,a) \leftarrow Q(s,a) + \alpha \left[r + \gamma \max_{a'} Q(s',a') - Q(s,a) \right]$$

式中，$Q(s,a)$ 是当前状态 s 和动作 a 下的 Q 值；α 是学习率；r 是即时奖励；γ 是折扣因子；$\max_{a'} Q(s',a')$ 是下一个状态 s' 下所有可能动作最大的 Q 值。在 Q 学习中，Q 值的更新基于贝尔曼方程，使用了时间差分学习（TD learning）方法。在学习过程中，Q 学习需要平衡探索（尝试不同的动作）和利用（选择已知的最佳动作）。Q 学习适用于离散动作空间的问题，如简单的游戏、机器人导航等。

SARSA（state-action-reward-state-action）也是一种基于价值的学习算法，但它是在策略（on-policy）学习算法，即它学习当前策略下的行为价值。计算公式如下。

$$Q(s,a) \leftarrow Q(s,a) + \alpha \left[r + \gamma Q(s',a') - Q(s,a) \right]$$

式中，$Q(s',a')$ 是下一个状态 s' 和在该状态下采取动作 a' 的 Q 值。SARSA 使用的也是时间差分学习方法，但它在更新 Q 值时考虑了下一个状态和下一个动作。由于是策略算法，SARSA 直接考虑了探索对未来行为的影响。SARSA 适合于那些对安全性要求较高的任务，因为它通过考虑探索带来的潜在影响，减少了策略的风险性。

两者的主要区别在于学习过程中对未来动作的处理方式：Q 学习在更新时考虑的是下一个状态的最优动作，而 SARSA 考虑的是根据当前策略将要采取的动作。这导致 Q 学习更加激进，倾向于寻找最优策略，而 SARSA 则更为保守，注重当前策略的效果。

2. 策略梯度方法

策略梯度方法是一种强化学习算法，它直接对策略（即代理的行为模式）进行优化，不同于基于价值的方法（如 Q 学习和 SARSA），策略梯度方法更加适用于连续动作空间和更复杂的问题。策略梯度方法直接对策略进行优化，而不是先估计价值函数再导出策略。使用梯度上升（或下降）方法来调整策略参数，以最大化累积奖励。

由于直接对策略进行建模，策略梯度方法特别适用于动作空间连续的问题。策略梯度方法可以有效地进行探索，尤其是在复杂或不确定的环境中。策略梯度算法的类型包括 REINFORCE 算法和演员 - 评论家方法，其中，REINFORCE 算法是一种基本的策略梯度方法，通过估计返回的梯度来更新策略；而演员 - 评论家方法结合了策略梯度和价值函数的优点，使用一个"演员"网络来提出行动，一个"评论家"网络来评估行动。

应用场景主要包括复杂控制任务，如机器人的连续动作控制，在推荐系统中动态调整推荐策略，金融领域中用于连续交易决策、投资组合优化等。策略梯度方法由于直接优化策略的特性，在处理连续动作空间和高维状态空间的强化学习问题时具有显著优势。然而，它们也可能需要复杂的调参和高计算资源。

3. 深度强化学习

深度强化学习（DRL）是将深度学习和强化学习相结合的方法，利用深度学习处理高维输入，实现在更复杂环境中的有效决策。DRL 结合了深度神经网络的表征学习能力和强化学习的决策学习能力，能够处理复杂、高维的输入空间。它通过深度学习自动提取和学习环境状态的特征，无需手动设计特征。

DRL 的关键算法包括深度 Q 网络（DQN）和演员 - 评论家算法，如 A3C（asynchronous advantage actor-critic）和 DDPG（deep deterministic policy gradient）。DQN 算法结合了 Q 学习和深度神经网络，用于解决具有高维状态空间的问题，而演员 - 评论家算法则在其框架中引入深度学习。这些算法使得 DRL 能够处理复杂且高维的环境，例如视频游戏和机器人导航，并展现了深度学习模型的泛化能力。

DRL 已经在游戏、自动驾驶、金融等多个领域显示了巨大潜力，尤其是在处理高维数据和复杂决策问题上。然而，它的实际应用也面临一些挑战和局限性，包括通常需要大量的数据样本、训练过程可能的不稳定性，以及模型解释性的问题。此外，DRL 需要较大的计算资源来训练和维护深度神经网络。因此，尽管 DRL 展现出强大的潜力，但在实际应用中还需要克服计算效率、稳定性和可靠性等方面的挑战。

14.2.2 基于 Python 实现的案例

下面的案例创建了一个简单的股票市场环境，其中包含一个随机生成的股票价格序列。智能体可以在每个时间步选择买入、卖出或保持当前状态。奖励基于买卖股票的收益来计算。这个循环使用了一个非常简单的策略（随机选择动作），在实际应用中，我们可以使用更复杂的强化学习算法来优化这个决策过程。

```
...
import numpy as np
import matplotlib.pyplot as plt
import pandas as pd

# 设置随机种子以保持结果的一致性
np.random.seed(0)

# 参数设定
mu = 0.0002  # 日均收益率
sigma = 0.01  # 日收益率的标准差
initial_stock_price = 100  # 初始股价
trading_days = 252  # 一年的交易日

# 生成股价
returns = np.random.normal(mu, sigma, trading_days)
price = initial_stock_price * (1 + returns).cumprod()

# 创建一个简单的Q学习交易智能体
class QLearningTrader:
    def __init__(self, actions, epsilon=0.1, alpha=0.2, gamma=0.9):
        self.q_table = {}  # Q-table
        self.epsilon = epsilon  # 探索率
        self.alpha = alpha  # 学习率
        self.gamma = gamma  # 折扣因子
        self.actions = actions

    def choose_action(self, state):
        if np.random.uniform() < self.epsilon or state not in self.q_table:
            # 随机选择一个动作
            action = np.random.choice(self.actions)
        else:
            # 选择Q值最高的动作
            action = max(self.q_table[state], key=self.q_table[state].get)
        return action

    def learn(self, state, action, reward, next_state):
        if state not in self.q_table:
            self.q_table[state] = {a: 0 for a in self.actions}
        if next_state not in self.q_table:
            self.q_table[next_state] = {a: 0 for a in self.actions}
        q_predict = self.q_table[state][action]
        q_target = reward + self.gamma * max(self.q_table[next_state].values())
        self.q_table[state][action] += self.alpha * (q_target - q_predict)
```

```python
# 初始化交易智能体
actions = ['Buy', 'Sell', 'Hold']
trader = QLearningTrader(actions)

# 模拟交易
# 重新模拟交易并记录买卖动作
holdings = 0
cash = 10000
profit = []
buy_signals = []
sell_signals = []

for t in range(len(price) - 1):
    state = 'Holding' if holdings > 0 else 'Not Holding'
    action = trader.choose_action(state)

    if action == 'Buy' and cash >= price[t]:
        holdings += 1
        cash -= price[t]
        buy_signals.append(t)
    elif action == 'Sell' and holdings > 0:
        holdings -= 1
        cash += price[t]
        sell_signals.append(t)

    current_profit = cash + holdings * price[t] - 10000
    profit.append(current_profit)

    next_state = 'Holding' if holdings > 0 else 'Not Holding'
    reward = current_profit - profit[-2] if t > 0 else current_profit
    trader.learn(state, action, reward, next_state)

# 绘制股价和利润曲线
plt.figure(figsize=(14, 7))
plt.subplot(2, 1, 1)
plt.plot(price, label='Stock Price')
plt.title('Stock Price Over Time')
plt.xlabel('Days')
plt.ylabel('Price')
plt.legend()
plt.subplot(2, 1, 2)
plt.plot(profit, label='Trading Profit', color='green')
plt.scatter(buy_signals, [profit[i] for i in buy_signals], marker='^',
color='blue', label='Buy Signal')
plt.scatter(sell_signals, [profit[i] for i in sell_signals], marker='v',
color='red', label='Sell Signal')
plt.title('Trading Profit with Buy/Sell Signals')
plt.xlabel('Days')
```

```
plt.ylabel('Profit')
plt.legend()
plt.tight_layout()
plt.show()
...
```

股价的走势图以及强化学习策略的交易利润见图 14-2。

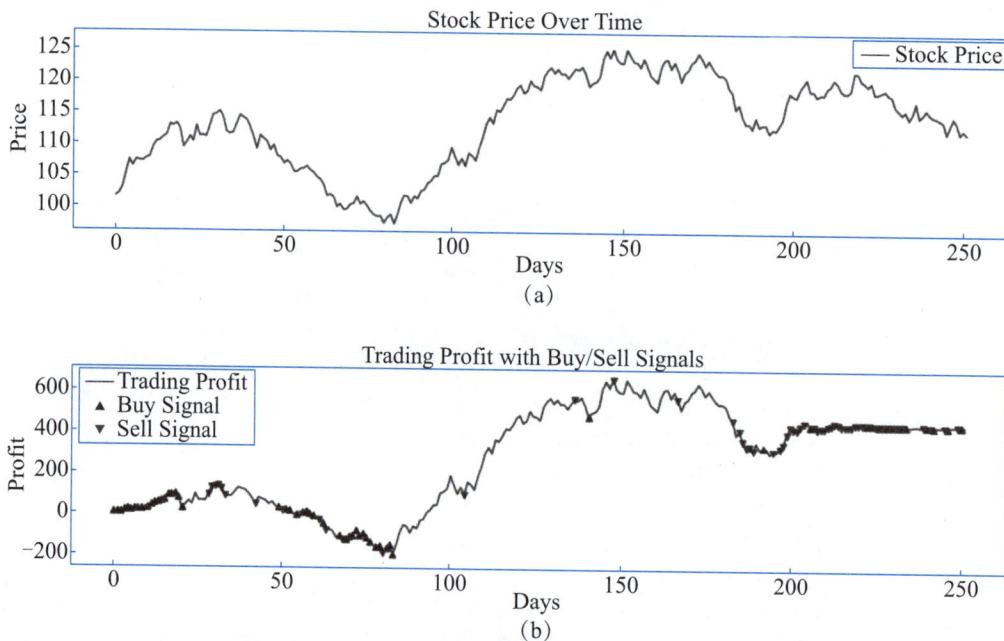

图 14-2　股价走势图(a)和强化学习策略的交易利润(b)

14.3　强化学习的应用

案例　**强化学习在金融智能中的应用**

　　强化学习在金融领域得到广泛应用，主要是因为它能够有效地处理和优化决策过程，尤其是在复杂、动态且充满不确定性的环境中。其核心优势在于能够优化决策，适应不断变化的市场条件，并从历史交互中学习以改进行为策略。这种方法对于金融领域的风险管理和自动化操作尤为重要，因为它能够评估和管理风险，通过学习不同策略的长期后果来平衡风险和回报。此外，强化学习还支持个性化策略的开发，能够处理金融问题的非线性和高维特性，从而发现非直观的策略解决方案。这些特性使得强化学习成为金融决策、市场分析和金融产品开发等多个方面的理想工具。

　　Hamby 等（2023）梳理了金融中强化学习的应用，主要包括以下七个应用：①电子市场和市场微观结构，探讨电子交易平台的运作机制和市场微观结构，了解市场如何响应各种交易和信息；②最优执行，研究如何以最优的方式执行大规模的交易指令，以最小化市场影响和交易成本；③投资组合优化，利用强化学习来确定资产配置策略，以最大化预期回报并控制风险；④期权定价和对冲，使用强化学习模型来定价衍生品，以及制定有效的对冲策略；⑤做市商策略，强化学习用于制定做市商策略，即如何提供买卖报价以获利并维持市场流动性；⑥智能投顾（robo-advising），自动化的投资顾问系统，使用强化学习来提供个性化的投资建议和资产管理；⑦智能订单路由（smart order routing），自动选择最佳的交易场所和路径，以提高交易效率和降低成本。

以投资组合问题举例，传统的投资组合模型通常依赖估计资产的期望收益率和协方差矩阵进行组合优化。然而基于样本估计的均值 - 方差模型在样本外表现遇到挑战，生成的投资组合难以跑赢等权重组合。我们可以将投资组合迁移到强化学习的框架中，强化学习能够在复杂、动态且充满不确定性的金融市场环境中进行有效的决策优化。强化学习通过不断地与市场环境互动，学习如何最大化长期收益并控制风险，从而能够处理投资组合管理中的多目标决策问题，如收益最大化和风险最小化之间的平衡。迁移到强化学习的框架中，状态变量可以包括时间、资产价格、资产历史收益率、当前持有的权重以及再平衡频率；而控制变量通常包括投资组合里各个资产的权重；对待整个系统的奖励可以设定为组合收益率、夏普比率等衡量投资组合表现的指标。通过结合理论模型和实际数据，强化学习不仅提高了决策的效率和效果，还使投资策略更加个性化和适应性强。

参考文献

[1] Hambly B, Xu R, Yang H. Recent advances in reinforcement learning in finance[J]. Mathematical Finance, 2023, 33（3）: 437-503.

14.4　本章小结

本章深入探讨了强化学习在金融智能领域的理论基础和应用实践。从强化学习的基础概念、核心组件（如代理、环境、状态、动作、奖励等）入手，详细阐述了强化学习与其他学习方法的区别及在序列决策问题中的独特优势。进一步介绍了各类强化学习算法，包括 Q 学习、SARSA、策略梯度方法和 DRL，以及它们的训练过程、挑战和性能优化策略。特别地，还聚焦于强化学习在金融智能中的实际应用，如算法交易，展示了它在提升金融决策和交易效率方面的潜力。

关键名词

强化学习、代理、环境、状态、动作、奖励、价值函数、Q学习、SARSA、DRL

复习思考题

（1）在金融智能中，强化学习算法起着关键作用。请简要分析强化学习算法的核心组件（代理、环境、状态、动作、奖励、策略和价值函数）各自的作用，并讨论这些组件是如何相互作用以实现有效的学习和决策过程的。

（2）考虑到强化学习算法在金融智能领域中的应用，如算法交易，请提出一个具体的案例，并分析强化学习如何在该案例中被应用来优化决策过程。在你的分析中，请包括所选择的强化学习算法类型（例如Q学习、SARSA、策略梯度方法或DRL），以及这种算法如何帮助解决特定的金融问题或提高交易效率。

第 15 章
金融智能中的区块链方法

章前导读

　　2019 年 10 月 24 日，中央政治局就区块链技术发展现状和趋势进行第十八次集体学习。习近平总书记在主持学习时强调，要"把区块链作为核心技术自主创新重要突破口，加快推动区块链技术和产业创新发展"。浙江大学教授、中国工程院院士陈纯就这个问题作了讲解，并谈了意见和建议。本章介绍区块链的历史发展、基本分类（私有链、联盟链、公链），并举例说明其在加密货币和去中心化平台中的应用，通过一系列案例和应用展现了区块链技术如何重塑金融生态系统。

本章学习目标

　　读者需要了解区块链技术的概念，特别是智能合约技术，并进一步理解区块链背后的加密算法和共识机制。通过区块链在智能金融中的应用案例，读者可进一步加深对区块链场景的理解。

15.1　区块链技术概述及其运用场景

15.1.1　区块链技术发展历史

　　区块链技术起源于化名为"中本聪"（Satoshi Nakamoto）的学者在 2008 年发表的奠基性论文《比特币：一种点对点电子现金系统》。2009 年比特币网络启动，同时第一个区块在链上产生。比特币被设计为一种去中心化的数字货币，其底层技术区块链便是为解决数字货币可信问题而生。比特币区块链通过工作量证明（PoW）机制实现去中心化的共识，确保交易记录的安全和防篡改。2012—2016年为区块链技术的快速发展阶段，其他形式的加密货币（如莱特币和以太坊）也相继出现。2014年以太坊提出"智能合约"概念，进一步扩展了区块链的应用范围。以太坊使用图灵完备的编程语言，使得智能合约可以处理更复杂的条件和操作。智能合约允许在无中介的情况下进行可信交易和协议的自动执行。

2016年之后，区块链技术进入多元化应用阶段，开始广泛应用于金融、供应链管理、医疗健康和版权保护等多个领域。近些年来，去中心化金融（DeFi）和非同质化代币（NFT）则成为区块链技术的新热点。DeFi通过智能合约提供传统金融服务，如借贷、交易和保险等。Maker协议是以太坊区块链上最大的去中心化应用（DApp）之一，也是第一个获得大规模采用的DeFi应用。NFT则用于数字艺术品和收藏品的认证和交易，成功地解决了数据确权问题。随着区块链技术的发展，新的共识机制如权益证明（PoS）、委托权益证明（DPoS）等被提出，以解决PoW机制下的高能耗和低效率问题。2022年9月15日，以太坊的共识机制转型成PoS。根据公开报道，以太坊升级使得全球用电量降低了0.2%。这些新机制提高了交易处理速度和能源效率。

15.1.2　区块链分类

区块链按照访问权限划分，可以分为公有链、私有链和联盟链三类。

公有链（public blockchains）是区块链技术中最常见的一种形式，是一种任何人都可读取、发送交易且交易能获得有效确认的区块链。私有链（private blockchain）和联盟链（consortium blockchain）是区块链技术的一种特殊形式，主要用于特定的组织或企业内部。

公有链没有中央管理机构，网络的运作完全依赖于分布式节点（参与者）。这意味着没有单一实体可以控制整个网络。在公有链上，任何人都可以参与验证和记录交易，例如通过挖矿或其他共识机制。这使得公有链具有高度的包容性和开放性。由于所有交易记录都是公开的，因此公有链提供了高度的透明度。任何人都可以查看交易历史和链上数据。一旦交易被记录在区块链上，就几乎不可能被篡改。这是因为要改变已记录的信息，需要重新计算所有后续区块的证明工作，这在计算上是不可行的。虽然交易记录是公开的，但参与者的身份通常是匿名的。这使得公有链成为加密货币等应用的理想选择。公有链由于具有大规模的分布式共识机制，通常被认为非常安全。攻击者要想控制或改变网络，需要拥有超过一半的计算能力，这在实践中是非常困难的。公有链面临的主要挑战之一是可伸缩性。由于每笔交易都需要网络中的多个节点确认，这可能导致交易速度较慢和费用较高。特别是使用PoW机制的公有链，如比特币，会消耗大量电力来进行挖矿操作，对环境造成影响。公有链由于其透明性、安全性和去中心化特点，在加密货币、DeFi和其他领域得到了广泛应用。然而，它们的可伸缩性和能源消耗问题也是目前区块链技术需要解决的重要挑战。

　　私有链通常由单一组织控制，只有该组织的成员或授权个体能够访问和进行交易。这意味着私有链在访问和参与方面具有高度的限制性。由于是由单一组织控制，因此具有更高程度的中心化。这种集中式管理可以带来更高效的决策和维护，但也可能带来单点故障的风险。由于参与节点数量有限，通常可以实现更快的交易速度和更高的可伸缩性。私有链通常用于企业内部，如供应链管理、内部记录保持、企业资源规划等，其中数据的隐私和安全性是主要关注点。

　　联盟链则由多个组织共同管理，只有这些组织的成员才能访问链上数据和参与共识过程。联盟链相对于私有链来说，在参与方面具有更广泛的分布和多样性。相比之下，虽然也是有限的集中管理，但因为多个组织共同参与，所以相对更去中心化。这种分布式的权力结构可以增加系统的稳定性和抗攻击能力。联盟链适用于多个组织之间的合作，如跨银行交易、医疗记录共享、跨企业合作等场景，既需要保证数据的安全性，又需要维护不同组织之间的信任。联盟链虽然比公有链效率更高，但由于涉及多个组织，其处理速度和可伸缩性可能不如完全由单一组织控制的私有链。代表性的联盟链包括 Hyperledger Fabric，它由 Linux 基金会开发，适用于企业级应用，能够提供高效、安全和灵活的分布式账本解决方案。

15.1.3　区块链技术应用场景

1. 以比特币为代表的加密货币

　　比特币是一种基于区块链技术的去中心化数字货币，于 2009 年由中本聪创建。它通过点对点的网络和共识机制，实现了无须中央机构参与的交易验证和记录。比特币交易在公开的区块链上进行，这确保了透明度和不可篡改性。作为区块链的首个成功应用，比特币不仅在金融领域引起了广泛关注，还为各种去中心化应用提供了技术基础。

　　比特币作为第一个广泛使用的加密货币，最初的目标是成为一种数字货币用于日常交易。尽管它在全球范围内作为支付手段的接受度逐渐提高，但由于价格波动较大、交易速度较慢等因素，它作为支付手段的普及程度仍有限。由于其价格的高波动性，比特币成为了投资者和投机者的热门选择。与传统货币相比，比特币的供应量固定在 2100 万枚，具有抗通胀特性。此外，由于其去中心化和不可篡改的特性，比特币被视为一种价值储存手段。

　　比特币技术中的去中心化特点，也意味着缺少必要的监管。因此比特币交易常常伴随着非法活动和价格操纵。Foley 等（2019）通过严肃的学术研究发现超过四分之一的比特币使用者，和一半的比特币交易量都和非法活动有关。大约每年有 720 亿美元的非法交易活动和比特币有关。但随着公众对比特币关注的增加，非法活动使用比特币的比例在降低，而转向其他隐秘性更强的数字货币。Griffin 和 Shams（2020）则发现 Tether 公司（即发行美元稳定币 USDT 的公司）通过发行更多的稳定币操纵了比特币的价格。

2. 基于公有链的 DApp

以太坊作为一个领先的公有链平台，提供了一个多功能、可编程的区块链环境，支持各种 DApps 和智能合约。以太坊允许开发者编写和部署智能合约，这些是自动执行合同条款的程序。智能合约在自动化交易、执行协议和处理逻辑方面起着核心作用。

以太坊作为区块链公有链技术的代表性平台，广泛应用于 DeFi、NFTs 等领域。DeFi 提供了去中心化的借贷、交易、资产管理和保险等金融服务，不依赖传统金融中介，提升了透明度和可访问性；NFTs 改变了数字艺术品和收藏品的交易方式；DPoS 通过智能合约实现去中心化管理；DApps 覆盖多个领域，利用区块链特性提供新的服务和体验；智能合约提高了供应链的透明度和效率；去中心化的身份验证系统让用户可控制自己的身份信息；预测市场和投票系统提供了新方式进行市场预测和民主决策；区块链游戏和虚拟世界让玩家可以交易、拥有或赚取加密货币和 NFTs。

3. 基于联盟链的行业应用

联盟链是一种半去中心化的区块链形式，由多个组织共同管理。它结合了公有链的一些优点（如去中心化和透明性）和私有链的特点（如效率和隐私性）。联盟链适用于需要多个实体共同参与和管理数据的场景，比如银行和金融机构可以利用联盟链进行资产管理、跨境支付、证券交易和清算等。联盟链可以提高交易效率、降低成本，并提供更高的安全性和透明度。医疗机构可以利用联盟链安全地共享患者数据，同时保护隐私。这有助于提高医疗服务的质量，促进医疗研究，并提供更好的疾病追踪和管理。企业可以利用联盟链追踪产品从生产到分销的整个过程，提高供应链的透明度，减少欺诈和错误，并确保产品质量。比如 IBM 的 Food Trust 网络利用 Hyperledger Fabric 来提高食品供应链的透明度。该网络连接了生产者、供应商和零售商，所有数据都储存在联盟链上，以确保食品安全和来源的可追溯性。

15.2 区块链技术的加密算法和共识机制

15.2.1 常见的加密算法

1. 比特币中的加密算法

比特币作为区块链技术的典型应用，其安全性在很大程度上依赖于使用的加密算法。比特币主要使用了两种加密算法：哈希算法（SHA-256）和椭圆曲线数字签名算法（ECDSA）。哈希算法是一种单向哈希函数，它可以将任意长度的数据转换为固定长度的哈希值。这个过程是不可逆的，即无法从哈希值推导出原始数据，保证了其安全性。通过哈希算法，可以生成交易的哈希值、构建区块链中的区块以及进行挖矿过程中的工作量证明。在比特币挖矿中，矿工需要找到一个特定的哈希值，这个值必须低于给定的目标值。这个过程需要大量的计算资源。哈希函数的两个特点，抗碰撞性（即难以找到两个不同的输入产生相同的输出）和抗预测性，使它具有较高的安全性。

ECDSA 则用于生成比特币的公钥和私钥，以及对交易进行数字签名。ECDSA 提供了与传统公钥加密（如 RSA）相同级别的安全性。该算法使得只有拥有私钥的用户才能签名交易，而任何人都可以使用公钥来验证签名的有效性。这确保了交易的安全性和用户的身份验证。

除了哈希算法和 ECDSA 外，挖矿与 PoW 也是比特币中重要的安全机制之一。挖矿过程中，矿工必须解决一个复杂的数学难题（基于哈希算法），这个过程称为 PoW。PoW 机制确保了网络的安全性和去中心化，因为成功挖矿并添加区块到链上需要大量的计算资源。这种机制使得操纵网络变得极其困难，因为攻击者需要控制网络大部分的计算能力。与此同时，PoW 机制因其高能源消耗而受到批评，挖矿活动需要大量计算资源，从而消耗大量电力，并且逐渐集中在拥有大规模计算资源的矿工手中，引发了关于环境影响和可持续性的争论。目前一些主要的区块链项目，如以太坊，已经开始或计划从 PoW 机制转向更节能的共识机制，如 PoS，在后文会有更加详细的介绍。

在储存方面，比特币使用 Merkle 树（也称为哈希树）来组织和存储交易数据。每个区块包含了一个哈希树的根哈希值，代表了该区块中所有交易的整体，使得数据验证变得高效。哈希树的叶子节点包含数据块（如文件、交易记录等）的哈希值。每个非叶子节点是其直接子节点的哈希值的组合。这种组合通常是将子节点的哈希值连接起来，然后再次进行哈希运算。位于树的顶部的单个节点称为根节点，它反映了整个数据集的哈希值。任何数据的微小变化都会导致根哈希值的变化。通过比较 Merkle 根，可以快速检查和验证单个交易是否包含在某个区块中，而无须下载整个区块链，比如在 P2P 网络中，可以只通过一小部分的哈希值验证大量数据。

2. 以太坊中的加密算法

比特币更多地专注于作为一种数字货币，而以太坊则提供了一个更广泛的去中心化平台，支持智能合约和分布式应用程序。

在数字签名方面，以太坊同样使用 ECDSA 进行交易签名，生成公钥和私钥。但不同于比特币使用的哈希算法（SHA-256），以太坊主要使用 Keccak-256。这两种散列算法在安全性和效率方面有所不同，简单来说 Keccak-256 在输出长度上更加灵活，易于在不同的硬件和软件环境中实现，但与此同时对输入的微小变化也非常敏感。两种算法都提供了高度的安全性和效率，被广泛用于加密货币、数据完整性验证和其他安全相关的应用中。

在存储方面，以太坊使用 Merkle Patricia 树来存储所有状态和交易数据，这是一种结合了 Merkle 树和 Radix 树的数据结构。这种数据结构使得以太坊能够有效地存储和访问账户状态、交易以及收据，同时提供了一种高效的数据验证方式。这些加密算法和技术构成了以太坊的核心，保障了它作为一个复杂的智能合约平台和加密货币系统的安全和效率。

以太坊与比特币的对比见表 15-1。

表 15-1　以太坊与比特币的对比

特　　征	比　特　币	以　太　坊
算法	工作量证明	过渡至权益证明
储存方式	Merkle 树	Merkle Patricia 树
目的	主要用作数字货币	支持智能合约和分布式应用（DApps）
共识机制	挖矿过程，通过解决数学难题获得奖励	虚拟挖矿，持币者根据持币量获得决策权和奖励
区块时间	大约 10min	12 ～ 14s
可编程性	有限	高度可编程，支持复杂的智能合约

3. 其他常用的加密算法

区块链技术不仅限于比特币和以太坊使用的加密算法，还包括其他常用的加密算法，在不同平台和应用中发挥着关键作用。例如，高级加密标准（AES）在某些场景下保护节点数据隐私；零知识证明（zk-SNARKs）在不泄露数据的情况下证明陈述真实性，用于隐私保护平台如 Zcash；多方计算（MPC）允许多方在不泄露输入的情况下共同计算函数；同态加密技术允许对加密数据进行操作而无须解密。这些加密算法和技术为区块链技术提供了必要的安全性和功能性，不同平台根据需求选择适当的加密方法。

15.2.2　常见的共识机制

1. PoW机制

PoW 机制是一种加密货币和区块链网络中常用的共识机制。在这种机制中，网络参与者（通常被称为"矿工"）必须执行一些复杂的计算任务，以证明他们投入了一定的工作量。这种方法的核心目的是确保网络的安全性和去中心化。在比特币的早期，对这种新型数字货币的概念充满了好奇和怀疑。那时的比特币并没有现在这样的价值和认可度，矿工主要是由技术爱好者和早期采纳者组成，每当矿工成功地解决一个数学难题并验证一组交易（即一个区块），他们就会作为奖励获得新产生的比特币。这个过程可以被看作一场"竞赛"，矿工们争夺的是成功挖掘出新区块并获得比特币奖励的机会。在 2012 年之前，每个成功挖掘的区块会奖励 50 个比特币。这个数字是比特币协议的一部分，由比特币的创始人中本聪设计。这个奖励机制也被设计为每四年减半一次，这个过程被称为"比特币减半"。减半的目的是控制比特币的新发行速度，最终使得比特币的总量上限固定在 2100 万个。所以，在 2012 年之后，每个区块的奖励从 50 个比特币减半为 25 个，然后在 2016 年再次减半为 12.5 个，以此类推。

比特币挖矿经历了多个阶段，每个阶段的技术进步都显著提高了挖矿效率。最初（2009—2010 年），挖矿依赖于 CPU，但这种方式效率低下，随着比特币网络的增长，很快变得不可行。随后（2010—2012 年），矿工发现 GPU 能显著提高挖矿效率，GPU 矿机迅速取代了 CPU 矿机。接着（2011—2012 年），FPGA 矿机出现，它们具有更高的效率和更低的功耗，但编程复杂度和成本较高。自 2013 年至今，ASIC 矿机主导市场，这种专为比特币挖矿设计的硬件效率极高，使得比特币挖矿进入大规模工业化生产阶段。ASIC 矿机的高成本和高效率导致挖矿逐渐集中到少数大型公司，引发了关于网络去中心化的讨论。尽管挑战存在，PoW 机制仍是许多主要加密货币网络的基础。

2. PoS 机制

PoS 机制是一种与 PoW 机制不同的区块链共识机制。它在许多现代区块链平台中被采用，以解决 PoW 机制所带来的能源消耗和效率问题。在 PoS 机制中，区块的创建者（验证者）是通过其持有的加密货币数量（即"权益"）以及其他因素（如持币时间）来选择的，而不是通过解决计算难题。验证者通过抵押一定数量的加密货币来参与区块生成的过程。被选中的验证者有权打包新的交易并创建新的区块，然后获得交易费用作为奖励。与 PoW 相比，PoS 的一个主要优势是能源效率高。因为生成新区块不需要大量的计算工作，所以能源消耗大大减少。

在 PoW 的挖矿过程中，能否成功挖矿主要取决于挖矿硬件（如 CPU、GPU、ASIC 等）的计算速度。而在 PoS 系统中，挖矿机制有所不同。PoS 挖矿无须购置额外的硬件设备，也不需要消耗大量计算资源。为了抵御 51% 的攻击，区块链网络通常会通过分散其算力，鼓励更多的节点参与挖矿过程，以及使用混合共识机制等策略来增加攻击的难度和成本。在 PoS 系统中，由于需要大量的资金来控制超过一半的币量，因此 51% 的攻击通常被认为比在 PoW 系统中更难以执行。

3. 其他共识机制

除了 PoW 和 PoS 机制，区块链技术还存在其他多种共识机制，各具特点和应用场景。授权证明（PoA）由预先选定的信誉良好的节点负责验证交易和区块，适用于私有链或联盟链，特别是在对速度和效率有高要求的网络中。PoA 的验证者身份公开且需要正式认证，保证其行为的责任感和可信度。权益证明的变体如授权证明（DPoS）和绑定权益证明（BPoS）也是常见的共识机制。DPoS 通过社区授权少数代表负责选择区块，以提高交易处理速度，适合大规模应用。BPoS 要求验证者抵押一定数量的代币以获得验证权利，确保安全性和防止恶意行为。总体而言，这些共识机制各有优缺点，具体选择取决于区块链项目的目标和需求。

15.2.3　共识机制背后的经济学

共识机制加密算法和共识机制可以帮助我们更好地理解区块链技术，同时也反映了区块链如何影响价值的创造、分配、交换以及经济决策的制定。接下来我们将阐释共识机制背后的两个经济学问题，这样的研究结果对于理解和预测区块链技术的发展方向、经济影响以及为政策制定提供理论基础都具有重要价值。随着区块链技术在金融、供应链、版权管理等领域的应用越来越广泛，与之伴随的经济学问题重要性也在不断增加。

1. 拜占庭将军问题

拜占庭将军问题（Byzantine generals problem）是一个在计算机科学里著名的问题，它描述了如何在存在可能的叛徒（即不可靠节点）的情况下，达成系统中所有其他节点（将军）的一致性（共识）。

问题的名称来源于一个类比的情况：一组拜占庭帝国的将军及其军队围困在一个城市周围，将军们需要通过传递信息来达成共同攻击或撤退的共识。然而，其中一些将军可能是叛徒，会故意传递错误的信息，问题在于如何确保忠诚的将军们能够在这种不可信环境中达成一致，而不会被叛徒误导。这个问题在分布式计算中特别重要，因为它模拟了在分布式系统中各个计算节点间通信时可能遇到的最坏情况。这些节点可能不会按预期运行，可能是由于故障、安全攻击或其他任何原因。

在实践过程中，区块链通过各种共识机制（如 PoW、PoS）解决这一问题，确保网络中的大多数节点都是诚实的。一方面通过激励对齐，即在区块链中，通过经济激励（如挖矿奖励、派发代币）确保网络参与者的利益与网络的整体健康和安全性保持一致，这减少了恶意行为的动机。另一方面通过惩罚机制，在某些共识机制（如 PoS）中，恶意行为会导致经济损失（如抵押的代币被没收），进一步提高了作弊的成本。

因此，拜占庭将军问题在区块链的背景下被赋予了新的意义，即使在参与者可能不诚实的情况下，区块链技术也能够提供一种安全可靠的方法来记录和验证交易，构建一个既安全又去中心化的系统。这就涉及一个新的概念，拜占庭容错（bzantine fault tolerance，BFT），涉及确定一个分布式系统能够容忍多少个不可信或故障节点，同时仍然能够达成共识。这个计算通常基于系统中的节点总数，如果节点总数为 N，那么系统能够容忍的最大拜占庭节点数为 B，通常 $N=3B+1$，换句话说，要容忍 B 个拜占庭节点，你需要至少 $3B+1$ 个总节点。在实际应用中，如区块链和其他分布式账本技术，这个公式可以帮助设计者理解他们的系统能够容忍多少不诚实或故障节点而不影响整体网络的共识和安全性。

2. 匿名博弈中的经济学均衡

在区块链的背景下，匿名博弈（anonymous game）是理解网络参与者行为和共识机制设计的一个重要概念。经济学均衡在这种博弈中扮演着关键角色——匿名博弈是一种博弈论模型，其中参与者在进行决策时不能确定其他参与者的身份或历史行为。在区块链网络中，由于参与者的匿名性，很多交互可以被视为匿名博弈。而这样的匿名博弈和经济学中的纳什均衡类似，即在这个均衡状态下，没有任何玩家能通过改变自己的策略单方面获得更多利益。由于匿名性，参与者必须在信息不完全的情况下作出决策，这增加了预测其他参与者行为的难度。在匿名环境中，参与者可能采取更复杂的策略，包括潜在的欺骗或误导。因此，在区块链设计中，制定激励机制是确保网络参与者的行为能自然而然地趋向于经济学均衡，从而增强整个网络的健康和安全性，使得每个矿工无法通过改变自己的策略来增加收益。

15.2.4 基于 Python 生成比特币公钥和私钥

下面的代码实现了生成比特币私钥、公钥及其对应地址的功能，并使用助记词记录私钥。具体步骤包括①基于比特币的加密算法，生成随机字节串作为私钥；②使用 BIP-39 规范将私钥转换为助记词；③生成对应的公钥，并通过一系列加密哈希算法生成比特币地址；④在区块链浏览器上查看地址的历史交易情况。

```python
import os
from ecdsa import SigningKey, SECP256k1
from mnemonic import Mnemonic
import hashlib
import base58
# ================= 生成比特币私钥 ====================
def generate_binary_private_key():
    # 生成32字节（256位）的随机字节串，并将字节串转换为二进制字符串
    random_bytes = os.urandom(32)
    binary_private_key = ''.join(f'{byte:08b}' for byte in random_bytes)
    return random_bytes,binary_private_key


# 生成二进制私钥
random_bytes,binary_private_key = generate_binary_private_key()
binary_private_key


# ================= 使用助记词来记录私钥 ============================
# 将比特币私钥转换为助记词的方式主要依赖于 BIP-39（Bitcoin Improvement Proposal
39）规范，该规范定义了如何将随机数转换成易于记忆的助记词序列。助记词通常用于生成和恢复钱包。
mnemo = Mnemonic("english")
entropy = random_bytes # 256-bit entropy for maximum security
mnemonic_words = mnemo.to_mnemonic(entropy)
print("Mnemonic Words:", mnemonic_words)


# ================= 生成比特币公钥 ==================
def binary_to_public_key(binary_private_key):
    private_key_int = int(binary_private_key, 2)
    private_key = SigningKey.from_secret_exponent(private_key_int,
curve=SECP256k1)
    public_key = private_key.get_verifying_key()
    public_key_bytes = public_key.to_string()
    public_key_hex = public_key_bytes.hex()
    return public_key_hex

# 示例：生成二进制私钥并转换为公钥
random_bytes,binary_private_key = generate_binary_private_key()
public_key_hex = binary_to_public_key(binary_private_key)
print(public_key_hex)


# ================== 将公钥转化成比特币地址 ==================
```

```
def public_key_to_address ( public_key_hex ) :
    public_key_bytes = bytes.fromhex ( public_key_hex )
    sha256 = hashlib.sha256 ( public_key_bytes ).digest()
    ripemd160 = hashlib.new ( 'ripemd160' )
    ripemd160.update ( sha256 )
    hashed_public_key = ripemd160.digest()
    versioned_payload = b'\x00' + hashed_public_key
    checksum_full = hashlib.sha256 ( hashlib.sha256 ( versioned_payload ).
digest() ).digest()
    checksum = checksum_full[:4]
    binary_address = versioned_payload + checksum
    bitcoin_address = base58.b58encode ( binary_address )
    return bitcoin_address.decode ( 'utf-8' )

bitcoin_address = public_key_to_address ( public_key_hex )
print ( bitcoin_address )
# ============ 前往区块浏览器查看该地址上的钱包余额 ===============
# https://www.blockchain.com/
```

15.3　区块链技术与智能合约技术

15.3.1　智能合约技术

在区块链的背景下，公有链中的智能合约是一种自动执行、控制或记录相关事件和操作的计算机程序，是在区块链发展中的一个革命性创新。智能合约在区块链技术中扮演着关键角色，尤其是在以太坊这类支持智能合约的平台上。简单来说，智能合约是存储在区块链上的一段代码，它能够在满足预定条件时自动执行相关的合约条款，而一段代码一旦部署至区块链，就是不可更改和透明的。合约执行是自动的，不需要中介或第三方的参与。由于运行在区块链上，智能合约继承了区块链的安全特性，如抵御篡改和去中心化。这意味着没有中央权威机构可以控制或更改智能合约。在这样的背景下，智能合约可以用于各种应用，从简单的资金转账到复杂的 DApps，简单来说，DApps 是运行在区块链网络上的应用程序，它们不受任何单个实体的控制，提供去中心化的服务，透明、开源、去中心化，且具有抗审查性，包括但不限于以下几点。

（1）数据存储。

智能合约在分布式数据存储方面扮演着重要角色。它能将用户数据分散存储于多个节点，显著降低数据丢失或被篡改的风险，从而加强数据的安全性和可信度。比如可以应用到供应链管理，追踪产品从制造到交付的整个过程，确保透明度和合规性。或者应用到投票系统，在管理和验证个人身份信息的基础上，建立安全、透明的投票和选举系统。

（2）金融应用。

智能合约是去 DeFi 产品和服务的基础，可以促进交易流程的自动化和透明化，从而提高金融机构的运营效率并降低交易成本。例如，智能合约可用于支持股权交易、实现股权变动的即时跟踪、增强交易的流动性和安全性。在信贷业务中，智能合约可以帮助自动化审核流程，从而增强信贷操作的安全性和效率，也可以创建去中心化的金融产品和服务，自动化交易和贷款。

（3）虚拟世界应用。

智能合约还可以用于创建和管理 NFT，支持数字艺术品和收藏品的验证、交易和分发，包括通过智能合约进行的虚拟货币交易和兑换。比如保障虚拟世界元素的稀缺性，通过精确定义元素发行和使用规则确保物品的独特性和价值，进而提升体验，比如创建基于区块链的游戏和数字收藏品，例如加密猫（cryptokitties）等。

智能合约作为自动执行的程序，为构建在区块链上运行的去 DApps 提供了基础，更为复杂的 DApps 可能由多个智能合约组成，这些合约相互作用以实现更复杂的应用逻辑和功能，这样的结合也标志着区块链技术的一个重要转变，从单纯的价值传输扩展到能够支持复杂应用的全功能平台。除了以上应用外，智能合约也面临着一定挑战与限制。比如由于代码的不变性，智能合约一旦部署就无法更改，这要求高水平的编程准确性。错误的代码可能导致安全漏洞或资金损失。在公有链上运行复杂的智能合约可能导致网络拥堵和高昂的交易费用，特别是在网络流量大时。但总体来说，智能合约技术在公有链上的应用极大地推动了区块链技术的创新和发展，为构建一个去中心化、自动化和高度透明的数字经济体系提供了可能。

15.3.2　智能合约与数字人民币

1. 数字人民币介绍

数字人民币（digital currency electronic payment，DCEP）是中国人民银行发行的数字货币，是法定货币人民币的数字形式。它是全球主要经济体中第一个由中央银行发行并监管的数字货币，与纸币和硬币等传统货币具有同等的法律地位。在全球范围内，各国央行对数字货币越发关注，数字人民币的推出也是中国在全球货币竞争中保持先发优势的举措。这不仅有助于推广人民币国际化，也可能对全球金融系统产生长远影响。

2019 年，脸书公司宣布计划推出一种名为 Libra（后改名为 Diem）的稳定币，其价值由一篮子货币支撑，目的是创造一个超越国界的全球货币体系，以实现跨境资金流动的低成本和便利性。从理论上讲，这种稳定币有潜力发展成超主权货币，可能会影响一些货币价值不稳定国家的货币自主权。此外，它还可能打破国家间的金融壁垒，特别是在金融监管严格、资本外流压力大的国家。稳定币的出现引起了许多国家的高度关注。美国等国家对脸书公司的超主权货币计划表达了反对，担忧可能对洗钱、恐怖主义融资和金融稳定性造成冲击。在强烈的反对声中，脸书公司的稳定币项目遭遇重大阻碍，先是在 2020 年更名为 Diem，后因进展困难于 2022 年将其业务出售。尽管脸书公司的计划受阻，稳定币市场依然吸引了许多强势参与者，单靠监管难以完全遏制这一行业的发展。各国央行面对这种新兴技术，选择加入竞争而非对抗。因此，包括美国和中国在内的全球主要经济体的央行开始研究和开发自己的数字货币，以在下一波技术革命中占据有利位置。

2020 年，我国首先在深圳、苏州、成都和雄安新区 4 个城市开始数字人民币试点，3 年时间之后，试点城市已经迅速扩大到 17 个省市的 26 个地区，很多地方的基本目标，都是要在最近两三年之内扩大数字人民币的覆盖范围和应用场景。与比特币等去中心化的加密货币不同，数字人民币由中国人民银行集中管理和发行，受到严格的监管和政策指导。数字人民币运行在一个"双层体系"中，即央行先向商业银行等第二层机构发行数字人民币，然后由这些机构面向公众发行。同时，虽然提供了一定程度的匿名交易，但在防止洗钱、融资和其他非法活动方面，数字人民币实行了适度的隐私保护。作为全球主要经济体中第一个官方数字货币，数字人民币的发行和普及也被视为推动人民币国际化的一个重要步骤，也会对其他国家的数字货币发展产生重要影响。

随着金融科技的迅速发展，相较于现有电子支付方式，数字人民币的法定地位更高，任何商家和个人都不能拒绝接受；此外，数字人民币旨在补充现有的货币体系，相较于其他电子支付方式需要连通网络才可以使用，数字人民币还可以在离线状态下转账，提高支付系统的效率，增强支付安全性。但由于数字人民币设计之初主要用于日常交易和零售支付，虽然与纸质和硬币形式的人民币等值，但与传统的银行存款或其他可产生利息的金融工具不同，这也意味着持有数字人民币的用户不会像在传统银行账户中那样获得利息。

2. 数字人民币智能合约

数字人民币是中国人民银行发行的数字货币，结合了实物人民币的支付即结算、匿名性等特点和电子支付工具的低成本、便携性、高效率、不易伪造的优势。其重要特性之一是可编程性，通过加载智能合约实现自动支付交易。智能合约是基于预定事件触发、自动执行的程序，可在不影响货币功能的前提下，根据交易双方商定的条件进行自动支付。数字人民币智能合约已在多个领域实现创新应用，显著提升了资金管理的安全性和效率，降低了交易违约风险和监管成本。

在预付费管理方面，数字人民币智能合约提供了可靠的解决方案。例如，2022 年中国人民银行数字货币研究所推出的"元管家"产品，利用智能合约管理用户的预付消费资金，保障资金的安全性，解决了强制消费、退钱难等问题。该产品已在电影票、餐饮等多个预付消费场景中得到应用，并有望拓展到更多领域。

在教培资金监管方面，数字人民币智能合约同样展现了其优势。2022 年 5 月，深圳福田区政府与建设银行合作，建立了全国首个数字人民币教培机构预付式平台。该平台通过智能合约技术，严格管控预付资金的流向，确保资金在学员上课后按次结算，有效防范了机构不履约的风险，并实现了快速退款功能。

在供应链金融领域，数字人民币智能合约为传统供应链金融提供了全新的解决方案。2024 年 4 月，国网河北电力等单位与工商银行合作，在雄安新区发布了"开放银行＋数字人民币智能存管＋保理"的供应链金融解决方案。该方案利用智能合约实现从融资申请到放款、还款的全流程自动化管理，提高了资金流转效率，降低了操作成本，并解决了身份核验、风险识别等问题。

未来，随着数字人民币智能合约底层平台和相关制度的不断完善，其应用场景将进一步扩展。在金融服务、公共服务、商业交易等领域，数字人民币智能合约有望带来更多创新，推动数字经济的发展，提升社会整体运营效率和安全性。

15.4　区块链在金融场景中的应用

案例　以太坊公有链上的稳定币 DAI

1. 关于 MakerDAO 与 Maker 协议

根据 MakerDAO 官网公布的白皮书显示："MakerDAO 是 2014 年在以太坊区块链上创建的开源去中心化自治组织。该项目发行一种名为 MKR 的治理型代币，全世界范围内持有该代币的人均可参与项目治理。通过由执行投票（executive voting）和治理投票（governance polling）组成的科学型治理系统，MKR 持有者可以管理 Maker 协议及 DAI 的金融风险，从而确保该协议的稳定性、透明性和高效性。Maker 协议是以太坊区块链上最大的DApp 之一，也是第一个获得大规模采用的 DeFi 应用。"

MakerDAO 于 2017 年 12 月发布了名为 DAI 的去中心化稳定币。DAI 是以太坊 ERC-20 token，和美元保持 1 ∶ 1 锚定。也就是说，无论市场上有多少 DAI，每个 DAI 价值 1 美元。截至 2024 年 5 月，DAI 的总市值超过 50 亿美元。与其他由中心化机构发行的稳定币不同，DAI 完全去中心化，依赖于智能合约和去中心化的自治组织（DAO）进行管理。一方面，DAI 的发行基于加密资产的抵押，主要是以太币（ETH）。用户通过锁定 ETH 等资产在 MakerDAO 平台上生成 DAI；另一方面，为了确保系统的安全性，抵押的 ETH 价值通常高于生成的 DAI 价值，即过度抵押。同时，如果抵押资产的价值降低到一定水平，系统将自动清算这些资产以保护 DAI 的稳定性。

2. DAI 的运作机制

对于 DAI 的生成机制，具体说来，如果我们有一笔 ETH，我们就可以抵押 ETH 来生产DAI，用 DAI 在交易平台购买更多的 ETH，用 ETH 来生成更多的 CDP（collateralized debt position，抵押债务头寸，即 DAI 的抵押贷款），这样的杠杆交易可以在区块链上进行，无须任何第三方或者中心化机构，当然，这样的循环抵押也要有抵押率的限制。这样一个生态系统的核心就是智能合约 CDP，CDP 是一种运行在以太坊区块链上的智能合约，并且存在于 Maker 生态系统中。

DAI 的价格维持在 1 美元依赖于其内在的套利机制。当 DAI 的价格不足 1 美元时，CDP 的拥有者则可以以更低的价格来偿还债务。而当 DAI 的价格高于 1 美元时，投资者又可以通过生成 DAI 卖出来赚取差额。这样巧妙的供需平衡确保了 DAI 总是能锚定 1 美元。

3. DAI 运作中面临的风险

稳定币 DAI 在运作中面临多种风险。首先是抵押品波动风险，由于 DAI 的价值由抵押在智能合约中的加密资产支持，这些资产的价格波动剧烈，可能导致抵押不足，触发清算机制，从而影响 DAI 的稳定性。此外，智能合约风险也不可忽视，代码漏洞或黑客攻击可能导致资金损失或系统崩溃，而治理风险则涉及 MakerDAO 的管理机制，若治理不当或受到恶意操控，可能导致决策失误，进而影响 DAI 的稳定性和可信度。

其次，市场流动性风险和系统性风险也对 DAI 的稳定性构成威胁。市场流动性不足可能导致 DAI 价格波动，无法有效锚定目标价值，而加剧市场的整体波动性和系统性风险，如市场崩盘，可能导致大规模清算和资产贬值。监管风险是另一大挑战，各国对加密货币和稳定币的监管政策不断变化，可能对 DAI 的运作和合规性带来不确定性。此外，如果出现安全漏洞、治理问题或其他负面事件，可能导致用户信任度下降，影响 DAI 的使用和流通。

15.5 本章小结

本章概述了区块链技术的发展、应用场景、加密算法、共识机制、智能合约技术，以及区块链在金融领域的应用。首先介绍了区块链技术的发展历史，分类（包括私有链、联盟链和公有链），及其在加密货币和各种公有链中的应用；接着，探讨了区块链中常用的加密算法、PoW、PoS 等共识机制及其背后的经济学原理，特别是在处理拜占庭将军问题和匿名博弈中的经济学均衡时的应用；此外，还讨论了智能合约技术及其在数字人民币和去中心化应用中的作用；最后，以以太坊公有链上的稳定币 DAI 为例，进行了案例分析。

关键名词

区块链、公有链、联盟链、智能合约、数字人民币、Web 3.0、稳定币

复习思考题

（1）思考区块链可以解决金融场景里的哪些问题。
（2）区块链未来发展的方向是什么？

第 16 章
金融智能在业界的应用

章前导读

随着大数据、人工智能技术的飞速发展，智能金融正逐渐成为金融行业转型升级的重要驱动力。传统金融领域的预测、决策、风险管理等环节，在智能金融的赋能下，正经历着前所未有的变革。智能金融的核心在于将人工智能技术，包括机器学习、深度学习、自然语言处理、强化学习等，应用于金融领域的各个环节。这些技术通过高效的数据处理与分析能力，能够自动化完成复杂的预测、决策和优化任务，显著提升金融服务的效率和准确性。智能金融在产业界应用广泛，如风险管理、投资决策、客户服务和产品创新等方面。智能金融的优势在于其强大的数据处理与分析能力，以及自动化、智能化的决策流程。然而，智能金融在产业界的应用也面临诸多挑战，如数据质量参差不齐、模型解释性不足、监管合规性等。因此，金融机构在推进智能金融应用时，需充分权衡利弊，确保技术的稳健性和合规性。

本章学习目标

首先，读者需要了解智能金融在业界的基本应用；其次，了解机器学习和文本分析在证券投资领域的运用，文本分析在绿色金融领域的运用等具体案例；通过本章的学习，读者将理解和掌握智能金融方法在金融领域应用的基本思路，将智能金融方法灵活运用到其他金融场景中。

16.1　金融智能在业界应用概述

金融智能广泛结合了金融知识、数据分析、机器学习、人工智能等多种技术和方法，提升了金融决策的效率、准确性和创新能力。金融智能不仅关注金融数据的收集和处理，更重要的是通过这些数据来洞察市场趋势、评估风险、优化投资策略、改善客户体验以及加强监管合规性。因此，金融智能在业界的应用广泛且深入，主要体现在以下几方面。

1. 智能投顾

智能投顾（robo-advisor）是金融智能的重要应用之一。它运用大数据、云计算、机器学习、深度学习等先进信息技术，通过收集和分析投资者的个人财务状况、风险偏好、投资目标等信息，利用资产配置模型匹配出最优的投资组合，为投资者提供自动化、个性化的投资建议和资产配置服务。智能投顾能够覆盖更广泛的投资者群体，提高投资效率，降低投资成本，实现资产的长期稳健增值。目前，国际金融市场上已经出现了多家智能投顾平台，如 Betterment、Wealthfront 等，并取得了显著的市场份额；在国内金融市场，多家证券公司和互联网理财公司也逐步采用了智能投顾算法，为投资者提供个性化的投资建议和服务。

2. 风险管理与合规

金融智能在风险管理和合规性方面也发挥着重要作用。通过大数据分析和机器学习技术，金融智能平台可以收集和分析来自多个渠道的海量数据，包括市场数据、交易数据、客户行为数据等，通过高级统计模型和机器学习算法，实时识别和评估潜在的市场风险、信用风险和操作风险，制定有效的风险对冲策略。同时，金融智能还可以帮助金融机构自动化合规流程，监测异常交易行为，防范金融欺诈，确保业务合规运行。例如，金融机构可以利用人工智能技术对客户的信用状况进行快速、准确地评估，降低信贷违约率；通过实时监控交易数据，实时拦截欺诈交易，并通知相关部门采取进一步措施，减少损失。

3. 客户服务

金融智能在客户服务领域的应用也日益普及。金融智能平台能基于客户的历史交易数据、风险偏好、投资目标等信息，为客户推荐个性化的金融产品和服务，提供定制化的财务规划和投资建议，帮助客户实现财富增值。智能金融提供了多种自助服务渠道，如智能客服机器人、移动应用、网上银行等，客户可以随时随地进行账户查询、交易操作、问题咨询等，无需前往实体网点。智能客服机器人能够理解和响应客户的自然语言输入，解答常见问题，提供业务咨询，甚至进行简单的交易操作。通过分析客户的语气和表情，智能客服还能够识别客户的情绪状态，提供更加贴心和个性化的服务。一些先进的智能金融平台已经开始尝试应用 VR/AR 技术，为客户提供沉浸式的金融服务体验，如虚拟投资顾问、在线财富管理等。这种智能客服系统不仅提高了服务效率，还降低了人力成本，提升了客户满意度和忠诚度。

4. 高频交易与量化投资

在金融交易领域，金融智能的应用推动了高频交易和量化投资的发展。高频交易依赖于超高速的交易系统，智能金融技术能够确保交易指令在毫秒级甚至微秒级内得到执行，从而捕捉市场瞬间的波动和套利机会。智能金融算法根据预设的交易策略，自动分析市场数据、生成交易信号并执行交易指令，减少了人为干预和延迟，提高了交易效率和准确性。此外利用机器学习算法对大量历史数据进行深度分析，预测市场走势和价格波动，能帮助高频交易者制定更为精准的交易策略，并进行有效的风险管理。量化投资方面，智能金融平台提供丰富的量化投资工具和模型库，帮助投资者根据市场数据和投资策略构建量化模型，并通过机器学习算法不断优化模型参数，提高投资收益。量化投资强调基于多个因子的投资决策，智能金融系统能够处理和分析大量的因子数据，识别有效的预测因子，构建稳健的投资组合。与高频交易类似，量化投资也依赖于自动化交易系统来执行交易指令。智能金融技术能够确保交易指令的准确、快速执行，降低交易成本和市场冲击。

5. 信贷评估与智能信贷

在信贷领域，金融智能通过深度学习和大数据分析技术，实现了对借款人的信用风险评估和预测。传统的信贷评估主要依赖于人工审核和传统的信用评分模型，而人工智能技术则能够处理和分析海量的非传统数据（如社交媒体活动、消费习惯、网络行为等），从而更全面地评估借款人的信用风险，预测客户的违约概率和信贷风险等级。基于信贷评估模型的预测结果，智能金融系统能够实现信贷审批流程的自动化。对于符合信贷条件的客户，系统自动批准贷款申请；对于存在风险的申请，则进行人工复审或拒绝处理，提高了贷款审批的效率和准确性，降低了金融机构的运营成本和风险。此外，智能金融还可进行智能风控管理，通过实时监控客户的信贷行为和市场动态，智能金融系统能够及时发现潜在的风险因素，并采取相应的风控措施。例如，对于出现逾期行为的客户，系统自动调整其信用额度或采取催收措施。

6. 其他应用

除了上述几个主要领域外，金融智能还在支付结算、保险、财富管理等多个金融领域得到应用。例如，在支付领域，利用人工智能和机器学习技术可以实现刷脸支付、语音支付等多种便捷支付方式；在保险领域，智能金融技术可以帮助保险公司进行精准的客户需求分析和产品推荐；在财富管理领域，智能金融技术可以根据客户的财务状况和投资目标提供个性化的资产配置建议。

专栏　九坤量化私募基金

在量化私募圈，素有"北九坤，南幻方"的说法。经过市场多轮大浪淘沙，头部阵营重新洗牌，九坤投资成长为规模超过 400 亿的量化私募巨头。纵观量化领域的几家巨头，论综合实力，九坤投资一直处于中国量化投资行业的第一梯队，连续 4 年获得中国私募金牛奖。论优势，九坤投资拥有丰富的交易策略，具有竞争力的策略和技术、完善的人才梯队建设、国内市场领先的交易基础架构。

据了解，九坤投资是国内量化界最早举起大量因子统计挖掘的私募。他们有一批富有因子挖掘和组合优化经验的因子模型研究员，数万的因子积累阿尔法是家常便饭。近几年，九坤投资还厚积薄发重金投入人工智能（AI）算法。过去两年间，他们招聘的投研技术人员中 70% 都具有 AI 方面的研究经验或工作背景，并投资过亿建成了用于策略研究和交易的 AI 超算集群，60% 的投资已经由 AI 算法驱动。

目前，九坤投资的交易策略非常丰富，涵盖股票量化对冲、量化指数增强，以及期货 CTA 等。近年，九坤投资还重点推出了股票优选策略产品。相较于当前常见的沪深 300、中证 500 指数增强等策略，九坤股票优选策略放开了对特定指数增强风格的限制，允许持仓组合按照阿尔法高低灵活调整一篮子股票的风格，在保持足够分散度的基础上追求中长期绝对收益。

量化阿尔法的优势在于宽基选股。不同于量化指增跟踪于某一指数，量化选股策略基于选股模型进行全市场选股，这样的策略能更有效地把握市场多种风格贝塔，全方位捕捉阿尔法。历史不断证明，市场大小盘风格存在轮换，量化选股策略在一定程度上减少了投资者在大小盘指数上的"选择焦虑"。

在产品设计上，九坤股票优选策略对每笔份额进行 3 年期的最低投资期限限制。对于这样的安排，九坤投资表示，这是从超额积累和长期投资两个出发点进行的考量。市场本身的波动在拉长的投资期限中更加温和，更重要的是超额部分通过锁定期复利增长，三年后可以提供一个很厚实的安全垫，从而不需要过分担心期间的大盘波动。以九坤投资所管理股票类产品的申赎统计来看，投资期限越长，投资人的胜率会越高。

16.2 机器学习预测资产价格

16.2.1 机器学习预测资产价格的原理

Gu 等（2020）的论文《机器学习下的实证资产定价》是机器学习在实证资产定价中应用的代表作。通过构建预测模型，机器学习算法给予候选特征不同的权重，筛选了重要的股票特征进行股票收益率预测。他们采用的算法如下。

1. 线性算法

线性回归模型普通最小二乘法（OLS）是最简单的线性模型。除了 OLS，还有拓展的线性回归方法，这些方法可以分为四类：稳健回归、惩罚回归、降维方法以及广义线性模型（GLM）。

（1）稳健回归根据其目标函数形式，可以进一步分为两类。首先是加权回归。与经典的 OLS 估计不同，加权回归方法赋予每个观测不同的权重。典型方法是按照市值加权进行回归。除此之外，稳健回归方法也被用来构建相对于厚尾分布稳健的估计量，典型例子是将目标函数设定为 Huber 稳健误差函数。

（2）惩罚回归的典型代表包括三种方法：岭回归、LASSO、弹性网络。相对于 OLS，它们加入了针对高维数据的不同惩罚项，以有效应对过拟合问题。同时，它们也起到了筛选有效预测特征的作用。

（3）降维方法则包括主成分回归（PCR）和偏最小二乘回归（PLS）。这两类方法可以显著降低问题的维度，从而得到更稳健的估计。

（4）GLM 的一类简单例子是将公司特征的高次方项加入预测模型中。

2. 非线性算法

虽然线性模型仍占据主流，但研究者往往将线性模型视作真实模型的一阶近似。对于线性模型的一个质疑是它往往很难较好地描述解释变量之间的相互影响。为此，作为一种简便易行的替代方法，树类模型日益受到重视。

（1）决策树是一种分类算法，其结果是给出一系列有序的判定规则，依据特征将观测分类标记。它可以很好地刻画特征与因变量之间的非线性关系。特别地，经典的决策树往往用于处理因变量为分类变量的情形。当因变量为连续变量（例如，因子研究中的核心变量股票下月的预期收益）时，便构成了回归树。当然，回归树本质上仍然是分类算法，因此，它给予被分为同一类型的观测的预测值是相同的。

回归树可以很容易地将解释变量间的交互影响考虑进来，一个 K 层的树结构，可以包含 K-1 层交互效应。树方法不受解释变量的单调变换的影响，因而可以很好地包容非线性特征。但是回归树方法如此灵活，使得它特别容易陷入过拟合的怪圈，这也构成了其最大的瓶颈。因此，为了尽可能规避相关的潜在问题，引入正则化方法进行适当限制是很有必要的。常见的正则化方法包括提升算法和随机森林（random forest）。

（2）提升算法是一类框架算法，它以一系列高度简化的分类树为基础，通过反复的迭代训练，生成很多个基分类器，再组合不同基分类器的预测，以得到最终的预测。即通过组合若干个弱分类器，最终得到较好预测效果的强分类器。提升算法最早的代表是 AdaBoost 算法，随后则发展出了诸多衍生算法，其中以 GBDT 和 XGBoost 算法目前应用最多。

（3）与提升算法相对应的则是袋装算法。与提升算法需要按顺序进行迭代不同，袋装算法可以并行进行多次训练，每次训练中，都用 bootstrap 方法抽取一个子样本并据此训练模型，最终将多次训练结果平均，得到最终的预测。对于分类问题而言，袋装算法的一个典型例子便是随机森林。

（4）支持向量机（SVM）是另一类重要的非线性算法。与通常的算法旨在通过降维解决维数灾难问题不同，SVM 某种程度上可谓反其道而行之，通过将低维问题映射到高维空间，SVM 可以高效地找到间隔最大的超平面，从而对数据进行有效的划分。

（5）最后一类重要算法则是神经网络。作为深度学习的基础，神经网络大概是最为有效的机器学习算法。具体而言，神经网络通过组合多个层次的简单模型，来得到最终的预测，其中，初始的是输入层，即预测变量原始数据；最后的是输出层，即最终的预测结果；而中间则是隐藏层，如果有的话。某种程度上，这与提升算法是类似的。特别地，神经网络中的单个模型往往更加简单。但与此同时，通过多层网络，深度神经网络常常可以利用这样简单的基础函数，得到非常好的表现。

进一步，在神经网络的基础上，发展出了深度学习算法。深度学习主要是一系列深层神经网络，不仅包括典型的 DFN（深度前馈神经网络），也包括 RNN（循环神经网络）和 LSTM（长短期记忆模型）。在训练神经网络时，常用的方法是通过最小化预测误差的 L2 范数形式惩罚项来估计权重参数。相比于树方法，神经网络的训练有一个优势，那就是在每一步训练中可以同时更新所有的模型参数。但神经网络的高度非线性特征和巨大的参数量，使其计算非常复杂，且需要更多的正则化处理以避免过拟合。因此，SGD（随机梯度下降）方法往往被用来训练神经网络，通过牺牲一定的精度换取计算效率的大幅提升。

3. 模型评估

除了模型设定之外，另一项重要基础便是如何评估模型。常用方法是分析预测模型的样本外 R^2，即以历史均值预测为基准，比较候选模型是否有更小的样本外均方误差。显然，该指标可以为负，即模型的预测能力还不如历史均值预测。Welch 等（2008）使用此指标检验了诸多变量对市场总体表现的预测能力。但对于预测个股收益而言，历史均值预测往往表现非常糟糕。

Gu 等（2020）使用零收益预测取代历史均值预测作为基准模型，原因是如果采用历史均值预测作为基准，则所有候选模型的样本外 R^2 都会上升大约 3%，因此，在评估个股收益预测模型时，若沿用历史均值预测作为基准，可能得到具有明显误导性的结论。

16.2.2 机器学习预测资产价格在美国股票市场上的实践

基于 1957—2016 年间长达 60 年的美股数据，Gu 等（2020）研究了不同模型的表现。他们考虑了 94 种公司特征和 8 个宏观变量及它们的交互项，还有 74 个行业分类，得到总共 $94 \times (8+1) + 74 = 920$ 个特征。

在此基础上，他们研究了 13 个模型：6 个线性模型，即包含全部特征的 OLS 回归模型，只包含规模、账面市值比和动量的 OLS 回归模型，PLS，PCR，弹性网络回归，以及带 LASSO 的 GLM 模型；2 个树模型，包括随机森林和 GBDT；5 个神经网络模型，分别包含 1～5 层隐藏层。对于 OLS、弹性网络回归、广义线性回归模型和 GBDT，他们考虑了

Huber 稳健估计量。

基于全样本和样本外 R^2 分析，他们发现 OLS 的表现非常糟糕，尤其对大盘股。弹性网络回归等方法，通过添加额外的惩罚项，表现得到了显著的提升。GBDT 和随机森林表现也不错。但表现最好的非线性模型还是神经网络，尤其是带 3 层隐藏层的神经网络。模型间的两两配对比较则清晰地表明：所有带约束的线性模型的表现显著优于普通 OLS；降维方法和惩罚性回归模型的表现没有明显差异；树模型表现相比线性模型更好，但差异并不显著；神经网络表现显著优于线性模型，但相对树模型的改进则不够显著。

除了比较不同模型的表现外，前述实证分析还可以比较不同特征对于股票定价的重要性。作者们将所有公司特征分为四大类：趋势类特征，例如各种动量和短期反转；同流动性有关的特征；风险测度指标；基本面特征。他们发现线性模型普遍高度倾向趋势类特征，而非线性模型则会较为平均地关注多种公司特征。总体而言，趋势类特征的影响是最为显著的。

他们也分析了不同宏观变量的影响，并发现几乎所有模型都认为市场总体的账面市值比非常重要。此外，线性模型非常强调债券市场相关因子，例如信用利差和利率水平。

16.2.3　机器学习预测资产价格在中国股票市场上的实践

李斌等于 2019 年发表在《中国工业经济》上的《机器学习驱动的基本面量化投资》将机器学习和深度学习算法选择因子和预测股票收益应用在 A 股市场。他们发现，新的算法的确可以更好地挖掘因子与股票未来收益间的线性与非线性关系，并且交易摩擦类因子在 A 股最为重要，但价值因子不重要。

他们以 1997 年 1 月—2018 年 10 月间 A 股市场的 96 个重要投资异象为基础，比较了经典的 OLS 模型和多种机器学习和深度学习模型，回答了下述的研究问题：机器学习算法能否有效地识别出异象因子和超额收益间的线性和非线性关系，从而依据预测构建的投资组合能够获得更好的绩效？若机器学习算法的运用能够提升投资的绩效，哪些因子是真正重要的？基于机器学习算法筛选出的重要因子与传统单因子分析中显著的因子存在哪些差异？

他们共选取了 5 种线性机器学习算法、4 种非线性机器学习算法和 3 种深度学习方法。其中，考虑到股票收益预测问题的性质，机器学习算法都为监督学习方法。具体算法如表 16-1 所示。

表 16-1　李斌等（2019）算法列表

算 法 类 型	英 文 简 称	中 文 名
传统模型	OLS	普通最小二乘
线性机器学习算法	FC	预测组合模型
线性机器学习算法	Ridge	岭回归

续表

算 法 类 型	英 文 简 称	中 文 名
线性机器学习算法	LASSO	LASSO 回归
线性机器学习算法	Elastic Net	弹性网络回归
线性机器学习算法	PLS	偏最小二乘
非线性机器学习算法	SVM	支持向量机
非线性机器学习算法	EN-ANN	集成神经网络
非线性机器学习算法	XGBoost	极端梯度提升树
非线性机器学习算法	GBDT	梯度提升树
深度学习算法	DFN	深度前馈网络
深度学习算法	RNN	循环神经网络
深度学习算法	LSTM	长短期记忆网络

他们选取了 96 个公司特征变量代理异象因子，并按照因子属性分为交易摩擦因子、动量因子、价值因子、成长因子、盈利因子、财务流动因子共六大类。财报数据大部分为季度公布，他们采用季度数据进行了月度填充。由于上市公司财报披露时间存在延迟，填充数据的基本原则是仅在规定的报表全部可用后再进行填充。 数据均来自 CSMAR 数据库。为了更好地理解所构建的异象因子数据库，他们采用标准的资产定价方法检验了所有异象因子。

对于每一个因子模型，他们使用 12 个月的滚动窗宽建模并对下月收益率进行预测，根据预测收益率将股票分为 10 组，构建多空因子组合。理论上，最优参数也是时变的，但基于计算量和稳健性的考虑，他们在整个分析期间，都沿用第一期选择的最优参数。此外，考虑到不同因子取值可能有数量级的差异，为了控制因子对建模结果的影响，他们在每次建模前，对训练集的因子进行了标准化处理。

可以发现，线性机器学习模型的表现均略优于 OLS，显示机器学习算法确实可以更好地识别因子与股票未来收益之间的相关性，虽然提升幅度并不是非常大。非线性模型的表现显著优于线性模型。深度学习算法普遍表现出色，总体上优于机器学习算法，其中 DFN 表现最好。所有机器学习模型都高度显著，且显著优于经典的规模因子（SIZE）。规模因子是众所周知的 A 股市场表现最好的单因子，因此机器学习模型的确有重要价值。

在肯定了机器学习算法对于因子模型的重要性后，研究者试图据此对不同异象的重要性进行探讨。具体而言，已知机器学习算法有良好表现，那么，一个因子越重要，理论上，它就应该被越多的机器学习模型选为最终的模型。因此，研究者统计了每个因子被不同模型选中的次数，来分析因子的相对重要性。研究者发现交易摩擦类因子选中的次数非常多，成长、盈利和动量因子等也有上榜。

Leippold 等（2021）发表在《Journal of Financial Economics》上的文章也是关于 A 股市场上的机器学习的文章。主要贡献在于清楚地揭示了中美股市可预测性的差异，以及背后市场结构的差异。在他们的发现中，最为重要的有三点。

首先，中国 A 股市场的可预测性总体而言要高很多，即便简单的 OLS 往往也有不错的表现。作为对比，OLS 对美股的预测能力是非常弱的。这一点也很符合朴素的认知。由于中国股票市场中以散户投资者为主，行为偏差往往更加严重，这也意味着更大的可预测性。

其次，驱动可预测性的核心因素有显著的差异。美股中，趋势类因子是最重要的特征，尤其是在线性模型中。而对于 A 股市场，流动性相关因素是最为重要的（即交易摩擦类因子）。这使得交易费用的影响变得非常重要。他们进一步指出，在考虑了交易费用后，机器学习算法在 A 股市场的预测能力仍然非常显著。

最后，鉴于中国股市中大量国有企业与国有持股的存在可能会显著影响交易行为和定价，他们分别考察了国有企业和非国有企业中的可预测性，并发现非国有企业在短期（月频）的可预测性更高，但在长期（年度频率），国有企业的可预测性反而更高。

16.3 文本分析预测资产价格

1. 文本分析应用到资产定价的基本原理

作为新的大数据来源，文本大数据有如下三个特征。

一是数据来源多样化。相对于主要由政府和机构主导收集的传统数据，文本大数据的发布主体有个人（如投资者、消费者）、企业、媒体、机构和政府相关职能部门等；其具体形式丰富多样，如微博，论坛帖子，消费者对产品的评价，微信公众号，上市公司年报，电话录音文稿，招聘广告，公司年报、季报、公告，IPO 招股说明书，分析师研究报告，会议纪要，有影响力的政治、经济、金融领域人物的演讲，央行等政府机构定期和不定期发布的各类信息等。

二是数据体量呈几何级增长。囿于数据收集成本，传统数据收集往往需要借助纸质媒介，体量较小。随着文本信息从纸质媒介向以互联网为媒介的方式转移，文本数据收集和传输成本大幅降低，为计算机领域的自然语言处理方法提供了应用场景。

三是频率高。传统数据需要经过系统性的组织和安排来收集，常用的经济和金融领域数据多为年度、季度、月度、周度数据，频率更高的数据可得性不足，不足以满足对经济和金融领域高频数据分析应用的需要。而文本大数据的频率可以高达秒级（如网民在网络平台上发布的消息和观点的时间颗粒度），这为高频研究提供了数据基础。

文本大数据为经典研究问题提供了新视角。例如，投资者情绪如何影响资产定价是经典问题，而投资者情绪的度量是实证研究的关键。传统度量方法包括选择市场变量作为投资者情绪代理变量的市场变量法和采用调查问卷收集到的答案来度量情绪的调查法。Baker 等（2006）采用市场变量通过主成分分析法构建了情绪指数，而密歇根大学的消费者信心指数则是调查法的主要代表。通过收集反映投资者情绪的言论形成的文本数据（如论坛帖子、微博）提供了直接度量情绪的新渠道（Tetlock，2007）。

2. 文本分析预测资产价格在中国的实践

姜富伟等（2021）发表在《经济学（季刊）》上的《媒体文本情绪与股票回报预测》创新性地构建了金融情感词典，并据此预测未来股票资产价格和资产配置。

在金融情感词典构建方面，第一，他们将 LM 词典进行了中文化。LM 词典是一款广为应用的英文情感词典，但是目前尚无一款可以直接应用的中文版 LM 词典，为此，他们通过爬虫程序对 LM 词典进行了全面客观的翻译。第二，对比了 LM 词典与中文通用词典的优劣性。尽管在英文语境下金融情感词典的必要性得到了证明与认可，但在中文语境下这一点尚缺乏直接检验。为此，他们对比了几款应用较为广泛的通用情感词典与中文 LM 词典的表现。从实证结果来看，中文 LM 词典的表现的确优于通用情感词典。第三，他们针对中文语境对 LM 词典进行了扩展与完善，最终构建了更全面的中文金融情感词典。LM 词典本身是一个英文金融情感词典，更加适用于英文语境。因此，将 LM 词典简单翻译为中文后仍然有很大的改进空间。他们在此基础上通过从通用情感词典中筛选及 word2vec 扩充两种方式，对中文 LM 词典进行了扩充和改进，从而形成了最终的中文金融情感词典。

然后，他们应用构建的金融情感词典与文本分析技术构建了我国股票市场媒体文本情绪指数。文本情绪指数与文本情绪分析技术具有以下四个突出优点：①相较于可公开获得的金融市场交易数据，文本情绪信息互补性强，在以往的资产定价研究中往往被忽视，因此，使用文本分析方法研究情绪对资产定价的影响有发现新结论的潜在可能；②文本数据规模极大，从这一海量数据来源中聚合情绪信息有利于减少以往的情绪测量误差；③文本情绪属于直接情绪测度；④考虑到文本数据更新的高频性，他们可以构建日频甚至分钟频率等更高频的情绪指数。

接着他们应用金融情感词典计算了我国股票市场媒体文本情绪指数。语料数据来源于 infobank 数据库中的经济新闻库，这一数据库收集了自 1992 年以来权威纸质媒体和主流互联网网站上的经济金融新闻报道，时间跨度极长且覆盖范围极广。借助这一语料数据，他们计算了 1992 年以来的文本情绪指数，涵盖了中国股票市场的大部分历史。

随后，他们检验了该文本情绪指数对股票市场的预测能力。结果显示，情绪指数在样本内与样本外都可以正向预测股票市场回报，这一预测能力在统计学和经济学意义上都是显著的。同时，在控制了常见的经济指数后，文本情绪依然可以显著预测市场回报，说明媒体文本情绪中含有对预测市场回报有帮助的增量信息。在样本内预测检验部分，他们发现文本情绪指数可以显著地正向预测整体股票市场回报，说明投资者会受到金融新闻中文本情绪的影响，并根据情绪来调整自己的投资决策。在情绪积极时，会将更多资金投入股票市场中，或采取一些更为激进的投资方式，从而使得市场回报增加。在样本外预测检验方面，他们应用 R^2OS 统计量来评估文本情绪指数对市场回报的样本外预测能力。检验结果显示，文本情绪指数的样本外预测能力显著强于历史均值预测基准。上述结果只在以金融情感词典计算的媒体文本情绪中才显著。使用通用情感词典计算的文本情绪的实证表现明显弱于金融词典文本情绪，没有显著的预测能力。这是因为通用情感词典含有大量在金融语境下不适用的词汇，还会遗漏许多金融专业词汇，使用这种词典不能捕捉到真实准确的金融文本情绪信息。

此外，文本情绪指数对于资产配置也有着重要作用，它可以提高均值方差投资者所能获得的效用。这些结果都表明文本情绪指数在现实投资实践中有着较强的应用价值。进行资产配置检验，他们发现投资者使用文本情绪指数进行资产配置时，可以获得正的确定性等价收益，说明文本情绪指数具有较强的实际投资价值。他们还对比了文本情绪指数与常见经济指数对整体股票市场的预测能力。从实证结果来看，一方面，文本情绪指数的单变量预测能力不弱于常见经济指数，另一方面，将文本情绪指数纳入经济指数预测方程时，可以显著增强经济指数的预测能力，说明文本情绪指数含有增量信息。这些发现都揭示了文本情绪指数极强的应用价值。

他们最后还探究了文本情绪预测能力的来源与作用机制。他们发现媒体文本情绪可以显著地影响投资者对宏观经济的预期，而投资者会根据预期调整金融市场参与程度，从而让市场回报产生相应的反应。接下来他们还发现基于风险补偿的理论并不能很好地解释文本情绪的预测能力，说明这一指数对股票产生影响的方式更加符合 De Long 等（1990）建立的噪声交易者模型中的非理性传播渠道。

16.4 文本分析在绿色金融领域的应用

气候变化已不再是一个遥远的概念，而是一个直接影响企业战略、运营效率和市场竞争力的现实问题。从极端天气事件对供应链的冲击，到绿色消费趋势对产品市场的重塑，再到全球碳排放政策的日益严格，企业必须面对一系列与气候变化相关的风险和机遇。这些风险与机遇通过不同渠道作用于企业经营的不同方面。不同企业也采取了不同的策略来应对气候变化带来的风险与机遇。因此，气候变化对于企业个体的影响无法一言以蔽之。例如，应对全球变暖、严格限制排放的法律政策迫使传统能源企业考虑其业务的可持续性和未来转型，但同时也赋予了新能源、电动汽车、储能等新赛道广阔的发展前景。

但是，如何衡量这些企业层面的气候变化风险与机遇呢？理想的衡量指标需要能够分解气候变化对单一企业不同方面的影响，例如物理影响（如海平面上升带来的影响）、转型机遇和政策风险等。这一系列的指标还需要体现出不同市场参与者对于气候变化如何影响企业在这些方面的评估。市场对于气候变化与企业关系的判断在金融领域至关重要，因为市场决定了价格与资源分配，进而影响着实体经济应对气候变化的具体举措。对于政府和监管机构而言，这些衡量指标能够帮助它们评估和预测企业如何应对向净零碳排放转型以及这将如何影响经济发展。

Sautner 等在国际主流学术期刊《金融学期刊》（*Journal of Finance*）上发表的论文《企业层面的气候变化敞口》（"Firm-level Climate Change Exposure"）提出了一种新的方法，即利用文本数据来衡量气候变化给企业个体带来的多重风险与机遇，并构造了覆盖来自 34 个国家和地区超过 1 万家企业的气候变化敞口（exposure）的数据。这 1 万多家企业的数据是从 Refinitiv Eikon 数据库中收集的，排除了企业年度样本观测量不超过 150 个的国家和地区的企业，并放弃了标准工业分类（The Standard Industrial Classification，SIC）代码在 9900～9999（"不可分类"）的企业，最终样本来自 34 个国家和地区的 10673 家企业的数据。

为了衡量企业的气候变化风险，该论文使用了财报电话会议——企业管理层和卖方分析师、机构投资者等市场参与者之间的电话会议，讨论企业的财务业绩以及当前和未来的发展。财报电话会议可以被视为信息交换的市场，不仅包含企业管理层的观点，还包含分析师的观点，因此不是公司高管的独角戏，也不容易受到"漂绿"（指企业"夸大自身环保行为并误导外界信以为真"）的影响。同时，与财报或者 ESG（environmental，social and governance，环境、社会和公司治理）报告相比，财报电话会议具有明显的前瞻性，包含更多管理层对于企业未来发展的规划和判断。

论文首先确定了一系列表述气候变化及气候变化所涉及的物理影响、转型机遇和政策风险等方面的关键词，然后通过计算这些关键词在财报电话会议讨论的比重，来确定企业层面的气候变化敞口。在其他基于文本数据的研究中，关键词通常由研究者预先指定，例如拉夫兰 - 麦克唐纳（Loughran-McDonald）情绪词词典，或者基于研究者预先指定的文本来确定。使用这类方法来确定气候变化相关的关键词却十分困难。一方面，气候变化对于企业的经济影响千头万绪，人为罗列的关键词很难做到面面俱到，并且容易带来人为错误。另一方面，利用气候变化相关的政府文件，例如政府间气候变化专门委员会（Intergovernmental Panel on Climate Change，IPCC）的一揽子报告来确定关键词，同样不够准确。这是因为政策制定者、媒体和金融市场参与者在描述气候变化时关注的要点往往有区别，使用的术语差异也很大。将 IPCC 报告中关于气候变化的关键词直接应用到财报电话会议中难免有些各说各话的尴尬。

为了应对这一挑战，论文利用了一种基于机器学习的算法来识别气候变化关键词。这种算法基于少数明显的气候变化关键词，可以在财报电话会议文本中自主识别出更多的气候变化关键词。其背后的原理是，当人们提及诸如"气候变化""全球变暖""碳排放""可再生能源"等宽泛的气候变化相关词汇时，往往会同时给出意义相关联的词汇。例如，算法基于"可再生能源"可以发现"风能""太阳能"等可再生能源的形式，而基于"太阳能"，算法发现了"屋顶太阳能"和"光伏电池板"等关键词。

为了区分企业受到气候变化影响的不同方面，论文进一步将气候变化关键词细分为三方面：转型机遇、政策风险和物理影响。此外，论文还进一步区分了财报电话会议中气候变化相关内容的"语调"，即气候变化相关讨论是正面的还是负面的，以及关于气候变化的讨论是否涉及"风险"或"不确定性"。

论文提出的一系列气候变化敞口指标代表了各组气候变化关键词占财报电话会议讨论的比重。这一系列指标展现出了优秀的颗粒度。它们能够反映出同行业内不同公司所采取的不同的应对气候变化的策略。例如,埃克森美孚与道达尔能源同属能源企业,处于相似的监管环境,但两家企业采取了不同策略应对气候变化带来的挑战。埃克森美孚专注于通过低排放技术并提高化石燃料使用效率来实现减排。然而这一策略被市场普遍认为过于消极。道达尔能源则广泛涉足多种可再生能源,通过变革能源模式以应对气候变化。气候变化风险敞口指标准确地捕获了两家公司在气候变化方面的异同。两家公司的政策风险气候变化敞口数值相似,然而道达尔能源的转型机遇气候变化敞口数值是埃克森美孚的 7 倍。

论文提出的气候变化敞口指标与企业气候变化的"基本面"紧密相关。气候变化敞口指标高的企业在绿色创新和绿色技术上投资更多。论文发现,转型机遇和政策风险气候变化敞口数值高的公司未来会招聘更多绿色技术相关的人才并且申请更多绿色技术专利。这一结果意味着论文提出的气候变化敞口指标能够预测实体经济后果,这将对净零转型方面的监管、政策制定和投资具有重要意义。

16.5　本章小结

本章概述了金融智能在业界的应用,金融智能通过处理和分析金融数据,洞察市场趋势、评估风险、优化投资策略等,在金融领域具有广泛应用潜力和价值;详细介绍了智能金融在业界的基本应用,具体介绍了机器学习和文本分析在证券投资领域的运用,文本分析在绿色金融领域的运用。通过本章的学习,学生将理解和掌握智能金融方法在金融领域应用的基本思路,将智能金融方法灵活运用到其他金融场景中。

关键名词

机器学习、文本分析、量化交易、高频交易、智能投顾、绿色金融

复习思考题

(1)机器学习方法在资产定价领域如何运用。

(2)文本分析方法在资产定价领域如何运用。

(3)智能金融方法如何在科技金融、绿色金融、普惠金融、养老金融、数字金融等进行运用。

第 17 章

金融科技监管与监管科技

章前导读

　　金融科技（financial technology，FinTech）是金融与科技深度融合的产物，是指利用大数据、人工智能、区块链等新兴技术，对金融产品、服务、流程和市场进行重塑，以提升金融服务效率、降低运营成本、增强用户体验，并创造新的商业模式。近年来，金融科技在全球范围内迅速发展，为传统金融行业带来了前所未有的变革。然而，金融科技的快速发展也带来了一系列挑战，包括数据安全、隐私保护、市场垄断、系统性风险等问题。这些问题对现有的金融监管体系提出了新的要求，促使监管机构不断创新监管手段，加强金融科技监管。

本章学习目标

　　读者需要了解金融科技监管与监管科技概述；金融科技各领域监管案例；监管科技的应用。本章旨在帮助读者了解金融科技监管与监管科技的基本框架和发展动态。

17.1　金融科技监管和监管科技概述

　　金融科技监管是指对金融科技活动进行规范、监督和管理的一系列措施，旨在维护金融市场稳定、保护消费者权益、促进金融科技行业的健康发展。有效的金融科技监管能够平衡金融科技创新与风险防控之间的关系，确保金融科技在合法、合规的轨道上运行。

　　具体来说，金融科技监管的重要性体现在以下几方面。

保障金融稳定：通过监管措施，及时发现并处置金融科技领域的风险隐患，防止局部风险演变为系统性风险。

保护消费者权益：加强对金融科技产品和服务的监管，确保消费者能够获取真实、准确的信息，防止欺诈和误导行为的发生。

促进公平竞争：打击市场垄断和不正当竞争行为，维护金融科技市场的公平竞争环境，激发市场活力。

推动创新发展：在保障安全和稳定的前提下，鼓励金融科技创新，推动金融科技产品和服务的持续优化升级。

监管科技（regulatory technology，RegTech）是指利用科技手段提高金融监管效率、降低监管成本、增强监管能力的一系列解决方案。随着金融科技的发展，监管科技逐渐成为监管机构应对金融科技挑战的重要工具。

监管科技的应用领域广泛，具体包括以下几方面。

风险监测与预警：利用大数据和人工智能技术，对金融科技活动进行实时监测和智能分析，及时发现潜在风险并发出预警信号。

合规管理：通过自动化工具和智能化平台，帮助金融机构实现合规要求的自动化处理和实时监测，降低合规成本并提高合规效率。

身份认证与反欺诈：运用生物识别、区块链等技术手段，提高身份认证的准确性和安全性，防范欺诈行为的发生。

信息披露与透明度提升：借助科技手段优化信息披露流程和内容，提高金融市场的透明度，增强投资者信心。

17.2 金融科技各领域监管案例

1. 区块链监管

区块链是一种分布式数据库，它由一系列按照时间顺序排列的数据块组成，并采用密码学方式保证不可篡改和不可伪造。这种技术让参与者在去中心化的环境中安全地进行数据交换、存储或交易，无需依赖中心化的第三方机构进行信任背书或数据维护。区块链起源于比特币。2008 年，一名自称中本聪的人发布了一篇名为《比特币：一种点对点的电子现金系统》的文章，之后将该理论开始付诸实施，2009 年 1 月 3 日，世界上出现了首个 0 的创世区块。2009 年 1 月 9 日，编号 1 的方块和编号 0 的创世区块相连，成为了一个新的链条，就是区块链。

为什么需要将比特币纳入监管体系？

首先，比特币是完全去中心化的。这意味着比特币本身没有发行机构，中央银行不能控制它，中央银行也不能通过货币政策来控制它的发行。如果把比特币当作货币来看待，而不加以监管，可能会对央行发行的法币产生一定的冲击，从而影响央行宏观调控货币政策。

其次，比特币具有匿名性，且全球流通。匿名意味着无需提交任何个人信息来注册比特币账户和进行比特币交易，这使得比特币成为走私、毒品交易、洗钱等非法活动的天然选择；全球流通使得使用比特币进行跨国支付不再受外汇管制机构的制约，更没有犯罪记录。就拿洗钱来说，传统的洗钱方式是犯罪分子通过金融机构进行交易，这必然会留下印钞号等证据，当警方需要缴获黑钱时，只需与金融机构配合，即可追查洗钱者。而比特币的匿名性、分散性、双向兑换性、便捷性等特点，使得洗钱活动容易、隐蔽、难以追索。这些特点使得比特币很快成为犯罪分子洗钱的最好工具。在比特币洗钱过程中，传统监管机构和监管手段无法追踪交易记录、追查资金来源和流向，使犯罪分子逍遥法外。这说明比特币交易监管存在着巨大的漏洞，如果不加以监管，比特币将成为非法交易的代币。

此外，比特币专属所有。为了控制账户中的比特币，需要使用私钥，但是私钥也是保证账户安全的唯一保证，一旦私钥泄露，比特币的安全性将不复存在。由于比特币的匿名性，一旦被盗，追索丢失的比特币将变得更加困难。与其事后追索，不如在事前建立监管体系，建立多道防线来保护公司的安全。

最后，比特币的价值是不稳定的。比特币的波动幅度很大，而且没有任何规则限制它的价值波动，所以它的价格一直处于一种放任状态。如果把比特币看作一种货币，那么不稳定的货币就无法发挥它最基本的价值尺度和流通手段。因此，必须建立一套合理的监管体系，使目前的比特币不再作为货币使用。

总体上，各国政府对比特币的态度由最初的排斥、怀疑逐渐转变为审慎地监管。在欧美等发达国家，政府逐渐将其从投机取巧变成了支付工具，并将比特币纳入了自己的监管体系，但主要的目的还是反洗钱，并没有太多地关注比特币使用者的权益。美国政府监管比特币的态度被认为是一项重要的指导，特别是美国纽约州金融服务局提出的关于比特币牌照的议案，为数字货币的全面监管提供了一个参考。

区块链与虚拟货币在中国的监管政策：第一阶段（2013—2017）：不禁止、不管控虚拟货币交易。此阶段我国还不清楚虚拟货币的发展前景和危害，法律上也没有明确规定比特币的法律地位。此时比特币只是一种电子商品，没有额外的监管。第二阶段（2017—2018）：严令禁止虚拟货币在国内流通、炒作区块链技术应用。为了限制金融机构和支付机构的比特币交易，防范金融风险，我国于2017、2018两年陆续出台了多项法律法规，对虚拟货币的交易进行了严格的禁止。相对于虚拟货币，我国对区块链技术的态度要温和一些，但还没有完全放开区块链技术。第三阶段（2019至今）：允许在法律限制内使用区块链技术，虚拟货币仍然禁止流通。随着人们进一步认识虚拟货币与区块链，我国逐步确立了打击比特币、鼓励区块链应用于其他领域的"币链分离"监管原则。此外，我国也出台了更加明确的区块链技术应用细则，使区块链产业标准化、规范化。

2. 消费信贷监管

自 1985 年第一张信用卡发行至今，中国消费信贷市场经历了三十多年的发展，作为逐渐牌照化的行业，监管政策对整个行业发展起着至关重要的作用。2009 年银保监会发布的《消费金融公司试点管理办法》首次批准了 4 家民营消费金融公司在我国 4 个城市进行试点营业。而在 2010—2020 的 10 年间，我国的消费信贷行业经过了野蛮生长和行业开始循序整顿的两个阶段。2013 年银保监会颁布新的《消费金融公司试点管理办法》，消费金融公司进入扩张期，试点范围扩至全国。同时，国内互联网化程度不断加深、金融科技不断发展，互联网金融平台业务遍地开花，截至 2015 年末，P2P 平台数量达 2595 家，而当年问题平台数量即有 1156 家，引起监管重视。2016 年，银保监会、工业和信息化部、公安部、国家网信办联合发布《网络借贷信息中介机构业务活动管理暂行办法》，规定个人网贷上限，拉开对此轮互联网金融乱象的监管序幕。2016 年，网络贷款乱象丛生，利率畸高、暴力催收、隐私泄露等恶性事件层出不穷，监管政策导向以整顿清理为主。2017 年以来，互联网金融风险专项整治工作领导小组办公室、P2P 网贷风险专项整治工作领导小组办公室陆续发布《关于规范整顿"现金贷"业务的通知》《关于做好网贷机构分类处置和风险防范工作的意见》等一系列文件，规定小额贷款公司信贷资产转让、资产证券化等产品不得出表，并分类处置 P2P 平台，大部分予以取缔，部分机构向网络小额贷款公司、助贷机构转型或为持牌资产管理机构引流。截至 2020 年末，P2P 平台数量已清零。此阶段，监管部门对非持牌机构管控趋严以及牌照发放门槛提高，消费金融行业进入合规整顿期。

2020 年起，消费信贷行业政策密集出台。在经济下行压力增大叠加疫情反复的背景下，政策以规范提质为主，消费金融公司牌照审批提速后再度放缓。随着监管逐步常态化，外部发展环境进一步规范，消费金融公司作为银保监会管辖下的消费信贷专营机构，或将迎来更好的发展契机；但在行业竞争加剧的形势下，消费金融公司分化明显、同质化现象严重等问题也对消费金融公司的经营发展提出了更高要求。

专栏 17-1 消费信贷领域系列监管政策

政策 1：加强持牌监管

在央行的领导下，国家发展改革委、科技部、工业和信息化部、财政部、农业农村部、商务部、银保监会、证监会等九部委联合制定了《"十三五"现代金融体系规划》，互联网金融也在讨论之列。

2018 年发布的《关于加大通过互联网开展资产管理业务整治力度及开展验收工作的通知》明确要求进行互联网金融业务需要持牌。尹振涛在《互联网资管业务必须持牌经营》中这样描述：此次监管打击的重点是缺乏资质或牌照、偿付能力低、风险管控差、缺乏合规意识的中小互联网金融平台。他们依靠互联网从事高风险特征资产管理业务。由于互联网的使用用户范围很广，客户基数大，金融风险发生时传染性很大。还会给投资者带来巨大的经济损失，严重威胁金融稳定。

资管新规征求意见稿第二十九条规定，未经许可，不得依托互联网公开发行、销售资产管理产品。这一重要文件，可被视为新一轮互联网金融监管实施的首条细则，也预示着中央监管部门对于整顿影子银行和避免其风险有了正面信心。

鉴于金融无牌，监管部门出台不少监管措施，包括严禁第三方互联网平台异地存款等。地方法人银行按照金融管理部门规定，不能办理异地存款业务，不论采取何种方式。有关商业银行自营平台跨区域存款亦遭取缔。对跨区域展业，银保监会发文作出了规定，地方法人银行不得办理跨注册地管辖范围的互联网贷款业务；银保监会、人民银行公布，不允许商业银行在第三方互联网平台上办理定活两便存款及定期存款业务，并在存量业务期满时自然结算。

直到今天，强化持牌监管仍是金融监管的热点问题。金融业是一个特别行业，持牌经营是十分需要的。金融牌照在效力上区别于国内外；国内一半以上中小金融机构金融牌照同样受到限制，只能在指定的地区内开展业务；某些金融产品或者服务针对特定的对象，数字环境下同样离不开持牌监管，所以不可能全网无差异地运营金融，提供服务。国家发展改革委、人民银行等九部门联合印发的《关于推动平台经济规范健康持续发展的若干意见》，提出规则制度上的整修，强调了金融监管规则体系完整性之重要性，必须将与金融有关的业务纳入监管体系加以规范，金融业务须持牌经营。在今年银保监会召开的工作会议上的讲话中，金融业务的持牌经营仍是头等大事，禁止无牌经营与金融有关的活动。各地方银保监局亦以持牌监管为主。深圳银保监局称，将对金融市场上不持牌从事金融业务的行为进行打击，也决不姑息持牌照从事违法经营的行为。青海银保监局同时发表了声明，持牌经营，是金融业务中必须执行的一项监管要求，严肃查处不持牌行为。

政策2：《商业银行互联网贷款管理暂行办法》

银保监会在2020年发布了《商业银行互联网贷款管理暂行办法》（以下简称《办法》），主要有如下几方面内容。

1）对互联网贷款的定义和界限进行了合理界定，规定互联网贷款应遵循如下原则：小额、短期、效率高、风险可控。同时，单户授信限额20万。

2）商业银行要在网贷中发挥风控的核心作用，构建全面风险管理体系，并运用到互联网贷款业务中，形成全过程风险控制贷前、贷中、贷后体系，持续重视风险数据与风险模型的管理，对信息科技风险防控不能松懈。

3）商业银行应构建健全、合理的合作机构进入、退出机制。如合作机构联合贷款，提出了实施集中度管理，并强化限额管理的要求。

4）商业银行有必要构建一套互联网借款人权益保护机制。各商业银行应该有明确的要求，才能保证其有效性，保护借款人资料的来源、利用、保存。

5）不放松贷款的事中事后监管。

联合对外互联网企业开展贷款业务，扩大延展客源，合作中同步进行，提高自身金融科技，这是传统银行介入互联网金融的一种途径。但是，银行业务团队对于金融科技领域并没有多少经验，银行网贷业务不断摸索，风险控制环节问题尤为突出。从某种程度上看，这跟合作方数据治理、风控等能力是极为有关的，并且很难做到独立于顾客、综合风险监控。

《办法》提出以商业银行为中心的互联网贷款风险管理，总体来看，这就要求商业银行同其他信贷业务一样，建立适合网贷业务的全面风险管理体系，包括风险治理、风险管控、风险数据和风险模型四部分范畴。《办法》对商业银行同外部机构合作的内容和形式进行了规范：在涉及同外部机构协作的情况下，在互联网贷款业务模式中，核心风控环节应由商业银行自主完成。商业银行不得将授信审查、风险控制、贷款发放和支付管理、贷后管理和其他核心业务环节交由第三方合作机构完成。

政策3：《消费金融公司监管评级办法（试行）》

《消费金融公司监管评级办法（试行）》针对消费金融公司经营管理和风险状况实施透明式监管，在合理配置监管资源的同时，合理分类监管，这对于消费金融公司持久的、健康的规范发展，发挥了积极的催化作用，根据《中华人民共和国银行业监督管理法》《消费金融公司试点管理办法》等法律法规制定。由中国银保监会于2020年12月30日印发实施。该《办法》共分五章二十五条，主要有总则组成、评级要素和评级方法、评级程序等、评级结果的应用、附则等五个部分，用于确定消费金融公司的监管评级。《办法》从以下三方面作了明确规定。

1）给定监管评级的重点和标准。对消费金融公司的监管评级共有5个要点。公司治理和内控、资本管理、风险管理、专业服务质量、信息科技管理；各部分的权重比例分别是28%、12%、35%、15%和10%。

2）给出监管评级操作程序。消费金融公司的监管评级顺序依次是银保监会派出机构的初评、银保监会的复核审查、监管评级结果的反馈与报告、档案归集。原则上每到4月下旬评级结束。

3）加强监管评级结果的使用范围。根据风险的大小，将监管评级结果分为1级、2级（A、B）、3级（A、B）、4级和5级。有了级别，才会有监督的注意力。这一结果是监管部门对公司经营状况、风险管理能力及风险程度的一种反映，并据此采取相应的监管措施、拟订监管规划、配置监管资源，同时，它还是判断消费金融公司是否进入市场的一个参照。

《办法》及其实施情况，完善了消费金融公司的监管体系。作为制度支撑，分类监管得到加强，有助于监管部门提高监管工作效率，起到指导消费金融公司加强风险防控，同时，推动消费金融公司向高质量发展加速转型，为实体经济服务的作用。

政策4：2021利率窗口指导

央行2021年年初发布的《2020年第四季度中国货币政策执行报告》指出，"要高度警惕居民杠杆率过快上升的透支效应和潜在风险，不宜依赖消费金融扩大消费。"

2021年3月，央行明确指出所有贷款产品均应明示贷款年化利率；2021年6月以来，部分地区窗口指导辖内消费金融公司设定24%红线，要求其个人贷款利率全面控制在24%（主要指单利的IRR、而非APR）以内，并设置一定过渡期。此外，近年来监管部门还出台了一系列政策，着力打击校园贷（参见校园网贷再迎新规）、医美贷、教育贷等业务，过去对贷款利率上限的控制主要集中于民间借贷、现金贷等领域，对持牌金融机构贷款利率上限控制基本是首次，以上政策意味着消费金融行业的暴利时代已经一去不复返。

对于限制消费金融利率，监管机构的目的是通过利率上限调整压缩信贷业务利润空间，引导消费贷用户回归持牌机构。

政策5：助贷征信"断直连"

"断直连"最初始于2021年4月29日，人民银行、银保监会、证监会、外汇局等金融管理部门（以下简称金融监管部门）联合对13家从事金融业务的网络平台企业进行监管约谈，包括腾讯、度小满金融、京东金融、字节跳动、美团金融、滴滴金融、陆金所、天星数科、360数科、新浪金融、苏宁金融、国美金融、携程金融。严格要求金融活动必须合规经营、持牌经营。同时要求打破信息垄断，严格通过持牌征信机构依法合规开展个人征信业务。当年7月，央行征信局又给这13家互联网平台下发通知，要求不得直接为金融机构提供个人信息。

此前，由于用户隐私信息在金融领域应用的规范性不明确，一些网络平台在收集和使用个人数据方面存在一定的不规范现象。目前，相关部门已经发布了个人数据"断直连"的新政策，主要目的是塑造"网络平台-征信机构-金融机构"的合作模式。由征信机构向金融机构提供个人信息和数据，确保用户隐私信息不再被滥用。

从长期看，"断直连"对商业银行的盈利有着正向的促进作用。"断直连"政策实施以前，第三方支付平台的发展会使商业银行盈利能力下降。伴随着"断直连""备付金集中交付"政策的实施，第三方支付的低手续费、溢价能力高等将不占优势，商业银行被挤压的盈利空间得到了回收。作为数据使用方的助贷平台，"断直连"短期影响不大；长期，随个人征信公司对各方数据的积累增加及业务成熟度的提高，预计个人征信公司将会提升数据价格，并增加提供各类数据加工、数据治理及数据分析等服务，助贷平台数据服务采购成本可能上升。"断直连"迫使多数数据方不能直接进行信息输出，互联网平台与金融机构将采取新的方式合作，合作流程、数据传输将被纳入监管，客观上限制双方不会制造大量难监管的风险，并加强了个人信息隐私保护。对持牌金融机构来说，是一个新的利好机会，应加大在风控方面的科技投入。

3. 量化交易监管

量化投资是一种以历史数据为基础、以模型为核心、以程序化交易为手段的交易方式。2020 年 3 月实施的新《中华人民共和国证券法》将程序化交易界定为"通过计算机程序自动生成或者下达交易指令的交易行为"。量化投资具有历史数据依赖性、纪律性和精细风险控制等特点。常见的量化投资策略有多因子策略、套利策略、商品交易顾问策略、高频交易策略、阿尔法中性策略等。

算法交易（AT）和高频交易（HFT）是容易与量化交易相混淆的两个概念。算法交易是利用计算机程序和数学模型来决定交易下单的时机、价格和数量等的智能化交易执行方式。算法交易具有降低冲击成本、提高执行效率、减少人力成本、隐蔽交易行为的优点。高频交易是指一种高速度、高频次的交易方式，通过预设的计算机程序算法实现，指令间隔通常为毫秒级（甚至可达微秒、纳秒级）。高频交易具有低隔夜持仓、高报撤单频率、高建仓平仓频率、高换手率等特点。高频交易在海外市场应用非常广泛，我国 A 股 T+1 制度和较高的交易成本（印花税、券商佣金、过户费）等限制了高频交易的发展。

量化交易的交易执行很多时候是通过算法交易完成的。高频交易是量化交易的一种特殊交易策略，量化交易策略按交易频率可以分为高频交易策略、中低频交易策略。同时，高频交易可以被视为算法交易的一个分支，高频交易一般包含两种算法：产生高频交易信号的算法与优化交易执行的算法。

1971 年，美国巴克莱投资管理公司发行世界上第一只被动量化基金，这标志着量化投资的开始。量化投资的出现归功于现代金融理论和计算机技术的进步。直至 1977 年共发行了 30 亿美元的量化基金。1977—1995 年，量化投资发展缓慢。1995 年起，随着技术进步和数据量丰富，量化投资进入高速发展期。目前，美国量化投资基金的资金管理规模为 2.7 万亿～3.5 万亿美元。美国量化投资基金公司中资金管理规模超过千亿美元的有桥水基金、AQR 资本等，超过百亿美元的有千禧管理、德劭、文艺复兴科技、Two Sigma 等。

我国量化投资的探索起步于 2004 年，市场上开始陆续出现一些量化基金。2009 年，由于美国遭遇金融危机，部分华尔街量化投资人才陆续回国就业，带回了海外量化投资的先进经验。2010 年，融资融券制度和沪深 300 股指期货推出，进一步促进了国内量化投资的发展。据中信证券研究部估算，截至 2021 年二季度末，国内量化私募基金管理资产总规模为 1.03 万亿元，在私募行业 4.87 万亿元总规模中的占比攀升到 21%；而在 2017 年二季度末，国内量化私募基金总规模只有约 1000 亿元。私募排排网数据显示，截至 2021 年 11 月底，百亿元级量化私募数量已达到 25 家，这一数字在 2019 年是 3 家，在 2020 年为 10 家。

我国量化投资在 2021 年发展速度较快，可能的原因：一是国内居民投资结构改善，增量资金从房地产涌入股票市场，对量化产品的配置也会增加；二是注册制推进，市场扩容，促进增量资本入市，也会增加量化产品配置；三是"资管新规"后，打破刚兑，量化产品回撤小、收益率稳定的特点能够很好地满足客户需求；四是人工智能发展能够改善量化策略模型，有助于稳定并提高量化策略收益。

2021 年 7 月 21 日至 9 月 29 日，A 股连续 49 个交易日成交额超万亿元。在这当中，最受关注的是量化交易，关于量化交易在超万亿成交额中的占比及影响，市场中有诸多声音。

有的说量化交易在近期超万亿成交额中占据半壁江山，是"人工智能散户收割机"，是市场的不稳定因素；有些则认为上述对量化交易占比 50% 有高估，一些券商、私募等机构也纷纷出具报告及数据来估算量化交易在超万亿成交额中的占比，估算结果是占比集中在 10% ～ 30%；也有观点认为量化交易并没有损害市场交易秩序，能为市场提供流动性。

量化交易有以下影响。

量化交易对市场价格发现效率的影响。一些研究发现，高频交易利用暂时性的定价错误迅速进行相反方向的交易，能够促进价格更快速地回归价值，从而提高价格发现效率。算法交易通过减少交易摩擦和成本，能够更有效地实现风险分散，提高流动性和价格发现效率；同时，算法交易通过提高价格发现效率，提高了信息效率。对于量化交易对市场价格发现效率的影响的研究结论还是比较统一的，普遍认为量化交易能够提高市场价格发现效率和信息效率。

量化交易对交易成本和流动性的影响。相关研究显示，高频交易有更频繁的报价，使得股票价格序列更接近随机游走，能够显著降低交易成本。高频交易可以在单位时间内快速产生大量的报单量和成交量，有助于交易者迅速找到对手方，降低买卖价差和匹配时间，从而提高流动性。但也有一些研究持有不同的观点。高频交易硬件设备的"军备竞赛"使得高频交易者利用信息优势进行交易，实质上增加了普通交易者的信息不对称，会引发逆向选择问题，普通交易者会减少交易直至退出市场，高频交易实质上是向市场索取流动性而非提供流动性，从而降低了市场流动性。研究结论表明，量化交易能够降低交易成本。但量化交易对流动性影响的结论不一，有的认为能提高流动性，有的认为一定程度上可能会损害流动性。

量化交易对波动性及市场稳定性的影响。布罗加德等研究发现，高频交易能降低市场短期波动性，甚至在 2008 年金融危机的震荡市场中依然降低了短期波动，而对市场长期波动性没有显著影响。此外，还有研究发现，高频交易能够增加收益率联动和流动性联动，更强的联动促进了市场范围内信息的更快传播，从而在一定程度上影响系统性风险和"闪崩"可能性。量化交易对市场稳定性的影响结论也是不一致的，有些结论认为量化交易可能会在一定程度上引发系统性风险，而有些结论表明量化交易不会损害市场稳定性。

总体来说，量化交易对市场的影响有利也有弊。完善的监管政策和适宜的监管手段有助于更好地引导和规范量化交易的良性发展，使得量化交易更有效地发挥以下积极的市场影响：第一，提高市场价格发现效率，量化交易中的套利策略能够在一定程度上纠正市场错误定价，使得资产定价更合理；第二，提高信息效率，量化交易通过对历史信息进行建模，能更充分地利用公开信息，使得信息更充分地反映在股价中；第三，为市场提供流动性，某些量化交易策略为中高频交易，较高的换手率能为市场提供一定的流动性；第四，降低波动性并提高市场稳定性，量化交易策略一般持仓比较分散，这样能在一定程度上降低单只股票的集中大规模减持对市场产生的冲击。

专栏 17-2　A 股量化私募监管

2021 年 11 月 1 日，中基协向部分私募基金管理人发布《关于上线"量化私募基金运行报表"的通知》，除报送频率从"季度"提高至"月度"之外，申报指标也较先前版本细化，其中要求披露"境外关联方和子公司总（净）资产""通过陆股通投资境内股票市值""投资境内股票交易服务商名称"等信息，将使得离岸绕道投资 A 股的"伪外资"的信息进一步透明化。此外，私募基金还需要报送成交、换手、期货、衍生品保证金、场外衍生品合约价值等信息。

部分券商托管方在 2022 年年初收到监管的窗口指导，超额计提产品有新要求：后续私募管理人在客户不赚钱的情况下，不能提取超额计提业绩报酬，而且计提完成后客户持有份额不能为亏损状态。

超额计提产品主要为指数增强产品。这类产品合同中约定对标的指数，如中证500、中证 1000，沪深 300 等，若产品相较于指数有超额收益，私募即可提取业绩报酬（按照合同规定，目前业内为 20%～30% 不等）。

只要比指数跑得好的部分就能计提，类似公募的相对收益。举个例子，如若对标指数在合同期内涨了 10%，产品涨了 30%，则管理人的超额收益为 20%，投资者只需要付这 20% 的业绩提成；反之，如若对标指数在合同期内跌了 20%，而产品跌 10%，虽然投资者已经亏了 10%，但管理人仍能在超额的 10% 里计提收益。

而如今，托管要求，指数增强产品在客户亏损的情况下不得计提业绩报酬，以前那种超过指数部分计提业绩报酬的做法已经属于不合规行为。这就意味着超额计提类的产品不能备案。

超额计提类产品虽然目前在国外是主流，但在国内，并非目前量化私募发行的主流产品。这种计提方式，海外比较多，需要投资人比较成熟。

某头部量化私募表示，"如今超额计提类不让做，我们就不发这类产品，本来对这类产品的发行业也不到我们总量的1/10，而且全是直销客户，我们对购买这类产品的客户要求也比较高，大多数是专业机构。"

该沪上头部量化私募表示，由于超额计提类产品可能会增加一些纠纷。因而，他们产品就没有这类收费方式。"这种做法的好处就是市场上涨时，投资人会少支付一点业绩报酬。但是如果市场是下跌的，有可能会出现因为市场跌幅太大，虽然管理人发挥了作用，让投资人的收益比市场好，但是投资人依然是亏的，这种情况下，按道理来说管理人是起到了应有的作用，减少了投资人的亏损是应该收取业绩报酬的，但是因为投资人整体是亏损的，所以会比较难以接受，可能会增加一些纠纷。"

但也有托管机构负责人认为这是好事，"挺好，保护投资者。"在他看来，赚取绝对收益，计提业绩报酬，这个是私募的行业惯例，也是合理的。目前超额计提收益的方法，还是有很多投资人不能接受。"特别是高位进场的投资人，他们觉得我都亏钱了，还要给你管理费，难以接受。"

17.3　监管科技

英国金融行为监管局（Financial Conduct Authority，FCA）最早提出了监管科技的概念，并将监管科技描述为"运用新技术，促进达成监管要求"，即金融机构利用新技术更有效地解决监管合规问题，减少不断上升的合规费用。国际金融协会（Institute of International Finance，IIF）认为监管科技是更加有效和高效地解决监管与合规要求而使用的新技术。从国际上的定义来看，主要是从金融机构角度看待监管科技。中国人民银行金融科技委员会提出"要强化监管科技（RegTech），积极利用大数据、人工智能、云计算等技术丰富金融监管手段，提升跨行业、跨市场交叉性金融风险的甄别、防范和化解能力"。

监管科技是基于大数据、云计算、人工智能、区块链等技术为代表的新兴科技，主要用于维护金融体系的安全稳定、实现金融机构的稳健经营以及保护金融消费者权利。从合规科技维度看，金融机构将监管科技作为降低合规成本、适应监管的重要手段和工具。从监管科技维度看，监管科技能够帮助金融监管机构丰富监管手段、提升监管效率、降低监管压力，是维护金融体系的安全稳定、防范系统性金融风险以及保护金融消费者权益的重要途径。

科技是一把"双刃剑"，新兴科技在扩大金融服务边界、提高金融交易效率、降低金融交易成本、减少金融交易信息不对称性的同时也更容易引发新的风险问题：一是科技模糊了金融业务边界，跨行业、跨机构、跨领域的金融产品层出不穷，突破了传统金融的行业边界，风险表象更为复杂化；二是科技增加了金融风险的隐蔽性，披着"科技"外衣的金融产品加快了金融风险传播速度、扩大了金融风险影响范围，无形之中放大了金融系统性风险发生的概率和危害性；三是科技增加了传统金融的"脱媒风险"，科技的发展与应用使资金供给具备了绕开现有商业银行体系的可能性，能够直接"连接"资金需求方，完成资金体外循环，金融交易脱离金融监管的可能性增大；四是技术风险更加突出，随着科技向金融行业的不断渗透，金融业务发展越来越依赖于先进的技术和交易平台，技术和交易平台选择失误可能给金融机构带来较大风险；五是科技能够更快速、更全面地掌握金融消费者的身份信息和行为数据，在数据使用和保护不当时，个人信息泄露风险将越发严重。针对金融创新引发的一系列新的风险问题，传统监管依赖报表和人工分析的手段显得滞后，利用新科技应对金融创新就显得尤为必要。监管科技的发展与应用可以使金融监管机构提升监管效率和监管能力，更从容应对金融机构膨胀、金融业务扩张带来的监管压力，进而更好地防范系统性金融风险、保护金融消费者权益。

监管科技和金融科技的区别和联系：从本质上分析，监管科技和金融科技之间并不具有直接关系，两者分别是科技与金融监管、科技与金融相互融合的产物。监管科技是用于监管整个金融行业的，包括传统金融和金融科技，而非局限于监管金融科技行业。金融科技行业的异军突起，科技在金融领域的有效运用以及金融科技本身暴露出的风险，让金融监管机构和金融机构意识到了科技的重要驱动作用，从而加速了监管科技的产生和发展。

中国监管科技各参与主体包括金融监管机构、金融机构和金融科技公司。金融科技公司（包括监管科技公司）利用新技术，包括机器学习、人工智能、分布式账本、生物识别技术、数字加密以及云计算，为金融机构和金融监管机构提供技术支撑，金融机构应用新技术来降低合规成本，适应监管，金融监管机构利用这些新技术应对监管压力和挑战，提升监管水平和效率。

专栏 17-3　上交所监管科技

　　上交所成立 29 年来，沪市上市公司不断壮大，已有 1520 家上市公司（含科创板），总市值达 34.29 万亿元。2015 年 2 月 9 日，我国首个场内期权产品上证 50ETF 期权正式上线。上证 50ETF 期权已成为继 S&P500ETF 期权之后，全球第二大 ETF 期权产品。2015 年公司债券改革以来，上交所债券市场实现快速发展，规模日益增长。截至 2019 年 8 月底，在上交所上市或挂牌各类债券 14255 只，债券托管量达 9.24 万亿元。自 2019 年 3 月科创板正式受理企业申请以来，已有 155 家企业申报科创板，申报企业集中，申报数量巨大，给审核工作带来巨大压力。

一线监管面临新挑战

上交所一位业务部门负责人坦言："从监管效果角度说，每个监管员覆盖的范围已快达到极限，人海战术的边际效果在逐步递减，必须通过更多科技手段提升监管效率，增加监管效能。"上交所公司监察一部相关人士在接受采访时表示："随着证券市场规模持续扩大，新的产品和交易方式日益丰富以及投资者结构日趋复杂，证券异常交易行为、违法违规行为呈多元化、隐蔽化等特征，交易所一线监管工作面临较大挑战。近年来，随着大数据、云计算、人工智能技术日益成熟，金融科技取得快速发展，为证券交易监管自动化、智能化提供新的发展思路。"

大数据成为最核心技术抓手

上交所金融交易平台属性客观上决定了虚拟场景多、现实场景少，数据多、实物少的情况，一线监管必须大量依靠数据搜集、数据挖掘、数据处理等手段。因此，大数据成为上交所科技监管最核心的技术抓手。事实上，在上交所内部，根据业务逻辑的不同，各部门对大数据的具体应用方式也不同。"画像"是各部门普遍采用的方式之一，通过各种数据标签，对监管对象进行更加细致精准的描述，从而方便开展监管行为。上交所债券部通过各系统模块并结合可扩展商业报告语言（XBRL）技术，整合项目申报信息、发行人基本信息、发行人财务信息、公司债券信息披露、公司债券风险管理、监管信息等信息，构建公司债券从项目受理到公司债券存续期结束的全生命周期全貌数据库。在系统中通过深度定制模块对公司债券全貌数据进行多维度展示，协助监管人员迅速了解发行人及相应公司债券，便于对公司债券的风险情况迅速作出判断。

通过大数据建模，识别异常交易行为等也是常用手段。期权交易部门通过这种方法识别非法期权分仓交易经营平台。市场监察部门使用知识图谱技术构建图形化的账户关联分析模型。

2017年初，在筛查涉嫌操纵次新股的案件线索过程中，市场监察部门借助上述账户关联性分析模型，快速识别定位嫌疑账户组及其实际控制人，比较完整地还原了多账户多点合谋操纵的行为模式。

目前，上交所正在推进线索分析工具自动化和智能化。在建的新内幕分析模型将实现对内幕交易嫌疑账户"智能分析"和内幕交易核查报告的"一键生成"，模型在行情走势图中通过集成上市公司公告信息、历史监管信息，设计内幕交易特征筛选器进行多维分析，以图形化方式动态展示分析进程。监管人员仅需确定证券名称和分析区间，系统即可根据内幕信息类型，结合公司量价波动、账户交易特征指标等信息给出符合条件的嫌疑账户，按相应模板自动生成分析报告。

此外，上交所技术中心部门还从全局角度提供了金融文档比对、金融文本抽取等科技监管手段，并在科创板审核中心等部门实践。金融文本处理系统目前已完成科创板招股说明书提取模型，提取字段约 1100 个，数据点约 3000 个。金融文档比对借助了深度学习和自然语言处理等人工智能技术，智能化复核文档差异，减少了不必要的人力劳动。结合业务需求，定制化开发，该系统不仅支持不同版本、不同格式的金融文档比对，还支持差异结果归类，可按差异类型和章节结构筛选查看。

从一线监管角度而言，科技只是手段。要提升监管效率，改善监管效能才是最终手段。因此，在科技为矛的基础上，监管逻辑成为上交所监管科技体系建设的"指挥棒"。上交所监管科技定位也主要服务于公司行为监管和市场行为监管。

监管科技应用框架见图 17-1。

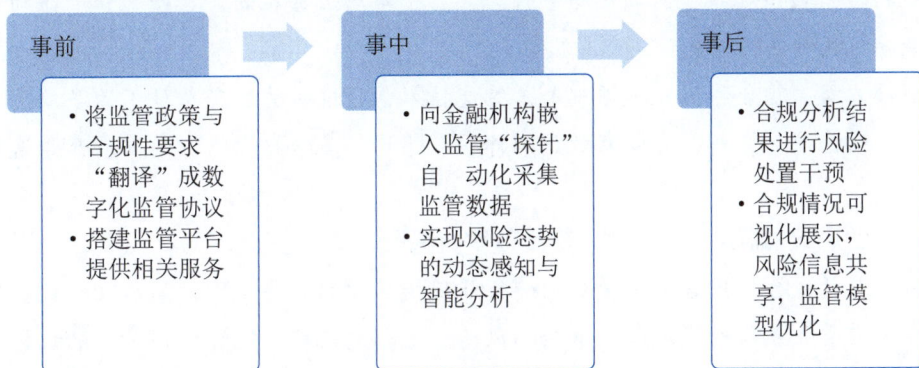

事前
- 将监管政策与合规性要求"翻译"成数字化监管协议
- 搭建监管平台提供相关服务

事中
- 向金融机构嵌入监管"探针"自动化采集监管数据
- 实现风险态势的动态感知与智能分析

事后
- 合规分析结果进行风险处置干预
- 合规情况可视化展示，风险信息共享，监管模型优化

图 17-1 监管科技应用框架

一是监管规则数字化"翻译"。以文本形式呈现的监管规则在一定程度上存在理解成本较大、语义含糊等问题。因此，首先要利用信息技术手段将文本规则翻译成数字化监管协议，提升金融监管的一致性与权威性。

二是监管应用平台化部署。监管平台是承载监管科技应用的关键信息基础设施。监管平台的建设既要有效整合不同架构的业务系统、处理多源异构的监管数据，也要具备服务敏捷部署、资源动态分配的支撑能力。

三是监管数据自动化采集。金融监管就是数据监管，金融数据的采集汇聚是数据监管的基础，因此要建立完善监管数据采集体系，为金融监管提供有效支撑。

四是风险态势智能化分析。风险分析是金融监管的核心环节。要基于人工智能技术实现金融风险的智能化监测，提升金融风险态势感知能力。

五是合规情况综合化利用。针对风险态势智能分析得到的不同结果，合理运用、因事制宜、精准施策，提升金融监管的有效性。

场景1：**通过用户身份识别，发现和阻止可疑的交易行为**

应用背景：监管机构对于金融机构在"了解你的客户"（KYC）和"客户尽职调查"（CDD）等方面，有着明确的监管要求。当前金融市场上，存在很多非客户本人操作的金融业务违规违法现象，如信用卡盗刷、用虚假证件开户等。

解决方案：一是应用智能生物识别技术，利用生物特征信息（如人脸、虹膜、指纹、声纹等）所具有的稳定性、不易复制性和不易窃取性，在建立账户和进行账务交易时加入生物识别技术，将有效提升金融机构用户身份识别能力；二是应用大数据比对技术，通过大数据比对，识别非常用地区转账、非常用设备转账等异常操作，对账户异常违规操作进行拦截，要求再次验证身份。

场景2：**通过市场交易行为监控，发掘关联账户的异常操作**

应用背景：为保护金融行业消费者和维持金融稳定，监管机构和金融机构需要采取有效措施，监控洗钱、内部交易等行为，打击市场上存在的"黑产"和"违约"等侵占金融机构利益的现象。

解决方案：综合利用大数据＋人工智能技术，通过对关联交易数据的多维度、高频率、全动态实时分析，可以有效识别诈骗、集资、多账户操纵、票据虚开等违规违法行为。

场景3：**合规数据报送的数字化，提高效率，降低成本**

应用背景：合规报告是监管机构进行非现场监管的重要手段，高水准的数据报送可以帮助监管机构及时发现和化解金融风险。金融危机后，监管机构对金融机构数据报送内容的要求不断提升。金融机构需要面向多个监管机构报送不同结构、不同统计维度的数据。

解决方案：金融机构可以通过数据资产管理提升合规数据报送能力。通过整合内部数据、提高数据质量、增加统计维度，实现合规数据报告快速生成。报送规则以API的形式实现数字化，提升报送效率和真实度，并减少报送成本。

场景4：**通过智能化的监管法规信息跟踪与分析，提升合规能力**

应用背景：在金融行业监管不断提升和细化的背景下，监管法律法规密集出台，金融机构不仅需要追踪最新的法规，还要逐条对比新旧条文间的异同。跨国金融机构还需要追踪所有业务所在国家的法律法规。

解决方案：人工智能技术可以自动发现、识别、归档新发布的金融监管法律法规，对比新旧文件的异同，最终生成跟踪报告。金融机构法务人员可以应用工具快速从海量法律文档中找到需要的条文字段。

场景5：**通过金融机构压力测试，在隔离环境中进行风险评估**

应用背景：严格的金融监管条例在保证金融市场稳定性的同时，也在一定程度上限制了金融新业态的发展。金融创新既需要新技术的应用支撑，也需要有效的风险防控，创新发展与风险防控必须并重。

解决方案：利用信息技术构建"监管沙盒"，在虚拟环境中模拟真实交易场景，测试金融机构系统稳定性、安全性等指标。通过大数据＋人工智能持续记录金融机构运行数据，评估系统风险防控能力。

17.4　本章小结

本章围绕金融科技监管与监管科技，介绍了金融科技监管基本概况，讨论了监管机构在应对这些问题时采取的措施和策略；介绍了监管科技的基本概念、发展历程和主要应用领域，分析了监管科技在提升监管效能方面的重要作用。

关键名词

金融科技监管、区块链监管、消费信贷监管、监管科技、量化交易监管

复习思考题

（1）金融科技监管的基本概念是什么？
（2）监管科技的应用场景有哪些？